REMONTADA

Stéphane Vojetta

Remontada *(nom féminin)* :

1. Remontée au score inattendue. Équipe qualifiée au terme d'une incroyable remontada.

2. *familier* Rétablissement spectaculaire (d'un candidat).

Le Robert

TABLE DES MATIÈRES

Remerciements..7

Acte 1 – Partir de loin 9
Chapitre 1 – Pas que je sache...................................*11*
Chapitre 2 – L'incruste...*21*
Chapitre 3 – Stéphane qui ?......................................*29*
Chapitre 4 – Samantha *45*
Chapitre 5 – En confiance...*51*
Chapitre 6 – Manuel Valls *59*
Chapitre 7 – Mardi 3 mai : jeu, set et match *63*
Chapitre 8 – Mercredi 4 mai : croire aux miracles *73*
Chapitre 9 – Jeudi 5 mai : franchir le Rubicon..........*85*

Acte 2 – Gérer le cirque médiatique 101

Acte 3 – Faire un road trip 159

Acte 4 – Passer au suivant 261

Acte 5 – Obtenir le retour en grâce 307

Épilogue..335

Remerciements

Je tiens à remercier tous les personnages qui ont trouvé leur place dans ce récit. Tous sont réels, même si j'ai modifié quelques identités afin de protéger l'anonymat de certains d'entre eux. J'ai retranscrit leurs propos aussi fidèlement que possible, le plus souvent sur la base de traces écrites. Certains seront je l'espère flattés de se retrouver ici, ou de s'y reconnaitre, d'autres trouveront sans doute superflu ce retour sur ce qui restera probablement pour eux avant tout un mauvais souvenir. Je m'excuse auprès d'eux de remuer le couteau dans la plaie, mais j'espère qu'ils conviendront que cette histoire valait la peine d'être racontée.

Merci à vous, futurs lecteurs, pour votre indulgence face à un texte écrit dans la fièvre de l'été qui suivit cette campagne si particulière, puis peaufiné ces derniers mois au gré de mes déplacements en train, en bus ou en avion, voyages qui m'ont laissé ponctuellement quelques heures de liberté et de déconnection pour mettre une touche finale à ce récit.

Je remercie également celles et ceux qui m'ont relu et ont orienté mes choix et l'évolution du texte, et pour leur suggestions pratiques : Guillaume, Tris, Armelle, Ugo, Yann, Jean-Laurent, Nathalie, Cédric et Olivier.

Merci surtout aux électeurs de ma circonscription, ce sont eux qui m'ont inspiré ce moment de résistance, cette histoire est aussi la leur, c'est à leur côté et sous leurs yeux que je l'ai vécue, et c'est pour cela que je tenais à la leur raconter telle que je l'avais ressentie.

Merci enfin à «ceux de la Croix-de-Metz» pour tout ce qu'ils continuent à insuffler en moi.

Sans eux ce récit n'aurait pas existé.

ACTE 1 – PARTIR DE LOIN

CHAPITRE 1 – Pas que je sache…

Au moment de regarder longuement dans le rétroviseur, une première question s'impose : *quand cette histoire a-t-elle commencé ?* Peut-être le 6 octobre 2021, date à laquelle je deviens officiellement et un peu par hasard député de la 5ème circonscription des Français de l'étranger en remplaçant à ce poste Samantha Cazebonne qui, en devenant elle-même Sénatrice des Français de l'étranger, me cède sa place à l'Assemblée nationale ? Ou bien le 10 mars 2022, quand pour la toute première fois me parvient la rumeur d'une possible investiture de Manuel Valls dans ma circonscription ? Ou alors, cette aventure ne débute-t-elle pas réellement au moment précis où son futur public prend conscience qu'une histoire est en train de naitre ?

Ce moment-là, pas besoin de carbone 14 pour le dater, il suffit de remonter mon fil Twitter : il survient précisément le mardi 3 mai 2022, à 17h46. À cet instant précis où je répondis simplement, par quatre mots, à un *tweet* du journaliste Matthieu de Taillac qui avait lui-même *re-tweeté* un article du *Figaro* proclamant que « *LREM réserve à Manuel Valls l'investiture sur la 5ème circonscription des Français de l'étranger (Espagne, Portugal, Andorre et Monaco)* ». Mon message n'était donc pas un *tweet* original, ni un *retweet* du *tweet* en question : il s'agissait d'un simple commentaire, une simple réponse postée sous un *tweet* lui-même plutôt banal, publié par un auteur dont les messages sur ce réseau généraient habituellement moins de 10 *likes*.

Cette réponse qui fut le début de tout ?

« *Pas que je sache…* », soit quatre mots, chacun anodin, juxtaposés et accompagnés d'une ponctuation on ne peut plus banale, mais qui provoquèrent pourtant une réaction immédiate chez les observateurs. Quatre mots et des poussières, qui se transformèrent en une de ces tempêtes dans un verre d'eau auxquelles nous a désormais habitués Twitter. Mais que disaient donc ces quatre mots ?

Pas grand-chose, mais ils portaient pourtant la promesse d'une de ces controverses dont raffolent nos réseaux sociaux et nos chaines d'information qui ont tant horreur du vide, et ce à un moment où l'on s'ennuyait ferme. Dix jours à peine après le 24 avril et la réélection d'Emmanuel Macron, le seul sujet politique digne d'intérêt médiatique était alors la tentative de Jean-Luc Mélenchon de forcer une alliance de circonstance des principaux partis de gauche dans son sillage et celui de la France Insoumise afin d'aborder l'échéance des élections législatives en position d'imposer son illustre personne à Matignon en cas de majorité parlementaire de gauche. Pendant ce temps-là, le processus de décision quant aux investitures de LREM pour les 577 circonscriptions législatives était un non-sujet, médiatiquement parlant. En tout cas, ces investitures n'intéressaient pas grand monde, au-delà des personnes directement concernées. Même si certaines surprises s'annonçaient (tel député sortant qui ne serait pas ré-investi au profit de tel ou tel ministre sorti du gouvernement, tel ou tel membre de cabinet ministériel, ou tel ou tel proche des dirigeants de LREM), ces surprises allaient peiner à intéresser le microcosme parisien et par extension leur audience médiatique pour une simple raison : l'anonymat relatif – et parfois absolu – des personnalités concernées. En tout état de cause, ces investitures n'allaient pas passionner le grand public, et certainement pas générer de l'audience, ou des clics.

Or, avec ce « *Pas que je sache…* », patatras ! Voilà soudain un député LREM sortant qui, même si son nom est à ce moment-là inconnu du grand public, prend la décision de s'exprimer publiquement et de le faire d'une manière qui laisse poindre la possibilité d'une certaine résistance face à une supposée décision prise par des dirigeants de sa famille politique, une décision adverse à ses intérêts personnels. Là encore, si la décision en question avait consisté à investir à ma place un candidat anonyme, un proche de, disons, Richard Ferrand, ou de François Bayrou, ou encore le maire de Vitry-le-François, de Limoges ou de Raon-l'Étape, cela n'aurait intéressé personne ou presque. Mon « *Pas que je sache…* » aurait sans doute reçu en tout et pour tout un *like*, celui de l'auteur du tweet original, *like* qu'il m'aurait probablement concédé avec une certaine dose de commisération. Voire d'apitoiement. Mais en l'occurrence ce « *Pas que je sache…* » sortait de l'ordinaire banal des objections à ces petites trahisons qui font le charme de la vie politique dans notre imaginaire collectif. Un « *Pas que je sache…* » qui se démarquait de ces petites phrases qui, au mieux, finissent par couler corps et biens dans la *Mare aux Canards*, ou pire encore, dans la *Minimare* du *Canard Enchainé*. Jean-Pierre Chevènement avait dit un jour que « *Un ministre, ça ferme sa gueule ou ça démissionne* ». C'était à la fois bien pensé et bien tourné, au point que l'on en parle encore trente ans plus tard. Dans le petit monde des investitures des grands partis pour des élections législatives, la réalité est encore plus brutale : « *Un évincé, ça ferme sa gueule ET ça disparait discrètement* ».

Si l'on veut bien comprendre la genèse de cette histoire, il est indispensable de réaliser que l'attention reçue par ma petite phrase, cette sortie de l'ordinaire, cette désertion momentanée de la banalité, était liée exclusivement et sans aucune forme d'ambiguïté à la personnalité de celui qui allait – apparemment – bénéficier de cette investiture à ma place. J'ai nommé le seul et unique Manuel Valls. Un politicien à la notoriété écrasante. Ancien ministre, ancien premier ministre, ancien candidat à la candidature à l'élection présidentielle, ancien prince des tribunes politiques et désormais grand vizir des plateaux de télévision. Mais surtout un homme politique que les Français avaient appris à aimer détester. Un homme politique qui, par ailleurs, avait ces derniers mois ressurgi de ses cendres et d'un certain recul pour se positionner au cœur de la campagne présidentielle. Il le fit d'abord en timide soutien apparent de Valérie Pécresse, suscitant de premiers froncements de sourcils, puis rapidement et de forme beaucoup plus ostentatoire et revendiquée, en soutien d'Emmanuel Macron à l'approche du premier tour de l'élection. Manuel Valls est un homme politique doublé d'un personnage médiatique. Et qui, ostensiblement, occupait les plateaux des médias parisiens avec une assiduité croissante à mesure qu'approchait le 10 avril et le premier tour, première échéance décisive de cette élection présidentielle. Un personnage dont l'attitude semblait indiquer qu'il attendait un retour d'ascenseur en échange de ce soutien.

Bref, un politicien qui, d'une manière très visible, avait commencé à ressembler à sa propre caricature. Une caricature qui en avait fait – malheureusement pour lui – l'un des politiciens les moins appréciés du pays, selon toutes les enquêtes d'opinion, et selon la *twittosphère*. Pour le microcosme politico-médiatique parisien, ce « *Pas que je sache…* » portait donc en lui les promesses d'une possible *bonne histoire* : une rivalité, voire un affrontement au grand jour, au sein de la triomphante famille macroniste, entre d'un côté un député sortant anonyme, un « *playmobil* » parmi tant d'autres, et de l'autre côté un homme politique archi-connu mais largement honni.

Le Nouvel Observateur fut l'un des premiers grands médias traditionnels à identifier ma réponse et à lui donner suffisamment d'importance pour rebondir dessus en expliquant durant la soirée du 3 mai que « *L'ancien député et Premier ministre socialiste devrait donc être candidat de la majorité présidentielle dans la cinquième circonscription des Français établis hors de France. Sauf que le député LREM sortant, Stéphane Vojetta, n'a pas l'air encore au courant comme il semble le montrer dans un tweet énigmatique publié en fin d'après-midi.* »

« *Pas que je sache…* » : ces quatre mots étaient effectivement énigmatiques. Cependant ils indiquaient déjà ma volonté de ne pas attendre en silence que le couperet tombe. Et les trois points qui les suivaient promettaient une suite, voire auguraient une réaction combative. Les oiseaux se cachent pour mourir ? Pas moi. En tout cas, c'est exactement le message subliminal que je voulais transmettre à ce moment-là à travers ces 14 caractères. Au passage seuls cinq pour cent des 280 caractères que nous concède habituellement Twitter pour dérouler nos pensées complexes avaient été nécessaires. Et ce message est passé. Cette réponse courte et d'apparence insipide fut *likée* et *retweetée* un millier de fois. Le nombre de mes *followers* sur Twitter doubla puis tripla pour passer en quelques heures de 500 (chiffre synonyme d'un *nobody* absolu sur ce réseau) à 1 500 (guère mieux, mais la dynamique est parlante). Plus important, une simple réaction à mon *tweet* attira l'attention collective peut être encore plus que le tweet lui-même. *Libération* publia même une brève pour signaler le simple fait que mon *tweet* au contenu pourtant banal avait été tout aussi banalement « *liké* ». Mais c'est l'auteur du *like* en question qui interpelait.

♥ **Edouard Philippe** liked a   42s
Tweet you were mentioned in
Stéphane Vojetta ✔ @StephaneV... 2h
Replying to @mathieudt @manuelvalls
Pas que je sache....
💬 59   ⟲ 57   ♡ 219   ∘∘∘

La situation pouvait se résumer ainsi : l'avant-dernier Premier ministre, qui avait quitté Matignon en juillet 2020 dans le contexte de rumeurs d'une supposée discorde avec Emmanuel Macron, qui s'était depuis solidement installé dans le rôle de la « *personnalité politique préférée des Français* », qui avait fondé son propre parti politique – Horizons – en pensant ostensiblement à la succession de Macron à l'Élysée en 2027, puis qui avait accepté que ce nouveau parti rejoigne LREM et le MODEM au sein de ENSEMBLE, une coalition vouée à participer conjointement aux élections législatives en se répartissant les 577 circonscriptions pour y désigner leurs candidats « uniques », afin de pouvoir former une future « majorité présidentielle », venait donc de *liker* mon tweet. Ce faisant, il avait réalisé l'équivalent 2.0 de l'élève espiègle qui, au fond de la cour de récréation ou derrière l'église, aurait signalé d'un air gourmand à la foule de ses camarades qu'il allait y avoir une baston, en les invitant à former un cercle autour des deux belligérants. Ce qui est bien évidemment encore plus poilant quand les combattants se trouvent être membres de sa propre bande. Voilà donc un *like* tout sauf banal et qui attira l'attention autant et peut-être plus encore que le *tweet* en lui-même. Peut-être parce qu'il indiquait, en pleines tractations des investitures entre les dirigeants des trois grands partis du macronisme, la possible existence d'une rancœur voire d'une discorde qu'aucun des protagonistes ne s'était jusqu'alors aventuré à exprimer ouvertement.

Pour ma part, ce *tweet* était de ma part à la fois un avertissement et un ballon d'essai, en réaction à un revirement de situation qui m'avait pris à contrepied. Ce mardi 3 mai dans l'après-midi, je me trouvais précisément à l'Open de Tennis de Madrid, invité par le joueur français Gaël Monfils (grand ami d'une de mes collaboratrices parlementaires) à assister à son match sur le court central contre la star du tennis mondial Novak Djokovic. Djokovic était la bête noire de Monfils : au cours de sa carrière, le numéro 1 français avait joué 17 matches contre le champion serbe, et il avait perdu les 17. Cependant, la récente victoire de Monfils à Indian Wells contre le numéro 1 mondial du moment, le Russe Medvedev, lui autorisait certains espoirs de mettre enfin un terme à cette série noire. Bref, un beau moment de sport en perspective. Arrivé sur place un peu plus tôt que les autres invités, je flânais dans l'allée qui longe les cours annexes de la *Caja Magica* (la version madrilène du complexe de Roland Garros), en observant quelques matches de double, ou en regardant distraitement l'entrainement de Rafael Nadal.

Oui, distraitement, car malgré tout l'intérêt que présentait l'opportunité d'observer en chair et en os ce monstre sacré du tennis dans la pratique de son art, comment ne pas être distrait? Je n'arrivais pas à détacher mon regard de l'écran de mon smartphone, attendant d'un moment à l'autre un message de Paris qui viendrait enfin confirmer définitivement mon investiture pour l'élection à venir, après des périodes successives de confiance, de doute, puis à nouveau de confiance.

J'avais pourtant abordé cette année 2022 en étant plutôt optimiste quant à mon éventuelle investiture par LREM pour l'élection législative dans ma circonscription. Optimiste d'abord car j'étais le député sortant, et que même si je l'étais devenu du fait de mon statut de suppléant, j'avais bel et bien été élu suppléant à l'occasion des élections législatives de 2017. Je l'avais à nouveau été en 2018, toujours aux côtés de la députée titulaire, Samantha Cazebonne, dont le nom avait été accompagné du mien sur les affiches et sur les bulletins de vote. J'avais également été tête de liste pour LREM en mai 2021 à l'occasion des élections consulaires, une sorte d'élection municipale des Français de l'étranger. Ma liste avait alors remporté un beau succès, avec notamment un score proche de 40 % dans ma ville de résidence, Madrid, ce qui m'avait permis de devenir Conseiller Consulaire. Optimiste aussi car l'accueil de mes administrés à la suite de ma reprise du mandat de député avait été chaleureux. Il est vrai que j'avais immédiatement tenté d'imposer un style qui mélange transparence et proximité. Que ce soit sur les réseaux sociaux ou sur le terrain lors de mes déplacements, je m'assurais d'être disponible et réactif aux interpellations de mes compatriotes, et de communiquer aussi clairement que possible sur mon activité, en expliquant son adéquation avec les attentes de mes administrés.

Ces déplacements, ils étaient nombreux, car j'avais pris le parti de marquer mon territoire en étant présent sur toute la – vaste – géographie de ma circonscription. D'abord car cela me permettait d'être au contact et à l'écoute des Français de cette circonscription, et ainsi de mieux saisir leurs problématiques et préoccupations principales. Mais aussi car cela me permettait d'imposer mon image, ce qui, à quelques mois des prochaines élections législatives, ne pouvait pas être négligé.

D'ailleurs, Christophe Castaner lui-même m'en avait formellement donné l'instruction au moment de ma prise de mandat. Député depuis 2012, socialiste devenu macroniste de la première heure, puis ministre de l'Intérieur au moment de l'épisode des gilets jaunes, Christophe Castaner (alias « Casta ») était désormais le président du groupe parlementaire LREM à l'Assemblée nationale, un rôle stratégique au sein de l'ordonnancement du pouvoir macroniste. Au moment de pénétrer dans son bureau au premier étage du Palais Bourbon à l'occasion de notre première rencontre, le 5 octobre 2021, veille de ma prise de fonction comme député, j'avoue que j'appréhendais cette conversation initiale. D'abord car je savais que la relation entre Castaner et Samantha Cazebonne n'était pas forcément au beau fixe. Notamment car, en tant que député d'une circonscription rurale et agricole du sud de la France, Casta ne partageait pas certains des combats portés par mon ancienne titulaire, et notamment le végétarianisme ou la lutte contre la tauromachie.

Autre raison pour laquelle j'appréhendais vaguement cette conversation initiale : les rumeurs qui indiquaient que Casta lorgnait sur « ma » circonscription des Français de l'étranger pour s'y faire investir candidat LREM pour ces élections législatives. Et pourquoi n'y aurait-il pas réfléchi en effet, lui qui allait souffrir d'une situation électorale dégradée dans « sa » circonscription où aussi bien le RN que la France Insoumise montaient en puissance en faisant feu de tout bois contre lui, et notamment contre son rôle dans la politique nationale. Tout cela alors que les circonscriptions des Français de l'étranger avaient, elles, la réputation d'offrir aux représentants d'Emmanuel Macron des élections faciles du fait de la fidélité d'électeurs supposément peu concernés voire peu discernant, et dont le profil socio-économique ne favorise généralement pas le vote pour les extrêmes.

Malgré cette méfiance initiale de ma part, notre échange leva d'emblée l'essentiel de mes doutes. D'abord car le discours de Casta fut limpide : à moins de cinq mois de la fin de la législature prévue pour fin février 2022, je n'aurais pas le temps d'avoir un impact significatif sur le travail législatif de la majorité. Il n'y aurait pas de « Loi Vojetta », ni même d'« amendement Vojetta », et ce n'est d'ailleurs pas ce qu'on attendait de moi. Ce qu'il attendait de moi en revanche, il le résuma en deux missions concrètes : soutenir le groupe parlementaire LREM de par ma présence à Paris afin de participer à maintenir la majorité dans l'hémicycle, mais surtout être très présent en circonscription.

– J'attends de toi que tu sois sur le terrain, au plus proche des électeurs, afin de préparer et d'assurer la victoire lors des deux élections à venir : celle d'Emmanuel Macron, et la tienne aux législatives.

Cette entrée en matière de notre conversation ne laissait pas vraiment de place à l'ambiguïté et me permit immédiatement d'établir un rapport cordial avec Casta. Je le fis notamment en marquant mes différences avec Samantha Cazebonne, sur le mode «*je l'ai toujours soutenue loyalement et je continuerai à le faire… mais elle c'est elle, et moi c'est moi*». J'ai souligné ces mots en sortant de ma mallette de député flambant neuve une offrande achetée pour lui à Madrid : un sachet sous-vide d'un excellent *jamon iberico bellota*. On s'est regardés. Il a souri. J'ai souri. Parfois, il n'est pas nécessaire de se dire les choses.

Chapitre 2 – L'incruste

Retour à la *Caja Magica* en cet après-midi du mardi 3 mai 2022. Je me trouve en pleine promenade distraite le long de l'allée des courts annexes, bercé par la chaleur ambiante et les effluves de terre battue, de *hot dogs* industriels et de crème solaire, immergé dans l'effervescence bien élevée de l'Open de Tennis de Madrid. Soudain, à 16h49, Twitter me sort brutalement de ma léthargie relative en envahissant mon écran de téléphone avec une première alerte : un article du *Parisien* évoque une investiture de Manuel Valls, et la présente comme un fait accompli.

« Selon nos informations, l'ex-député socialiste doit être le candidat de la majorité présidentielle aux élections législatives dans la cinquième circonscription des Français établis hors de France. Alors que le président et ses plus proches poursuivent leur choix de chaque candidat de la majorité, l'affaire serait pliée, selon des proches du natif de Barcelone. En Macronie, une source interne à LREM affirme que l'investiture de Valls dans ladite circonscription est "très probable et très possible". "C'est encore en discussion", tempère-t-on officiellement du côté du QG des Marcheurs, insistant sur le fait que la décision n'est pas encore "confirmée". »

À 16h54, c'est *RMC* qui enchaîne :

« LÉGISLATIVES : MANUEL VALLS SERA INVESTI CANDIDAT PAR LREM.

Selon nos informations, l'ancien Premier ministre socialiste sera investi par La République en Marche aux prochaines élections législatives. »

Puis à 16h59 c'est au tour du *Figaro* de surenchérir :

« INFO LE Figaro : Manuel Valls candidat LREM des Français d'Espagne et du Portugal.

Manuel Valls sera investi, comme nous l'ont confirmé ce mardi des sources concordantes. »

Je suis sonné. Tout cela est remarquablement affirmatif. Pas une seule trace de conditionnel à l'horizon. Et sans que j'aie le temps de réaliser ou de réagir, les minutes passent et avec elles le cortège des autres médias qui s'empressent de reprendre sans vérifier cette information, et de la présenter comme argent comptant. *Le Monde, Libération, les Échos, l'Obs,* ils jouent tous du coude pour le privilège d'annoncer le premier une décision qui sonnerait le glas de ma brève carrière politique.

Ce quart d'heure de tourbillon médiatique constitue un revirement brutal par rapport à la situation antérieure, dans laquelle tous ceux qui comptent au sein de la galaxie macroniste à Paris m'avaient rassuré quant à l'absence de risque présenté par Manuel Valls. En effet, à la mi-mars et alors que nous étions tous focalisés sur la campagne présidentielle à dix jours du premier tour, une première vague de fuites dans les médias quant à son intérêt pour l'investiture dans ma circonscription m'avait convaincu de contacter certains poids lourds parisiens afin de valider (ou plutôt d'invalider) le « risque Valls ».

Message Telegram à Stanislas Guérini (directeur général LREM), dimanche 3 avril à 14h59 :

– Stan, aurais-tu un moment pour que l'on se voie cette semaine à Paris ? J'aurais voulu évoquer la rumeur qui bruisse (on me la mentionnait même à Paris hier), rumeur qui ne manque pas de semer le trouble dans nos rangs et de réjouir nos adversaires sur le terrain, à savoir les possibles envies de « débarquement » d'un certain MV dans « ma » 5ème circonscription des Français de l'étranger.

Cette mention de Paris était une référence au grand meeting électoral d'Emmanuel Macron, qui avait eu lieu la veille dans la salle de la Défense Arena à Nanterre. Trente mille partisans venus de France et de Navarre, rassemblés autour d'une scène centrale imposante, pour soutenir leur candidat à une semaine du premier tour et alors que les derniers sondages annonçaient une montée en puissance de Marine Le Pen. Le tout-macronisme était logiquement au rendez-vous, et moi aussi, à une dizaine de rangs de la scène, installé dans un périmètre réservé aux élus «anonymes». C'est donc d'assez loin que mes voisins de rangée et moi avons vu les» poids lourds» Jean Castex, Édouard Philippe, François Bayrou, Élisabeth Borne, Richard Ferrand, Barbara Pompili, Gérard Collomb, Roselyne Bachelot, Stanislas Guérini, Christophe Castaner, Brigitte Macron et d'autres prendre place au premier rang, au pied de la scène centrale. Juste avant le début du meeting, Manuel Valls était arrivé en grande pompe et s'était installé à leurs côtés d'une manière ostentatoire, une dizaine de rangées devant moi, provoquant des ricanements chez mes voisins de siège, ainsi qu'une cascade de messages sur mon téléphone de la part de proches qui suivaient le meeting sur place ou à distance. Tous exprimaient leur méfiance vis-à-vis de cette mise en avant. En ce qui me concerne, j'étais plutôt amusé par la situation et j'en profitais pour prendre quelques photo-souvenirs de cette rencontre à distance.

En fin de journée, alors que je faisais défiler mes clichés du jour sur mon écran, l'un d'entre eux attira mon attention. Noyé au milieu de la foule, l'ancien Premier ministre s'était retourné juste au moment où je capturais l'image, et semblait me regarder fixement, d'un air mi-amusé, mi-menaçant. C'était un hasard sans aucun doute, une simple illusion d'optique, car à ce moment-là Valls ne savait pas à quoi je ressemblais, et même s'il l'avait su, m'identifier dans la foule aurait été une coïncidence absolument improbable. Mais ce hasard était pour le moins troublant.

Stanislas me rappelle en soirée. Nous avons à peine le temps d'échanger quelques minutes avant que le steward légèrement psychorigide de mon vol Madrid-Nice ne m'oblige à interrompre la conversation une poignée de secondes avant notre entrée sur la piste de décollage. Mais ces quelques minutes suffisent au patron des Marcheurs pour me rassurer : pour l'instant Valls n'avait approché personne ni à LREM, ni – à sa connaissance – à l'Élysée. Le danger «n'existait pas» et je pouvais me consacrer sans état d'âme à la campagne présidentielle dont je suis co-responsable sur ma circonscription aux cotés de la référente LREM de la zone, Nathalie Coggia.

Si je désire, plutôt ingénument, prendre ce message rassurant pour argent comptant, mon équipe est beaucoup plus dubitative : il y a rarement fumée sans feu. Il faudra donc garder l'œil sur l'évolution de cette histoire de Manuel Valls. Quelques jours plus tard, les circonstances, en l'occurrence un article de *Libération*, m'avaient d'ailleurs contraint à rouvrir cette conversation :

– Stan, en lisant cette brève de *Libération*, je sens que je vais quand même devoir finir par préparer un petit dossier expliquant à quel point ce serait une mauvaise idée...

« Qui dit poste à pourvoir, dit Manuel Valls

L'ancien Premier ministre "parlerait à la Terre entière... et au Président du poste de député des Français d'Espagne et du Portugal. Il a ses chances, cette circo est plus ou moins disponible. En gros c'est un suppléant qui est dessus depuis six mois, autant dire que cela ne compte pas." »

– Je ne sais pas qui sont les « sources LREM » mais ce ne sont pas celles du parti en tous les cas.

Une réponse qui se veut à nouveau rassurante, sans parvenir à l'être tout à fait.

Le lundi 11 avril au matin, au lendemain du 1er tour de l'élection présidentielle qui envoyait Emmanuel Macron et Marine Le Pen au second tour, je gare ma voiture aux pieds de l'immeuble flambant neuf qui abrite la rédaction d'ABC à Madrid. ABC est le grand quotidien de droite espagnol et je vais leur concéder une interview consacrée aux élections présidentielles françaises, une heure à peine après mon passage en direct sur le plateau de *Espejo Publico* d'Antena3, la principale matinale politique du paysage audiovisuel du pays.

Au moment où je pénètre dans le hall d'entrée de l'édifice, je reçois un appel venant de France. Au bout du fil, Paul Desforges, l'un des conseillers parlementaires au sein du cabinet d'Emmanuel Macron. Bref, une des personnes qui font le lien entre le président et « ses » parlementaires (300 députés et une poignée de sénateurs).

– Stéphane, je vous devais un appel sur le sujet des investitures. Avant toute chose je tiens à vous remercier quant à votre implication sur la campagne présidentielle, il est essentiel que nous ne baissions pas la garde dans cette dernière ligne droite. Et à ce sujet je tiens à vous rassurer : pour l'instant, en dépit de ce que dit la presse et des autres rumeurs, Manuel Valls n'a pas contacté l'Élysée. Et s'il devait le faire, notre réponse serait claire : nous avons un député qui marche bien sur le terrain et qui a de grandes chances d'être réélu, et donc nous avons l'intention de lui donner l'investiture. Et si Valls devait insister – mais je le répète, pour l'instant il ne nous a pas approchés – alors nous l'orienterions vers une autre circonscription, mieux taillée pour lui, et surtout sans député sortant : la 8ème circonscription, celle des Français d'Israël et d'Italie. Pour conclure : en toute sincérité, ne perdez pas de temps à réfléchir à Manuel Valls. Ce n'est pas un danger pour vous. Mais je m'engage personnellement, si je devais identifier un changement de paradigme et que Valls devenait effectivement un danger pour votre investiture, à vous en prévenir à temps pour vous laisser le temps de vous retourner, et de convaincre ceux qui doivent l'être.

À ce jour, je reste convaincu de la bonne foi et de la transparence de mon interlocuteur ce matin-là. J'ai le vilain défaut de croire en les personnes, et en leur sincérité. En l'occurrence, je voulais croire ce que je venais d'entendre. Avant de reprendre ma voiture à la fin de mon entretien avec ABC, j'écris à mon équipe parlementaire qui est sur les charbons ardents à chaque fois qu'une nouvelle rumeur sur Valls est relayée en interne ou dans les médias :

– La conversation a duré dix bonnes minutes, a été cordiale, et j'ai senti Desforges sincère et aligné avec ma vision des choses. Conclusion : il n'y a pas de risque Valls. Donc à partir de maintenant on se focalise uniquement sur la circonscription, et on oublie Manuel Valls. Plus un mot sur lui dans cette boucle ou entre vous s'il vous plait.

Quelques jours plus tard, le samedi 16 avril, le jour même où ABC publie mon entretien en double page centrale, je décide donc de ne pas mentionner à l'équipe ma propre irritation quant au fait de retrouver une interview de notre cher ancien Premier ministre occuper la quatrième de couverture du même journal. Entre temps, le mercredi 13, j'avais reçu un message d'un conseiller rapproché de Richard Ferrand qui là encore paraissait indiquer que la voix de la raison allait prévaloir : il semblait en effet qu'à ce moment-là Valls visait désormais la circonscription des Français d'Israël.

Quelques jours plus tard, le 23 avril, veille du second tour des élections présidentielles, c'est au tour de Jean-Baptiste Lemoyne, l'omniprésent ministre des Français de l'étranger, de m'appeler afin de venir aux nouvelles. Quand il me demande, après avoir évoqué la campagne présidentielle, si j'ai du nouveau quant à Valls et à ses velléités d'investiture, je tente de répondre aussi sincèrement que possible, sans arrière-pensée tactique, ni volonté de travestir une réalité qui ne m'aurait pas arrangé :

– À ma connaissance, rien. Il n'a approché personne chez LREM et de fait, aucune rumeur ou article n'a circulé depuis deux bonnes semaines sur le sujet. Il semblerait qu'à ce stade, les seuls à vouloir faire vivre cette rumeur et à la mentionner sont nos futurs concurrents de gauche et les LRs. Ils l'utilisent pour nuire à ma légitimité, mais aussi peut-être en espérant cette investiture d'un adversaire qu'ils estiment sans doute prenable.

Pour sa part, le ministre me confirme ne pas avoir d'information allant dans une autre direction.

Le lendemain, dimanche 24 avril, à vingt heures précises, c'est l'annonce de la réélection d'Emmanuel Macron pour un second mandat de Président de la République, avec un score de 58,5 % face aux 41,5 % de Marine Le Pen. Dans ma 5ème circonscription des Français de l'étranger, le score du candidat réélu est édifiant, écrasant : il réunit 80 % des voix au second tour face à Marine Le Pen, 15 jours après avoir obtenu 40 % au premier tour, alors loin devant Mélenchon avec 20 %, suivi par Zemmour et ses 12 %. Au moment où l'image iconique et désormais traditionnelle du visage du Président élu apparait en plein écran sur un écran de télévision installé dans le centre de vote de Madrid, mon soulagement est palpable. Au milieu de la quinzaine de personnes regroupées devant cette image d'un Macron triomphant, je me projette alors sérieusement pour la première fois vers mon avenir personnel. La route semble dégagée. J'ai du mal à concevoir ce qui pourrait m'empêcher de remporter les élections législatives, dans sept semaines exactement.

Une heure plus tard ce dimanche soir, après que mes quelques interventions en direct sur des chaines de radio espagnoles m'aient contraint à couper court à des célébrations plutôt modestes avec des Marcheurs rincés par cette journée d'élections commencée au petit matin, je me dirige vers une soirée électorale organisée chez un ami du quartier. Une soirée qui rassemble une cinquantaine de Français plutôt apolitiques, mais éclairés et intéressés.

Je rejoins donc ce groupe vers 21 heures. L'ambiance joyeuse qui y règne est nourrie par le soulagement face à la netteté de la défaite de Marine Le Pen plutôt que par une quelconque allégresse due à la victoire d'Emmanuel Macron. Après être entré sous les applaudissements de la majorité des personnes présentes, après avoir salué la plupart des convives, puis m'être éclipsé quelques instants dans le jardin pour répondre à une dernière intervention en direct sur la radio nationale espagnole, je suis finalement attiré par des interpellations joyeuses et des rires en provenance du salon où un grand écran retransmet la soirée électorale diffusée par France 2. La raison de cette hilarité collective? La présence de Manuel Valls sur le plateau de France Télévision. Qu'y disait-il? Je ne le saurai jamais, son verbe étant noyé sous les quolibets et l'ironie de mes amis qui plaisantent joyeusement en évoquant la présence de l'ancien Premier ministre : « *Il va te piquer ton job !* » « *Fais gaffe à ton investiture !* ». Des plaisanteries légèrement irritantes sur le moment, mais rien de particulièrement inquiétant, juste une piqûre de rappel : Valls continue à rôder visiblement autour des décideurs, et à quémander rétribution pour son soutien. Un peu plus tard dans la soirée, dans ce même salon, alors que l'on attend le discours de victoire d'Emmanuel Macron, programmé cette fois sur le Champs de Mars cinq ans après sa fameuse traversée de la cour du Palais du Louvre, voilà à nouveau mon ancien Premier ministre préféré qui apparait au premier rang, au milieu de Jean Castex, François Bayrou, Richard Ferrand et d'autres piliers de la « Macronie ».

Décidément, il est encore plus collant que le sparadrap du Capitaine Haddock! Le coté répétitif de ses apparitions publiques est-il pour autant un indicateur de danger renouvelé? Pourquoi donc l'Élysée insiste-t-elle autant à le mettre en avant si c'est pour ne pas lui donner ce qu'il réclame? Malgré les réassurances reçues ces derniers jours et semaines, la question s'impose à nouveau à moi, même si publiquement et au fond de moi je continue à écarter l'hypothèse Valls.

Libération apporte le lendemain un élément de réponse qui va dans ce sens, dans un article titré « *Comment Manuel Valls s'est tapé l'incruste au premier rang de la soirée de victoire d'Emmanuel Macron* ». L'accroche et le contenu de l'article ont le mérite d'être clairs : si cette omniprésence télévisuelle n'indique pas de volonté particulière de la part de la majorité présidentielle, elle signale tout de même à la fois une ambition et une persistance de la part de l'ancien Premier ministre à l'heure d'obtenir rétribution pour son soutien électoral. La rumeur évoque maintenant un poste au gouvernement, mais également, encore et toujours, une circonscription législative. Un nouveau signal d'alerte me parvient le lendemain quand un de mes collègues élu des Français de l'étranger me signale avoir croisé Valls dimanche soir sur le Champs de Mars :

– J'ai évoqué la 5ème circonscription des Français de l'étranger, et j'ai perçu un regard gourmand chez lui…

– Je ne doute pas qu'il en ait envie, mais mes sources – et en principe je leur fais confiance – me disent qu'il va être aiguillé sur une autre circonscription.

– Je t'assure, je lui ai posé explicitement la question, en faisant référence à toi, et il semblait sûr de lui.

Ça commence à faire beaucoup. Face à cette résurgence du risque Valls, une fois le chapitre de l'élection présidentielle clos, il est temps d'agir à nouveau pour assurer mon investiture. Il est temps de reparler à Samantha Cazebonne.

Chapitre 3 – Stéphane qui?

Avant de rentrer dans le vif du sujet, voilà sans doute venu le moment d'expliquer d'où je sors. De raconter le parcours d'un député qui n'aurait jamais dû l'être.

Né en Lorraine, à Toul, petite ville industrielle et de garnison située dans la grande banlieue de Nancy, j'y ai grandi et y ai été scolarisé jusqu'au baccalauréat, baigné dans un milieu populaire et provincial. À l'époque, on avait encore le droit de parler de la Province plutôt que des Régions ou des Territoires. Un milieu plutôt étroit et renfermé sur lui-même, qui m'offrait peu de références fortes que ce soit politiquement, dans le monde du travail, de l'administration ou de celui de l'entreprise. Mes parents – elle enseignante d'histoire-géo en collège, lui ouvrier spécialisé faisant les trois-huit à la chaîne dans une usine de fabrication de pneumatiques – s'étaient séparés quand j'avais huit ans, à la fin d'une période de quelques années durant lesquelles leur union s'était dégradée, lentement d'abord puis de plus en plus rapidement, pour passer du dysfonctionnel au franchement désastreux. En vivant par la suite sous la garde exclusive de ma mère, mes frères et sœur et moi avions vu disparaitre de nos vies le peu de point d'ancrage masculin fort qui y demeurait encore. Je grandissais et murissais donc tant bien que mal dans cet univers restreint à l'univers des collègues de salle des profs de ma mère, un monde où brillaient par leur absence les sources d'inspiration possible pour une éventuelle escapade hors du parcours suggéré par mes origines sociales et géographiques.

Mes perspectives d'évolution personnelle me paraissaient alors très limitées, tout comme l'étaient celles que percevaient mes amis les plus proches dont je partageais le quotidien dans notre quartier populaire de la Croix-de-Metz, une Zone d'Éducation Prioritaire (ZEP) à la forte communauté immigrée, particulièrement turque, et dans laquelle j'ai réalisé la plus grande partie de ma scolarité. À ce moment-là, comme eux, je ressentais mon horizon de vie, et notamment professionnel, comme restreint à un périmètre de quelques dizaines de kilomètres autour de mon lieu de naissance. Bref, même si je n'aurais alors pas su le verbaliser, j'étais l'un de ces nombreux jeunes qui, en France, au milieu des années 80 comme aujourd'hui encore, contemplent et vivent avec une certaine résignation leur *« assignation à résidence »*. Ce sentiment diffus d'assignation, cette sensation d'inéluctabilité, ce ressenti de mise en opposition vis-à-vis de cette France et de ce monde extérieur que l'on ne voyait que sur les écrans de télévision (la France des puissants, des intellectuels, des « riches »…), cette vie partagée avec mes amis, enfants d'immigrés, de paysans, de petits commerçants ou d'employés de bas de l'échelle, tout cela nourrissait alors et fit grandir chez moi ce qui fut d'abord une frustration, puis un pressentiment de la nécessité de prendre en main mon destin pour détacher mes racines de cette terre stérile.

Un autre élément a nourri ce ressenti durant mes jeunes années, et continue d'ailleurs à le faire : l'histoire au long cours de ma famille. Au-delà de ses accents chantants qui indiquent sans ambiguïté une origine exotique, mon patronyme porte un stigmate spécifique de ses origines migratoires. En effet, quand mes arrière-grands-parents paternels italiens émigrèrent vers la France durant les années 20 du siècle dernier pour fuir la misère du *mezzogiorno*, c'était un « g » qui se trouvait alors en troisième position dans leur patronyme. Ils s'appelaient Vogetta. Mais l'administration lorraine, qui à l'époque recensait à la pelle les immigrants en provenance d'Italie ou de Pologne dans des centres de tri pudiquement baptisés *« dépôts de travailleurs étrangers »*, entendit un « j » là où ces nouveaux arrivants avaient prononcé à l'italienne ([dj]) le « g » de Vogetta. La lettre « j » n'existe pourtant pas dans l'alphabet italien. Ce « j », déformation du « g » originel s'incrusta pourtant, et traverse donc désormais mon nom de famille, telle une balafre verticale. Au fil des années, j'ai développé une tendresse particulière pour ce « j », devenu une distinction que j'arbore fièrement à chaque occasion où mon patronyme est écrit, prononcé ou épelé. Répondre au nom de Vojetta plutôt que Vogetta, c'est un rappel quotidien et symbolique de la difficulté de partir ailleurs, et d'y rester soi-même. Un rappel utile, particulièrement pour un Français devenu à son tour un émigrant, un « Français de l'étranger ».

Au fil des années, ces frustrations et ces ressentis partagés muèrent en volonté de rébellion face à l'ordonnancement des choses, et aux difficultés à choisir son destin. Une posture que l'on définissait alors comme « une sensibilité de gauche ». Cependant, aucun engagement politique n'avait surgi chez moi malgré cette sensibilité. L'opportunité ne s'était jamais vraiment présentée. Ma référence de pensée politique durant ces années adolescentes, c'était le Jean-Jacques Goldman de « *Au bout de mes rêves* », « *Envole-moi* » ou « *Là-Bas* », plutôt que Karl Marx ou Jean-Paul Sartre. J'étais donc plutôt dans le ressenti et l'émotion individuelle face à cette assignation, plutôt que dans la quête de solutions systémiques. Même si je faisais partie de la Génération Mitterrand, la politique et toute perspective d'engagement militant étaient absentes de ma vie.

À 18 ans, mon baccalauréat en poche, j'avais intégré une classe préparatoire aux écoles de commerce à Nancy. Ma mère et moi avions pris cette décision sur la recommandation des conseillers d'orientation de mon lycée plutôt que du fait d'une vision à long terme clairement définie. Nous avions finalement choisi cette option pour la bonne et simple raison que c'était – en tout cas c'est ce qu'on nous avait expliqué – la voie d'accès à l'Institut Commercial de Nancy. L'ICN était une école de commerce dont les débouchés me paraissaient correspondre à mes attentes – qui restaient alors on ne peut plus vagues – quant à ce que pourrait être ma future vie professionnelle.

Grosso modo, sur la base de mes aptitudes et appétences de l'époque, je comprenais les études comme un choix entre deux chemins divergents. Le plus fréquenté : aller à l'université, à Nancy bien sûr, y obtenir un piètre diplôme et finir sur une route rectiligne certes, mais qui ne mènerait pas bien loin, probablement employé dans des fonctions offrant des enjeux limités. En regardant autour de moi, je devinais dans ces trajectoires l'émoussement progressif des ambitions, les désillusions croissantes face aux aspirations d'une jeunesse qui s'évapore, et in fine une trajectoire vitale linéaire et sans soubresauts, structurée autour d'une vie de famille et d'une acquisition immobilière dont le financement hypothécaire et ses remboursements mensuels finiraient d'étouffer d'éventuelles velléités d'aventures, notamment professionnelles.

L'autre chemin, celui des cadors, consistait à orienter sa trajectoire dans la direction des écoles de commerce, pousser aussi fort que possible en classe préparatoire en espérant prendre l'embarcation qui ouvrirait la possibilité de carrières plus ambitieuses et désirables, plus risquées peut-être, mais aussi plus enrichissantes, dans tous les sens du terme. Tout cela dans le commerce ou l'entreprise privée, ce qui, à l'approche de mes dix-huit ans, restait par ailleurs pour moi une perspective totalement abstraite et théorique. Cette course d'obstacle vers un supposé élitisme républicain à la française était donc devenue mon plan d'évasion loin de mon assignation originelle.

Chaque jour, je réalisais donc l'aller-retour entre Toul et Nancy, distante de trente minutes à peine en TER. Nancy, où j'ai fréquenté pendant deux ans une classe prépa, étape que je considérais jusqu'alors exclusivement comme le nécessaire palier antérieur à l'entrée à l'ICN. Cependant, en passant pour la première fois le pas de l'imposante porte du Lycée Henri Poincaré, et en prenant ma place dans cette prépa HEC, je découvris un monde nouveau et je me retrouvais notamment entouré d'une espèce que je n'avais jusqu'alors jamais croisée, et encore moins fréquentée, même si je subodorais son existence : celle des jeunes bourgeois ambitieux de province.

Je pris rapidement conscience que parmi ces Rastignac qui descendaient souvent des plus belles familles de Nancy, de Metz ou d'Epinal, voire même de Strasbourg, aucun ne parlait de l'ICN. Tous ne rêvaient, n'évoquaient et ne se préparaient que pour les grandes écoles de commerce parisiennes avec leurs noms qui claquent : HEC, ESSEC, ESCP. Ou même l'ESC Lyon à la rigueur, mais l'ICN, grand dieu non ! Quant à moi, je n'avais clairement pas été formaté pour viser une grande école parisienne, qu'elle soit de commerce, littéraire ou scientifique. Parmi mes amis d'adolescence, parmi les compagnons de mes samedis soir provinciaux ou de mes matches de foot dominicaux, ils sont plus nombreux à avoir fait un séjour dans un centre pénitencier que dans un établissement d'études supérieures. D'ailleurs, au moment d'intégrer cette classe préparatoire, je n'avais pas encore conscience de cette possibilité de finir dans une grande école parisienne. Si j'avais été initialement intrigué par cette ambition qui semblait presque universellement partagée chez mes camarades, tout cela me fit rapidement sourire quand j'ai réalisé après quelques semaines que notre modeste classe prépa n'avait pas réussi à faire intégrer le moindre candidat dans aucune de ces trois grandes écoles parisiennes au cours des cinq dernières années. Nous n'étions clairement pas installés sur la rampe de lancement idéale vers le firmament de l'élite économique du pays, mais en ce qui me concerne ce type de prépa modeste de province était la seule à pouvoir m'accepter étant donné l'état peu reluisant de mon dossier scolaire. J'avais toujours plutôt été un bon élève, sans plus.

Et alors que j'avais initialement ressenti un respect intimidé à l'égard de la plupart de ces nouveaux camarades de prépa, ce respect mua rapidement pour se transformer en un certain dédain pour leurs certitudes héritées. Pour leur part, j'en avais bien conscience, ils rendaient bien ce mépris au vilain petit canard que je représentais parmi eux. Avec le recul, c'était compréhensible : plus provincial que moi, tu mourrais. Je n'avais pas les bons jeans, pas les bonnes vestes, pas le bon nom de famille, pas les bons sujets de conversation, bref, je ne possédais aucun des codes. Circonstances aggravantes, je n'avais pas l'intention de faire le moindre effort pour obtenir ces codes. Face à mes défiances régulières vis-à-vis des règles qui nous étaient imposées, il était presque logique que l'un de mes professeurs m'ait même encouragé à renoncer, quelques semaines à peine avant le concours final de ma deuxième année de prépa.

Toujours est-il que, par une conjonction de résultats à mes concours d'entrée que je continue à qualifier de miraculeux trente ans plus tard, j'entrais à l'ESSEC en septembre 1994. C'était la grande classe, et un contraste hilarant avec mes antécédents. Mes professeurs et mes camarades (et néanmoins concurrents) de prépa étaient encore plus sidérés que moi.

Je n'aurais pas pu espérer mieux. Et même si ces derniers mots pourraient constituer le type de phrase toute faite que j'utiliserais pour exprimer avec un peu d'emphase ma satisfaction de l'époque, ils constituent également une description factuelle de la situation : je ne pouvais pas espérer mieux qu'intégrer l'ESSEC, la seule grande école de commerce dont la réputation et le prestige approchaient ceux d'HEC, pour la bonne et simple raison que je ne m'étais pas inscrit aux concours d'entrée à HEC. Cette décision, je l'avais prise pour une raison simplissime : je n'avais pas envie d'aller à HEC. Et pourtant, tout élève de classe préparatoire aux écoles de commerce qui se respecte rêve de faire partie de ces 2 % d'élus, ces 200 admis, sélectionnés parmi les 10 000 élèves de prépa répartis à travers tout le pays, ces 200 magnifiques qui gagneront via un concours ultra-sélectif le droit d'intégrer la prestigieuse école des Hautes Études Commerciales. Bref, la crème de la crème. En contraste, je m'étais pour ma part construit une représentation excessivement simpliste de cette institution. Mais est-il possible d'être jeune sans être excessif? Pour moi, du haut de mes 18 ans, HEC c'était avant tout l'école des fils et filles à papa de la haute bourgeoise française, une bourgeoisie essentiellement parisienne et versaillaise d'ailleurs. Une école qui constituait non seulement le prolongement naturel d'un parcours d'excellence académique dans les meilleurs collèges et lycées du pays, puis dans ses meilleures prépas, mais aussi une école pensée pour n'être qu'une étape vers les plus hautes sphères de la société française. Ses jeunes diplômés iraient vite, très vite, et grimperaient au plus haut de la pyramide, que ce soit le top management des grandes entreprises hexagonales, la haute administration de l'État (après un passage obligé par cette autre étape qu'était l'ENA), ou encore la finance à New York, Londres ou Tokyo. Bref, le symbole et le chemin du succès absolu pour ceux qui sont formatés pour réussir de père en fils.

Pour ma part, je n'étais pas formaté pour ce genre de réussite extrême. Je n'avais rien hérité de mon père, et certainement pas d'une quelconque ambition élitiste. Et si j'aspirais bien sûr à tirer avantage de mes futures études supérieures pour m'assurer de pouvoir échapper durablement à mon assignation à résidence originelle, voire même de finir par vivre dans un certain confort matériel, je ne me projetais tout simplement pas parmi cette élite-là. Sans les connaitre, je les subodorais déjà : bourrés d'ambitions, regorgeant de plans de carrière, le carnet d'adresse déjà étoffé, débordant des relations de leurs parents, oncles, grands-parents, ils auraient la suffisance que j'avais découvert chez mes camarades de prépa de Nancy, mais au carré, voire au cube. Bref, je n'avais aucune envie d'aller à HEC. Dont acte : en ne m'inscrivant pas au concours d'entrée à cette école, je ne prenais pas le risque d'y être admis.

L'ESSEC, quant à elle, m'attirait plus. D'abord car ce n'était pas une école de gagnants, de *winners*. Pour beaucoup de ses élèves, le diplôme de l'ESSEC serait en effet un rappel éternel du premier grand échec de leur vie parfaite : n'avoir pas été foutus d'intégrer HEC. J'aimais l'idée d'être entouré d'une élite de perdants, plutôt que d'une élite de gagnants. Je m'assimilerais sans doute mieux à ces magnifiques *losers* avides de revanche plutôt qu'à ces *winners* voués à une éternelle autosatisfaction. À ce stade, ceux d'entre mes lecteurs qui connaissent HEC se demandent sans doute comment on pouvait alors nourrir autant de préjugés vis-à-vis d'une institution où l'on n'a jamais mis les pieds. Et c'est vrai, je ne vais pas le nier, j'avais dix-neuf ans, une vision parcellaire du monde, des préjugés taille XXL, et déjà une certaine tendance à ne pas me plier à l'ordre établi. J'écoute par ailleurs souvent mon instinct, et ce sont ces préjugés et cet instinct qui m'avaient fait décliner l'inscription pourtant naturelle au concours d'HEC. Je préférais la perspective que mon possible triomphe éventuel, à savoir l'admission dans une grande école parisienne, reste un triomphe relatif. Et puis, cerise sur le gâteau, cela nous permettait d'économiser les 350 francs de frais d'inscription à ce concours. Ma mère ne tenta pas de me faire changer d'avis.

Après mon intégration, je réalisai rapidement que mon instinct avait fait un bon boulot : l'ESSEC était faite pour moi. D'abord car les principaux apprentissages n'avaient pas lieu entre les quatre murs d'un amphitéatre. On y apprenait plutôt sur le tas, en faisant : dans l'entreprise, dans le monde associatif, dans des universités étrangères. En fait, mon principal apprentissage n'y a pas été un concept académique, mais plutôt celui de la prise de risque. Le goût de m'aventurer en dehors de ma zone de confort. Des frais de scolarités trop élevés pour être financés par ma mère ? Je n'avais qu'à rejoindre une junior entreprise et financer mes études en travaillant, et en mettant en pratique auprès de vrais clients ce qu'on nous enseignait dans les amphis… et ce qu'on ne nous y enseignait pas. Des études trop théoriques ? J'appartenais à la première grande école qui permettait de choisir le modèle d'apprentissage en mettant en place une possible alternance entre périodes sur le campus et en entreprise, en échange de la prise en charge des frais de scolarité par cette dernière. Ne jamais avoir mis les pieds hors de France et baragouiner péniblement l'anglais et l'allemand ? Chaque étudiant devait partir au minimum un trimestre à l'étranger, que ce soit pour y travailler ou y étudier, s'il voulait valider son diplôme. D'ailleurs, ne serait-il pas salutaire pour notre pays de proposer à chaque jeune Français d'aller passer un an à l'étranger ? Y étudier, y travailler, y vivre, s'inscrire à la sécurité sociale, y tomber amoureux, ou malade (pas trop gravement), cotiser, trouver un emploi, le perdre… Ils en formeraient sans aucun doute une expérience déterminante pour le reste de leur vie, et seraient plus en mesure de comparer la France, avec toutes ses qualités et tous ses défauts, aux modèles alternatifs.

En tout cas, après toute une prime jeunesse vécue dans le confort artificiel de la continuité prévisible, ce nouvel environnement m'a donc surtout appris à aimer le risque, et à accepter l'incertitude avec enthousiasme. C'est aussi cette école qui fit de moi pour la première fois un Français de l'étranger, m'obligeant à forcer ma nature pour m'installer quelques mois à Turin, puis à Londres, afin d'y réaliser des stages en entreprises, alors que je ne maitrisais ni l'italien, ni l'anglais. Je pris ainsi l'Eurostar pour Londres le dimanche 3 janvier 1998 afin de commencer un stage dans la City le lendemain matin, et à l'exception de mon service militaire effectué à Paris, je ne suis plus jamais rentré travailler en France… jusqu'au moment où je suis devenu député. Sept ans plus tard, début 2005, je faisais à nouveau mes bagages en quittant Londres pour Madrid et une Espagne alors inconnue pour moi. À peine plus de dix ans après avoir abandonné la tranquillité relative de ma jeunesse lorraine, voilà à nouveau un de ces sauts dans l'inconnu que j'avais appris à transformer en échelons nécessaires de mon itinéraire vital. Le groupe irlandais U2, dans un des titres qui passaient en boucle sur mon iPod de l'époque, évoquait cette disposition qu'ont certains à s'en remettre au bon-vouloir d'une forme de destin, et le faisait avec une justesse que je n'ai retrouvé chez aucun de ces grands philosophes censés éclairer nos vies. Paul Hewson, mieux connu comme Bono, chantait alors « *Uncertainty can be a guiding light* ». L'incertitude peut devenir l'étoile qui nous guide.

Ces études, enfin, m'avaient fait prendre conscience d'une autre donnée essentielle : alors que ma « sensibilité de gauche » se maintenait tant bien que mal à flot dans ce nouvel environnement, moi qui barbotais au milieu de jeunes requins ambitieux dont certains étaient en train de devenir des amis pour la vie, je n'étais toujours pas prêt à faire de la politique. Même si, face à certains dysfonctionnements évidents de la société française, et notamment face au constat de ma singularité dans cet environnement, je notais en moi une volonté croissante de peser sur le cours des choses, je réalisais chaque jour que je ne connaissais pas suffisamment les mécanismes sous-jacents à la marche du monde. Le contexte socio-culturel de mes jeunes années, combiné à l'effet surmultiplicateur de mon isolement provincial jusqu'à mes dix-huit ans, avaient fait de moi un ignare, ou tout au moins un individu conscient des lacunes de sa compréhension et maitrise des véritables ressorts (économiques, commerciaux, financiers, psychologiques, interpersonnels) qui font bouger le monde.

Fallait-il une deuxième bonne raison pour ne pas faire de politique ? Je l'avais, en n'ayant pas un sou devant moi. Fils ainé d'une famille monoparentale de quatre enfants qui vivait sur le salaire d'une professeur des collèges, d'abord enfant puis plus consciemment durant mes années d'adolescence, je m'étais habitué à ce que nous vivions d'une manière modeste. Même si bien loin de la misère, nous faisions constamment attention. Chaque dépense était dûment considérée, mesurée, planifiée pour son efficacité. Pas besoin de faire un dessin : on ne roulait pas sur l'or. Avant de penser à changer la vie, j'allais devoir commencer par gagner la mienne.

Quelques années plus tard, au moment où à Cergy-Pontoise je continuais à ramer pour financer mes onéreuses études supérieures, cela m'amena à une conclusion : si un jour je devais avoir suffisamment d'envie de faire de la politique, cela serait à un moment où j'aurais obtenu la liberté de ne pas dépendre financièrement de ce choix. Liberté indispensable pour que chaque décision ultérieure, chaque combat soit guidé par une vision d'ensemble et d'intérêt général plutôt que par la protection de mes intérêts particuliers, par le fait de ne pas froisser ceux qui pourraient avoir la suite de ma trajectoire entre les mains. Pour ne jamais devenir un de ces politiciens de carrière dont toute l'organisation vitale dépendrait du prochain poste, du prochain mandat, de la prochaine nomination. Pour n'avoir rien à perdre si les choses tournent mal.

Mais surtout donc, avant de penser à rentrer un jour en politique, j'allais devoir comprendre comment fonctionne réellement le monde. La meilleure école pour cela aura été mon parcours professionnel depuis la fin de mes études : presque toujours à l'étranger – d'abord à Londres durant sept ans puis à Madrid depuis 2005, avec quelques brèves interruptions –, toujours dans le secteur privé, et toujours dans le conseil stratégique et financier, la création de sociétés de conseil ou technologiques, ou l'investissement dans des projets ou dans le capital de jeunes pousses.

Cette carrière, initialement focalisée sur la connaissance profonde des mécanismes de l'économie en général, des entreprises cotées en bourse, des marchés financiers, et du secteur bancaire en particulier, avait pris un tour radicalement différent à partir de 2008. Au moment même où Wall Street vacillait sur ses fondations de l'autre côté de l'Atlantique et faisait trembler le système financier mondial, l'implosion de la bulle spéculative immobilière en Espagne allait provoquer une profonde et brutale crise du secteur bancaire ibérique. Je suis alors devenu un conseiller de confiance aux côtés des autorités publiques et des grandes banques espagnoles afin de les assister dans la recherche de réponses adaptées à des situations de crise. Michael Corleone m'aurait sans doute défini comme un *Wartime Consigliere*. Un rôle qui allait me permettre de combiner le succès professionnel avec la défense de l'intérêt général.

Ces missions aux côtés de la Banque d'Espagne, du Fonds de Restructuration Bancaire espagnol, ou même du gouvernement espagnol (le ministère des Finances, la Direction du Trésor) avaient pour objectif principal de gérer au mieux les effondrements successifs de caisses d'épargne régionales, un enjeu décisif pour l'Espagne et son économie. Mais malgré tous mes efforts... et ceux des gouvernements espagnols successifs entre 2008 et 2012, une caisse d'épargne sauvée en cachait toujours une autre, encore plus en difficulté, et encore plus grande. À chaque fois, l'État espagnol devait mobiliser encore plus de ressources pour permettre chaque nouveau sauvetage. Cela mettait l'équilibre financier du pays sous tension, et finit par attirer les attaques spéculatives contre la dette publique espagnole, tout comme cela avait été le cas de la Grèce, de l'Irlande ou du Portugal avant leurs propres sauvetages. Mais les dimensions du problème espagnol à l'échelle européenne étaient bien plus importantes, jetant le doute sur les capacités de l'Union Européenne à survivre à une éventuelle faillite du Royaume. Si cette crise bancaire avait entraîné l'Espagne dans une situation de banqueroute, lui imposant un sauvetage par la Troïka (l'alliance de la Commission Européenne, la Banque Centrale Européenne, et le FMI), cela aurait pu à son tour provoquer une sortie de l'euro pour l'Espagne, et, in fine, une crise systémique à l'échelle européenne, crise qui aurait eu la capacité de mettre notre continent et ses économies à genou, tout en provoquant des pertes de dizaine de milliards d'euro d'épargne pour les citoyens européens. Au fil des mois, la situation s'était dégradée au point que l'Espagne, l'euro et l'Europe se retrouvèrent effectivement au bord du précipice, et eurent besoin en dernier recours de la fameuse déclaration du « *quoi qu'il en coûte* » prononcée le 2 août 2012 par le président de la Banque Centrale Européenne Mario Draghi pour couper court à cette spirale infernale. Quelques semaines après que Draghi eut ainsi sifflé la fin de cette partie, je quittais mon emploi de *Consigliere* pour entreprendre de nouvelles aventures professionnelles.

L'échelle des enjeux abordés durant cette crise au long cours, cette tension permanente, cette ardente obligation de résultat m'avaient passionné – parfois bouleversé – tout en me permettant de me rapprocher du véritable pouvoir, celui qui a un réel impact sur le cours des choses, et sur la vie des gens. Logiquement, ces quatre années passées au bord du précipice à peser sur les évènements à l'échelle d'un pays, voire d'un continent, firent renaître en moi, vingt ans après, des interrogations quant à ma véritable vocation. Mais ce n'est qu'à partir de ce moment où j'ai cessé d'être employé par une grande entreprise, et que je suis devenu travailleur indépendant puis entrepreneur, qu'il m'est devenu possible d'avoir un impact direct sur ma communauté, même en vivant loin de la France et de ses institutions.

En tout cas, la flexibilité gagnée en termes d'organisation de mon temps de travail me permettait de m'impliquer davantage au sein de cette communauté française installée en Espagne, d'apporter de l'aide à ceux qui en avaient besoin, et de soutenir des projets, certains entrepreneuriaux, d'autres associatifs. J'ai ainsi notamment pris la direction de l'association de représentation des parents d'élèves du Lycée Français de Madrid en 2016, entre autres engagements.

Cette implication dans la communauté, et la visibilité qui y était associée, finirent par attirer l'attention du microcosme de la représentation politique des Français de l'étranger. Au point que, fin 2015, un diplomate en poste à l'Ambassade de France à Madrid qui était devenu un ami proche me demanda, de la part d'Alain Juppé, de créer et de faire vivre un comité de soutien en Espagne pour l'ancien Premier ministre. Juppé se préparait en effet à participer à la primaire qui allait désigner le candidat de la droite et du centre pour les élections présidentielles de 2017, et il avait besoin de mailler l'électorat français, ce qui incluait les Français de l'étranger.

J'ai d'abord répondu « *non merci* ». Notamment car je ne me ressentais ni comme juppéiste, ni comme « de droite », même si mes idées sur l'économie et le rôle de l'état dans les grands équilibres de notre système globalisé avaient largement évolué à l'aune de mes expériences des dix dernières années, dans la City londonienne puis immergé dans le boom puis la crise espagnole. J'avais notamment pu observer depuis les premières loges les affres d'un système capitaliste dévoré par ses propres excès, puis la difficulté pour un État de résoudre les problèmes du secteur privé.

« *Non merci* », donc, et puis, à la réflexion, je finis par relever le défi. Quelques semaines supplémentaires m'avaient permis de mieux me familiariser avec le projet, la vie et l'œuvre d'Alain Juppé. Mais surtout je craignais que Nicolas Sarkozy ne remporte ces primaires. Clarifions : je n'étais pas membre du fan club de l'ancien président de la République, mais je n'avais pas non plus de grief particulier contre lui. En revanche je craignais que, s'il venait à gagner ces primaires, il ne se retrouve en lice au premier tour des élections présidentielles en 2017 face à François Hollande comme représentant de la gauche de gouvernement, et que l'impopularité simultanée de ces deux candidats ne nous place face au risque réaliste d'un second tour entre Jean-Luc Mélenchon et Marine Le Pen. Ce scénario était pour moi inacceptable, et motiva ma décision, en fin de compte, de soutenir Juppé, le seul candidat en lice qui garantissait selon moi la présence au second tour du représentant d'un parti traditionnel et républicain. J'allais donc faire barrage à Nicolas Sarkozy… tout en sachant qu'il n'en prendrait pas offense, après que j'aie voté pour lui deux fois – à mon corps défendant – au deuxième tour des présidentielles. D'abord en 2007 pour tenter d'amplifier la défaite, puis en 2012 pour essayer d'éviter la victoire des deux moitiés du duo infernal du socialisme moderne à la française, j'ai nommé Ségolène Royal et François Hollande.

Nous savons tous comment cette primaire déboucha sur l'élimination de Nicolas Sarkozy au premier tour, puis sur la victoire inattendue au second tour face à Juppé d'un François Fillon qui devenait de facto le grand favori de la présidentielle. Appelé par les Républicains à me rallier à la candidature de Fillon et à participer à sa campagne présidentielle en Espagne, j'ai immédiatement décliné. Que ce soit son programme, ses idées ou sa proximité avec les valeurs réactionnaires de Sens Commun, tout contribuait à me faire dire à nouveau « *non merci* ». Mais cette fois ce serait sans appel. Je me retirais donc de cette campagne présidentielle en novembre 2016. J'avais par ailleurs la tête sous l'eau professionnellement à cette époque-là, notamment en conseillant simultanément – au travers d'une de mes sociétés – le Real Madrid et le gouvernement Andorran sur deux projets d'investissements importants de la part de fonds de capital-risque étrangers. C'est donc en observateur indépendant et sans implication directe que je contemplais à distance la campagne électorale française, l'émergence d'Emmanuel Macron dans l'opinion publique en tant que présidentiable, et son ascension dans les sondages. Puis vint le ralliement de François Bayrou à sa candidature, un Bayrou pour qui j'avais voté au 1er tour de l'élection présidentielle en 2007, puis à nouveau en 2012. Puis l'émergence de son mouvement politique disruptif et participatif, et l'irruption des « Marcheurs » dans notre paysage politique.

Au fur et à mesure que 2017 avançait, face au crash en direct de la campagne d'un Fillon miné par les affaires, face à l'absurde choix de Benoit Hamon pour représenter la social-démocratie, et face aux impasses démocratiques que nous proposaient Marine Le Pen et Jean-Luc Mélenchon, je réalisais que, comme des millions d'autres Français, je n'allais guère avoir d'autre choix que celui de voter pour Emmanuel Macron en avril. Je n'étais donc pas un « Macroniste de la première heure », cette médaille dont nombreux membres de la majorité présidentielle aiment pourtant s'affubler avec fierté, parfois même avec ostentation. Je ne savais alors presque rien sur lui, ne l'avais croisé qu'une seule fois, au printemps 2015 à Madrid lors de sa visite officielle en tant que ministre de l'Économie. Si je l'avais alors trouvé imposant et efficace dans sa communication, le recul que j'avais pris depuis la défaite de Juppé m'avait éloigné de tout cela et ne me permettait pas d'avoir une idée claire quant à la sincérité de la volonté de renouvellement que proposaient Emmanuel Macron et ses Marcheurs. Comme tout le monde, je continuais par ailleurs à lire et entendre des opinions qui voyaient en l'émergence de Macron un simple stratagème de François Hollande pour rester au pouvoir tout en devant le quitter pour cause d'impopularité carabinée. Je voulus donc me rendre compte par moi-même en prenant part à une réunion du comité En Marche de Madrid, un soir de février 2017.

Cette visite fut à cet égard un succès. J'avais pu expliquer ma démarche à la trentaine de personnes présentes, et notamment ma volonté de venir en simple observateur afin de valider mon a priori positif sur Macron et sur les Marcheurs. J'avais alors trouvé enthousiasmante l'énergie des participants, et en particulier la personnalité d'Ugo Lopez, celui qui quelques mois plus tôt avait créé de toutes pièces ce premier comité espagnol. En ressortant de cette réunion, après avoir écouté les uns après les autres ces Françaises et ces Français de Madrid, souvent sans engagement politique préalable, venant indifféremment de la gauche ou de la droite traditionnelles, débattre et exposer leurs idées et propositions, je n'avais plus de doute quant à la sincérité de cette démarche collective. Je voterais bel et bien pour Emmanuel Macron au premier tour. Et avec plus d'enthousiasme que je ne l'aurais imaginé.

Par le plus grand des hasards, il se trouva que la réunion ce jour-là était aussi l'occasion pour les Marcheurs de procéder au « grand oral » des candidats à l'investiture d'En Marche pour les législatives. C'est ainsi que je réalisais, après une heure de réunion, que la marcheuse aux cheveux courts châtains clairs à coté de laquelle j'étais assis depuis le début de la réunion et avec qui nous avions échangé quelques mots était l'une des candidates à l'investiture. Ce fut mon premier contact avec Samantha Cazebonne.

Chapitre 4 – Samantha

Samantha Cazebonne a des convictions chevillées au corps, une conscience et des positionnements politiques en cohérence avec ces convictions. Elle avait d'abord tracé une carrière professionnelle ancrée dans l'éducation nationale, initialement en France en tant qu'enseignante, puis comme responsable d'établissement, avant de franchir le pas et de devenir Française de l'étranger au gré d'affectations en tant que proviseur au sein du réseau des lycées Français de l'étranger (le «réseau AEFE»). D'abord affectée dans un lycée au Maroc, elle fut nommée en 2015 proviseur du lycée français de Palma de Majorque, dans les îles Baléares espagnoles, île sur laquelle elle réside depuis.

Alors qu'Emmanuel Macron, dont la campagne présidentielle montait en puissance au début de l'année 2017, avait commencé à préparer l'avenir en lançant un processus d'identification de «candidats à l'investiture» pour les 577 circonscriptions des élections législatives qui suivraient immédiatement la présidentielle, c'est au cours de sa troisième année en tant proviseure de cet établissement franco-espagnol que Samantha décida de franchir le pas qui la séparait du monde politique. Comme des milliers de Françaises et Français convaincus ou charmés par Emmanuel Macron et sa démarche, ou plus prosaïquement attirés par cette opportunité unique de participer à la vie politique du pays sans avoir nécessité pour cela de construire patiemment une carrière antérieure dans cet univers étriqué, elle décida de présenter sa candidature pour l'investiture du parti de Macron pour l'élection du député de la 5ème circonscription des Français de l'étranger. Cela créa donc l'occasion de notre première rencontre.

Au cours de cette réunion du comité madrilène, le « grand oral » de Samantha lui avait permis de faire la démonstration de ses qualités indéniables : sincérité, expérience, expertise, combativité. Elle évoqua aussi l'un de ses mentors en politique, le député des Charentes-Maritimes Olivier Falorni… sur lequel je reviendrai bientôt. Au moment où elle venait de conclure son intervention, je pris la parole pour la remercier, et surtout pour lui souhaiter bonne chance en concluant sur le mode de la boutade :

– Si vous êtes choisie candidate, vous aurez mon soutien… Car peu importe le ou la candidate choisie, il aura bien besoin de toute notre aide face à Laurence Sailliet.

Laurence Sailliet était la candidate des Républicains pour ces élections législatives. À ce moment-là, elle en était probablement la favorite, cinq ans après avoir perdu de justesse ces mêmes élections au second tour face au candidat socialiste Arnaud Leroy. Redevenue parisienne après cet échec de 2012, elle débarquait à nouveau dans la 5ème circonscription en cette veille d'élections, cette fois après avoir soutenu successivement Nicolas Sarkozy puis François Fillon lors des primaires. Laurence Sailliet n'était pas ma tasse de thé politiquement parlant, et j'avais ressenti de sa part une prudence réciproque durant la campagne de la primaire. Cela reflétait sans doute une certaine méfiance envers ce nouveau venu, membre d'aucun appareil, mais qui osait se mettre, aux côtés d'Alain Juppé, sur le chemin de leur favori collectif Nicolas Sarkozy.

À la mi-avril 2017, Ugo Lopez reprit contact. Le vendredi 22 avril, quarante-huit heures avant le premier tour de l'élection présidentielle, à la terrasse d'un café de la rue de Fuencarral à Madrid, Ugo précisa la raison de cette rencontre : Samantha Cazebonne allait certainement recevoir l'investiture et serait donc la candidate d'En Marche pour les législatives. Elle bénéficiait notamment du soutien du député sortant de la circonscription, Arnaud Leroy, le premier parlementaire (il était jusqu'alors socialiste) à s'être rallié à Emmanuel Macron, mais un député qui n'avait pas l'intention de se représenter, en tout cas pas dans cette même circonscription. Samantha préparait donc désormais avec Ugo le dispositif de sa campagne législative, et elle l'avait chargé d'une mission : me sonder quant à la possibilité que je devienne son suppléant. Selon Ugo, les Marcheurs de la circonscription qui s'étaient porté candidats n'offraient pas de profil idéal, et Samantha avait pensé à moi en se souvenant favorablement de notre rencontre le jour de son grand oral. Selon ses propres termes, nous étions *« différents mais complémentaires »*.

Je reconnais aisément que je n'étais initialement pas emballé par cette proposition. D'abord car j'étais à ce moment-là accaparé par mes activités professionnelles, en plus desquelles la présidence de mon association de parents d'élèves représentait pratiquement un second travail, à mi-temps celui-là, mais bénévole et exigeant, et qui me tenait à cœur. Ensuite car, après une vie entière passée à travailler dans le privé et dans le monde associatif, j'étais devenu au fil du temps, comme la plupart des Français, un observateur méfiant du bal de nos gouvernants. Depuis mon double point de vue – le secteur privé où la médiocrité est peu tolérée, et le monde associatif où chaque centime compte – je considérais avec curiosité et une défiance croissante ces soi-disant « puissants » que je fréquentais de plus en plus près et qui paraissaient tous succomber à la même malédiction : quelques mois après leur élection, ils commençaient à se comporter avec la cohérence des personnages d'un théâtre de guignol, perdaient rapidement leur popularité puis leur capacité d'action, avant d'attendre les élections suivantes avec l'entrain du condamné à mort. Une tradition française qui s'était confirmée voire accélérée après l'élection de François Hollande en 2012.

Au-delà de cette défiance vis-à-vis de notre classe politique que je semblais partager avec plus de 60 millions de Français, je reconnais aussi que ce rôle de suppléant tel que je le concevais me paraissait présenter peu d'intérêt : je ne voulais pas simplement permettre à tel ou tel candidat d'utiliser mon nom pendant une campagne électorale, pour ensuite me faire sortir du dispositif, sans influence ni implication. Ma réponse initiale fut donc *« merci, mais non merci, à moins que… »*. S'ensuivirent quelques conversations avec Ugo et Samantha entre les deux tours de la présidentielle, au cours desquelles il fut clarifié que si elle était élue, moi suppléant je maintiendrais une implication active – mais bénévole – auprès de la députée durant les cinq ans de son mandat, que je maintiendrais ma liberté de parole, et que je bénéficierais de son écoute et de son soutien au cas où, et en particulier si je souhaitais faire avancer des sujets ayant trait aux lycées Français de l'étranger. Nous sommes finalement tombés d'accord quelques jours avant le second tour. Le 6 mai au soir, je participai à la soirée électorale du second tour de l'élection présidentielle avec les Marcheurs de Madrid et une centaine d'autres Français et Espagnols rassemblés au siège du parti espagnol Ciudadanos, à quelques pas des arènes de *Las Ventas*. Tous ensemble, nous avons ainsi célébré le triomphe désormais attendu d'Emmanuel Macron face à Marine le Pen, une victoire claire et nette (66 % contre 34 %) qui augurait d'une nouvelle ère dans la vie politique française. L'enthousiasme était débordant, la joie tangible, et la fête fut joyeuse parmi les Marcheurs. Ce soir-là, je restais cependant le seul à savoir que je serais le suppléant de Samantha Cazebonne.

La campagne électorale des législatives s'ouvrit la semaine suivante, et aboutit, moins de six semaines après la victoire d'Emmanuel Macron, à une véritable vague macroniste qui, avec 308 élus, obtenait la majorité absolue à l'Assemblée nationale sans même nécessiter de prendre en compte l'apport supplémentaire de la soixantaine d'élus du Modem ou d'Agir. Parmi ces 308 élus, En Marche avait obtenu dix des onze sièges de députés des Français de l'étranger. Ces dix députés étaient dans leur grande majorité des nouveaux venus en politique. Et parmi ces dix élus figurait Samantha Cazebonne qui avait remporté l'élection, elle aussi avec 66 % des voix au second tour. Par la suite, Samantha tint parole : jusqu'à son départ pour le Sénat à l'automne 2021, elle m'aura permis d'être un suppléant actif et visible, qui la représenta régulièrement en son absence à l'occasion de réunions de la communauté française ou de cérémonies officielles, à Madrid, mais aussi à Barcelone, en Andorre ou aux îles Canaries. Elle m'aura aussi permis de donner plus de visibilité et d'impact à mon rôle d'» influenceur», notamment en faveur des intérêts des parents d'élèves du réseau AEFE.

Hélas, le bel élan du début du premier quinquennat d'Emmanuel Macron fut vite brisé. Dès fin juillet 2018, ce fut l'affaire Benalla qui vint mettre un terme à une période intense en réformes, et briser l'euphorie post-victoire en coupe du monde de football. Puis en novembre ce fut au tour de l'émergence des Gilets Jaunes de ternir les célébrations du centième anniversaire de l'armistice de 1918. Deux bouleversements qui coupèrent net l'élan réformiste d'Emmanuel Macron au niveau national. Dans notre circonscription, l'annulation de l'élection législative de 2017 avait privé Samantha de son siège de députée dès février 2018. Une annulation qui avait été décidée par le Conseil Constitutionnel sans que nous soyons mis en cause : ce sont des irrégularités du candidat arrivé deuxième qui avaient été sanctionnées. Annulation que nous devions essentiellement au recours présenté par Laurence Sailliet, elle qui avait terminé troisième au premier tour de l'élection de 2017 avec 16 % des suffrages, loin derrière Samantha et ses 50 %, mais moins de 60 voix derrière le candidat arrivé deuxième. Une Laurence Sailliet qui ne souhaita pourtant pas venir se représenter aux élections législatives partielles de 2018 une fois obtenue l'invalidation du résultat de 2017.

Ces élections partielles furent beaucoup plus complexes qu'au printemps précédent : en avril 2018, la vague macroniste de juin 2017 n'était alors plus qu'un lointain souvenir. Par ailleurs Samantha et son équipe avaient le moral dans les chaussettes après cette annulation que nous percevions tous comme injuste et qui les laissait du jour au lendemain sans emploi, sans rémunération, sans accès à leur bureau, au Palais Bourbon, ou aux divers bâtiments qui configurent l'Assemblée nationale. Une annulation qui interrompait aussi brutalement tout le travail engagé jusque-là par Samantha. En outre, la question de sa ré-investiture comme candidate de LREM s'était posée durant quelques jours, certaines personnalités haut-placées ayant apparemment exprimé leur intérêt pour cette « circonscription gagnable ». Face à cette ambiance délétère, il m'incomba donc de prendre l'initiative et de jouer un rôle significatif dans cette campagne, notamment pour palier le traumatisme et le manque d'allant du reste de l'équipe.

Le premier tour fut réellement difficile. Avec un score de 35 %, Samantha et moi rassemblions 15 % d'électeurs de moins qu'à l'occasion du premier tour de juin 2017. Quant à notre adversaire principal, le même candidat de la France Insoumise, il atteignait 28 % des suffrages exprimés soit 13 % de plus que dix mois plus tôt. En l'absence de toute couverture médiatique et d'option de vote en ligne, la participation fut désastreuse – moins de 8 % ! – et augurait d'un second tour serré : la capacité de mobilisation de chaque camp serait décisive. Dans ce contexte et face à cette mauvaise dynamique, l'équipe de campagne dut prendre une décision radicale. En effet, au premier tour nous avions utilisé à nouveau la même affiche électorale qu'à l'occasion des élections législatives de 2017. Cette fameuse affiche qui avait été alors fameusement standardisée pour tous les candidats LREM de France et de Navarre (c'est le cas de le dire), et sur laquelle figurait un photomontage du portrait du candidat à la députation juxtaposé au portrait d'Emmanuel Macron. Quinze jours plus tard, face à la mauvaise dynamique constatée, nous allions changer radicalement l'affiche de second tour pour y faire figurer cette fois une photo de Samantha et moi, côte à côte, expressifs et souriants. Mon importance croissante dans le dispositif et un travail de campagne intense auprès de mes réseaux, notamment sur LinkedIn, donna à cette élection – et à notre binôme – une visibilité accrue chez les Français d'Espagne et du Portugal à ce moment décisif pour la mobilisation. Ce second tour fut remporté de haute lutte, et de justesse, à 500 voix près. Samantha avait gagné sa réélection, et moi sa reconnaissance éternelle.

CHAPITRE 5 – En confiance

Trois ans et demi après cette réélection serrée lors de la législative partielle d'avril 2018, sur le terrain en circonscription ma reprise du rôle de député se passait on ne peut mieux. Personne ou presque ne mettait en cause ma légitimité après l'usage actif et visible que j'avais fait de mon statut de suppléant, rôle pour lequel j'avais donc été élu aux cotés de Samantha en 2017 puis en 2018. J'avais notamment communiqué régulièrement durant la crise Covid, partageant sur les réseaux sociaux des informations utiles aux Français qui se posaient de nombreuses questions sur la vaccination, le passage des frontières, les conditions de retour en France, etc. Par ailleurs je continuais à être hyperactif au sein du Lycée Français de Madrid, et je gérais notamment au quotidien le service de transport scolaire qui déplaçait chaque jour plus de sept cents élèves. Un rôle qui m'avait permis de mettre en place de nombreuses améliorations notamment dans la communication avec les familles des usagers, dans le suivi des trajets, et dans la mise en place des mesures Covid qui permettaient la continuité du service tout en assurant la sécurité des enfants.

Cette image globalement positive avait probablement convaincu Samantha de me demander de prendre la tête de la liste LREM pour les élections consulaires de mai 2020 en Espagne. Des élections consulaires qui allaient finalement être reportées au printemps 2021, Covid oblige, et qui m'avaient permis de réaliser une première campagne sur mon nom, puis un score de 26 % sur l'ensemble de la circonscription, avec notamment un résultat proche de 40 % dans mon «fief» de Madrid.

Quelques mois après ces élections consulaires, les administrés accueillaient chaleureusement ce nouveau député qui montait en grade et qui avait immédiatement imposé un style qui combinait transparence et proximité. Que ce soit sur les réseaux sociaux ou sur le terrain lors de mes déplacements, je m'assurais d'être disponible et réactif aux interpellations de mes compatriotes. Eux me le rendaient bien, et les commentaires publics étaient généralement favorables.

À Paris, je continuais à rentrer dans le rôle de parlementaire et plusieurs épisodes successifs m'indiquaient que mon travail de terrain était reconnu par ceux qui comptent. Ainsi, début décembre, je recevais le message suivant d'un expéditeur jusque-là inconnu au bataillon :

– Bonjour, je suis conseiller de Richard Ferrand à Lassay. Je viens d'échanger avec ma sœur qui vit à Madrid et n'a pas tari d'éloges sur votre mobilisation. Je serai ravi de vous rencontrer dans les prochains jours.

Une semaine plus tard, nous nous retrouvions autour d'un café sous les ors du Palais de Lassay, la résidence du président de l'Assemblée nationale. Ce conseiller m'expliqua alors qu'il s'était tellement habitué à entendre des remontées de terrain critiques sur les députés macronistes que la curiosité l'avait saisi après cette appréciation apparemment dithyrambique de la part de sa sœur madrilène. S'ensuivit un échange cordial durant lequel j'eus l'occasion d'exposer ma méthode à un conseiller intrigué, qui nota avec attention les indications d'un ancrage de terrain réel.

Le lendemain matin, je quittais Paris aux aurores afin d'accompagner le Premier ministre Jean Castex lors de son déplacement à Madrid. Un déplacement qui fut notamment l'occasion de créer avec le Premier ministre des liens qui allaient s'avérer utiles au moment de débloquer une situation problématique quelques semaines plus tard à Paris. Par ailleurs, notre déambulation dans le centre-ville de Madrid puis la rencontre avec la communauté française à l'Ambassade de France permirent à cette autre figure centrale de la majorité de constater mon ancrage sur le terrain.

Quant à Emmanuel Macron, il n'avait pas de raison particulière de me connaitre à ce moment-là. Nous nous étions croisés en de rares occasions à Madrid et à Andorre et n'avions jamais échangé plus que quelques mots. En revanche, j'avais été convié courant décembre 2021 à une première rencontre avec Paul Desforges, conseiller parlementaire d'Emmanuel Macron, dans les annexes de l'Élysée. Quelques semaines après mon atterrissage au Palais Bourbon, Paul souhaitait me connaître, et, je le réalisais au cours de notre entretien, comprendre mes intentions vis-à-vis des prochaines législatives. Interrogé à ce sujet, je lui exposais ma motivation et ma légitimité du point de vue des électeurs, tout en reconnaissant que la décision leur incomberait, à lui et aux instances parisiennes, et que j'espérais mériter leur confiance. Sa réponse fut encourageante : il me remercia de garder l'esprit ouvert… mais me demanda notamment de réfléchir dès maintenant (clin d'œil à l'appui) au profil de ma future suppléante, me recommandant au passage de choisir une personne basée au Portugal.

Alors que cette conversation touchait à son terme, il me posa une dernière question :

– Aurez-vous le soutien de Samantha Cazebonne ?

La question me désarçonna durant quelques microsecondes. J'avais noté le regard de mon interlocuteur s'aiguiser brièvement. Je ne pouvais pourtant pas imaginer autre chose que mon ancienne titulaire chantant mes louanges à Paris, et réaffirmant ma capacité à reprendre le flambeau lors des prochaines élections. Mais en même temps, ses désaccords avec certains ténors de la majorité me revenaient en mémoire, et je choisis de répondre le plus sincèrement possible à cette question qui n'était peut-être pas aussi rhétorique qu'elle en avait l'air :

– Après ce que nous avons vécu ensemble, mon appui constant pour son action et notamment mon rôle dans sa réélection en 2018, oui, elle me soutiendra, j'en mettrais ma main au feu.

À ce moment-là, mes intentions étaient claires : je comptais depuis un certain temps être notre candidat pour les législatives de juin 2022, intention renforcée par le fait que j'avais pu valider que ce rôle de député me donnait les moyens d'exercer une influence sur le cours des choses. Cette ambition s'était cimentée en deux étapes : la première, quand Samantha Cazebonne m'annonça, début 2021, qu'elle n'avait en principe pas l'intention de briguer un second mandat à l'Assemblée. Elle m'expliqua notamment que, décontenancée voire désenchantée par la tournure générale des évènements à Paris, elle souhaitait retourner à la vie civile, que j'étais pour elle son successeur logique, et qu'elle me soutiendrait dans ce sens si je souhaitais être candidat à l'investiture, suggérant même la possibilité qu'elle puisse être ma suppléante le cas échéant. Une perspective nouvelle et initialement alléchante de mon point de vue. Cependant elle avait aussi relevé que, à l'évidence, le fait de voir notre circonscription se retrouver «disponible» allait susciter des convoitises. En effet tous ceux et celles qui, tant au gouvernement que dans les cabinets ou dans le cercle des proches des astres les plus brillants de la galaxie macronienne, allaient chercher une circonscription gagnable dans laquelle atterrir en 2022, regarderaient la cinquième circonscription des Français de l'étranger avec les yeux de Chimène (logique, dans le cas de la péninsule ibérique). De fait, des rumeurs bruissaient alors déjà quant à un intérêt potentiel de figures telles que Christophe Castaner, Jean-Michel Blanquer, ou Elisabeth Moreno, trois ministres ou anciens ministres et personnalités influentes de la « macronie ». Dans cette configuration, même en tant qu'élu consulaire et que suppléant de la députée, les chances d'investiture d'un minus de la politique comme moi face à ce type de concurrents auraient été inexistantes. Je devais donc faire l'hypothèse que je ne serais pas candidat.

Mais c'est alors que, le 28 mai 2021, un second bouleversement, totalement imprévu celui-là, allait changer la donne de fond en comble. Quelques jours à peine avant les élections consulaires du dimanche 31 mai, je reçus un appel de Samantha.

– Assieds-toi car je dois t'annoncer quelque chose et c'est une sacrée surprise.

Elle venait elle-même d'être notifiée, sur instruction de l'Elysée, qu'elle était pressentie pour mener la liste LREM pour les élections sénatoriales à venir. Ces élections, planifiées pour septembre 2021, visent à renouveler six des douze sénateurs des Français de l'étranger qui siègent au Palais du Luxembourg. Et voici donc, à quelques mois de cette échéance et contre toute attente, Samantha favorite pour prendre la tête de la liste LREM, ce qui de facto lui garantirait pratiquement un siège de Sénatrice. Lui restait alors à décider si elle voulait effectivement remettre en question sa décision initiale de retourner à la vie civile.

Le dimanche 31 mai, jour même des élections consulaires et alors que les remontées de résultats venant du monde entier étaient favorables à notre camp, je recevais un message de sa part me confirmant qu'elle appellerait l'Élysée afin d'obtenir leur validation officielle.

Deux jours plus tard, un nouveau message de Samantha m'indiqua que les choses se précisaient encore d'avantage :

– Ils m'ont rappelée. Et m'ont demandé si quelqu'un était prêt à prendre ma suite et que je l'aide à gagner car ils ne veulent pas perdre notre circonscription. J'ai dit que oui. J'ai bien fait ?

– Bien sûr, compte sur moi au cas où.

À la fin du mois de juin, Samantha fut finalement confirmée tête de liste.

Vint alors le temps de la préparation de cette élection sénatoriale, et notamment de la campagne auprès des conseillers consulaires non-affiliés à LREM, qui formaient la grande majorité du corps électoral pour ces sénatoriales à venir. Début juillet, je proposais à Samantha de s'appuyer notamment sur Francis Huss, doyen des conseillers consulaires et éternel président de l'association Union des Français de l'Étranger en Espagne. Après avoir figuré en troisième position sur ma liste aux élections consulaires, Francis était devenu mon suppléant de facto en ce sens qu'il me remplacerait en tant que conseiller consulaire si je devais quitter ce poste. Je suggérai donc à Samantha d'insister sur ce point afin que Francis identifie clairement – si besoin était – son propre intérêt dans ce possible jeu de domino, et que son soutien en soit renforcé. La réponse de Samantha à ce moment-là me prit par surprise :

– Faisons attention à ne pas nous engager trop spécifiquement, il faudra bien vérifier que tu pourras effectivement me remplacer à l'Assemblée alors que nous sommes si proches des prochaines élections.

Première nouvelle ! Cette douche froide arrivait sans que ce risque n'ait jamais été mentionné par quiconque. Après avoir brièvement analysé les lois en vigueur, ma propre conclusion allait dans l'autre sens, à savoir celui d'une confirmation que je remplacerais effectivement Samantha dans tous les cas si elle partait au Sénat. En tout cas je n'avais pas identifié d'élément qui amènerait à une conclusion différente. Une chose était certaine, j'avais du mal à comprendre comment et à quel moment précis ce brusque changement de compréhension de la situation avait pu survenir. Et pourtant le lendemain, la conversation suivante eut lieu entre une fidèle collaboratrice de Samantha et Nathalie Coggia, référente LREM de notre 5ème circonscription, qui souhaitait valider le message que Samantha allait faire parvenir aux électeurs de la circonscription afin d'annoncer sa candidature au Sénat :

> Nathalie, voici le message que Samantha compte envoyer : « Chers toutes, chers tous, Je souhaitais vous informer que j'ai été investie par LREM pour conduire la liste des sénatoriales des Français établis hors de France dont l'élection aura lieu courant septembre. (...) En cas de victoire, je resterai votre parlementaire, seule mon adresse mail changera, je continuerai à vivre en Espagne et suivrai jusqu'à la nouvelle élection d'un ou d'une député(e) l'ensemble de mes dossiers et demandes de concitoyens. Avec toute mon amitié, je reste bien sûr à votre disposition. Samantha Cazebonne »

> OK, pas de mention de Stéphane comme suppléant ? Cela me va sinon ! Merci !

Nathalie me transmit immédiatement cet échange.

– Regarde la conversation ci-dessus. Tu savais ?

– Non. Et donc ça chamboule tout.

– Oui je suis désolée.

– Je m'en remettrai. Cela dit, j'aurais pu l'apprendre autrement.

La surprise était totale et constituait un sacré coup derrière la tête. Qu'avait-il bien pu se passer ces derniers jours pour que l'on passe de la certitude que je remplacerais ma titulaire… à la certitude que son siège à l'Assemblée resterait vacant jusqu'aux élections de juin 2022 ? Pour en avoir le cœur net, j'appelais immédiatement Samantha.

Elle ne semblait pas déborder d'envie d'aborder le sujet. Je lui parlai alors franchement :

– J'ai fait ma propre analyse des textes et je n'arrive pas à la même conclusion que toi. Je trouve que tu me dois bien un petit coup de pouce, ne serait-ce que par exemple demander aux services juridiques de LREM de mener une analyse qui nous apporterait une conclusion définitive.

Les mots qu'elle prononça alors résonnent d'une manière radicalement différente alors que je rédige ces lignes :

– J'en ai parlé à Manuel Valls qui m'a dit que les conditions de mon remplacement sont déterminées par la loi de 2014 sur le non-cumul des mandats, que cette loi il la connait car c'est lui qui l'avait faite passer quand il était à Matignon, et il me confirme que je ne pourrai pas être suppléée dans l'état actuel des choses. Je suis désolée mais dans le doute nous devons donc assumer que ce ne sera pas le cas.

Cela paraissait effectivement mettre un terme au débat de son point de vue, mais je me rappelle également m'être immédiatement posé deux questions.

Question numéro 1 : Comment se fait-il qu'il ne semble pas y avoir de volonté d'aller au fond du sujet du coté de Samantha et de LREM ? Pourquoi laisser un siège vacant dans l'hémicycle pendant des mois et affaiblir notre majorité à l'Assemblée nationale si on peut l'éviter ?

Question numéro 2 : Que diable vient faire Manuel Valls dans cette histoire ?

Finalement, la raison – mais surtout la loi – avaient prévalu, me permettant effectivement de remplacer Samantha à l'Assemblée nationale après son élection au Sénat, au titre de l'article LO 176 du code électoral.

Mais je réalise aujourd'hui que j'aurais dû approfondir davantage la seconde question.

Chapitre 6 – Manuel Valls

Tentons de résumer en quelques mots la vie et la carrière politique bien remplies de Manuel Valls :

Né à Barcelone en 1962. S'installe à Paris à 18 ans. Naturalisé français deux ans plus tard.

Considéré comme l'étoile montante du Parti Socialiste depuis le milieu des années 90, il est élu maire d'Évry en 2001 puis député de l'Essonne en 2002.

Candidat à la primaire de la gauche en 2011, éliminé au premier tour avec 6 % des suffrages pour laisser Hollande et Martine Aubry en découdre en finale en l'absence forcée de Dominique Strauss-Kahn, il devient ministre de l'Intérieur de François Hollande entre 2012 et 2014, puis succède à Jean-Marc Ayrault en tant que Premier ministre en 2014, fonction dont il démissionne fin 2016 afin de participer à la primaire socialiste, primaire qu'il perd au second tour avec 41 % des suffrages face à Benoit Hamon.

Plutôt que soutenir ce dernier, investi candidat par le Parti Socialiste, à l'occasion des élections présidentielles de 2017, il se rallie au candidat Emmanuel Macron. Réélu député de justesse dans sa circonscription d'Évry grâce à Emmanuel Macron désormais élu président et qui, même s'il n'investit pas officiellement cet ancien Premier ministre qui lui avait rendu pourtant la vie impossible durant son mandat de ministre de l'Économie, ne présenta pas non plus de candidat LREM face à lui.

Juste avant les élections législatives, le 30 mai 2017, il avait été désigné par un sondage Odoxa comme la personnalité politique suscitant le plus de rejet en France : 54 % des sondés déclarent alors le « rejeter », devant Marine Le Pen et Nicolas Dupont-Aignan.

Il rejoint alors en juillet 2017 à l'Assemblée nationale le groupe parlementaire LREM en tant qu'apparenté, à la suite d'un vote favorable des députés qui formaient ce groupe, puis démissionne de ce mandat de député dès octobre 2018 pour « *quitter définitivement la France, en ayant fini avec la vie politique française* ». Il annonce en effet vouloir devenir maire de Barcelone et préparer sa campagne électorale pour les élections municipales de 2019. Au terme d'une campagne difficile, sa liste n'arrive qu'en quatrième position. Il devient alors conseiller municipal et son revirement fait basculer l'élection : afin d'éviter la victoire d'un maire indépendantiste, il fait alliance avec la maire sortante et assure la réélection de celle qu'il était pourtant en principe venu bouter hors de Barcelone. Même s'il démissionne de son poste de conseiller municipal barcelonais en août 2021 pour devenir chroniqueur politique parisien, son aventure catalane n'aura pas été vaine puisqu'il trouva l'amour et vit désormais – de notoriété publique – entre Paris et les résidences de sa conjointe espagnole entre Barcelone et l'île de Minorque dans les Baléares.

L'ancien Premier ministre et Samantha Cazebonne se sont connus sur les bancs de l'Assemblée nationale. Placés côte à côte dans l'hémicycle par le jeu du hasard en juin 2017, il se fréquentent régulièrement jusqu'au départ forcé de Samantha au moment de l'annulation de son élection début février 2018. À son retour au Palais Bourbon, fin avril, Manuel Valls avait déjà déserté, direction la Catalogne. Mais Manuel et Samantha se retrouvent bientôt à nouveau comme voisins, lui résidant à Minorque, elle à Majorque, et ils se croisent et échangent désormais régulièrement. Samantha apprécie le fait de fréquenter de si près un homme politique de cette carrure. Alors qu'ils étaient tous deux députés, elle l'a longtemps vouvoyé. Puis était venu le temps du tutoiement. Samantha pouvait désormais échanger d'égale à égal avec ce responsable de haut rang. Le dimanche 26 septembre 2021, jour des élections sénatoriales, alors que les Marcheurs, Macronistes et autres sommités présentes ce soir-là au ministère des Affaires Étrangères sont invités à célébrer dans le bureau du ministre Jean-Baptiste Lemoyne le siège de Sénatrice obtenu par Samantha, certains s'étonnent de la voir se réjouir ostensiblement que le premier message de félicitation qu'elle reçoit provienne de... Manuel Valls.

Pour ma part à ce moment-là je restais loin de ces agapes, enfermé au sous-sol du même bâtiment dans le bureau de vote, occupé par mes fonctions d'assesseur du processus électoral, en train de clôturer les opérations de vote au nom de LREM. Mais il m'importait peu de ne pas participer au cocktail de célébration. L'essentiel était ailleurs : dans quelques jours, je rentrerais officiellement en fonction comme député.

CHAPITRE 7 – Mardi 3 mai : jeu, set et match

Retour à la fin du mois d'avril 2022, quelques heures après la réélection d'Emmanuel Macron, quelques jours avant les annonces d'investiture pour les législatives.

Une fois le chapitre de l'élection présidentielle clos et Emmanuel Macron confirmé dans son rôle de Président, et face à la présence entêtante de Manuel Valls sur tous les plateaux et tribunes, il est alors temps d'agir pour assurer mon investiture. Le moment est venu de reparler avec Samantha Cazebonne.

Cette déclaration d'intention n'est pas aussi anodine qu'il n'y parait, car ces derniers mois la relation avec Samantha a évolué, et j'ai bien dû noter qu'une certaine distance s'était installée. Moins de communication, presque plus de messages de sa part, ni de dialogue direct. Contrairement à nos habitudes, plus le moindre *like* de sa part ou de son équipe sur mes publications sur les réseaux sociaux.

Bien sûr, nous ne faisions plus partie de nos «équipes» respectives. Nous ne siégeons même pas dans la même assemblée. Il est par ailleurs compréhensible que l'on puisse éprouver une certaine forme d'amertume face à la reprise par un autre du rôle auquel on s'est dédié durant des années. Si c'est le cas, la bonne réception que me réservent «ses» administrés sur le terrain et sur les réseaux sociaux y a sans doute joué un rôle. Et même si je mets un point d'honneur à défendre systématiquement Samantha face à certains commentaires injustes, notamment en insistant sur le travail qu'elle avait abattu, peut-être avait-elle été paradoxalement contrariée de me voir d'une certaine manière bénéficier de l'aura de ce travail. De me voir m'approprier son travail.

À la veille du premier tour des présidentielles, je l'avais interpelée :

– La petite offensive médiatique de Valls de l'autre jour a mis le feu chez nos Marcheurs. C'est assez pénible à gérer. Comme si la situation en elle-même n'était pas suffisamment désagréable.

– Quelle offensive ? Je n'arrive pas à savoir s'il est ou non soutenu. Je crois qu'il y a les pour et les contre. On nous a dit en réunion de groupe que Valls voulait créer un nouveau parti de gauche mais je ne sais pas si c'est vrai. C'est certain que si on fait un mauvais score demain il montera à l'offensive pour aider le Président. Franchement on a de quoi être inquiétés même s'il ne faut pas céder à la fébrilité. On doit tout faire pour empêcher Marine Le Pen de gagner.

Tout faire ? À l'évidence, il fallait retisser les liens de confiance avec une Samantha qui était probablement en train de jouer un rôle significatif dans le processus de désignation des candidats investis dans les onze circonscriptions des Français de l'étranger (dont la mienne…). Je la rappelle donc le lundi 25 avril, lendemain du second tour de la présidentielle. Officiellement, je souhaite solliciter ses conseils quant au choix de ma future suppléante à l'occasion de ma campagne législative à venir. Bien sûr sa vision des choses m'intéresse, car je dois choisir entre plusieurs profils différents et que son avis me serait utile. Mais un objectif essentiel consiste également à rétablir le lien de confiance qui s'était délité entre nous. Moins d'un an après les faits, je ne pouvais pas oublier son apparente indifférence vis-à-vis du fait que j'aurais pu ne pas la suppléer à l'Assemblée au moment de son départ pour le Sénat.

Au téléphone, je la sens immédiatement décontenancée par ma question. Elle évacue rapidement le sujet de ma suppléante pour orienter la conversation dans une direction qui n'était pas totalement imprévisible :

– Il y a une chose que je veux te dire. Il faut que tu saches que Manuel Valls se prévaut de mon soutien à Paris. Mais tu dois aussi savoir que ce n'est pas vrai. Je ne prends pas et ne prendrai pas parti entre vous deux. D'abord parce que la décision finale ne dépend pas de moi, mais aussi car ce n'est pas à moi de choisir entre d'un côté te soutenir toi sachant tout ce qui nous relie, et de l'autre relancer la carrière d'une personnalité qui est un ancien premier ministre, et qui garde un poids énorme dans le débat public. Donc je veux juste rester à la marge de cette décision, sachant qu'une fois la décision prise, je me rangerai nécessairement derrière, et je soutiendrai le candidat choisi par le Président de la République.

– Je comprends, notamment le fait qu'en fin de compte tu devras te plier à la décision du mouvement. De mon point de vue personnel, c'est dommage, mais tant qu'il n'y a pas de couteau planté dans mon dos, c'est acceptable.

– Mais qu'entends-tu au juste par un « *couteau dans le dos* » ?

– Pour moi c'est clair, eu égard à ce que nous avons vécu ensemble, si tu prenais position contre moi, ou en faveur d'un autre candidat durant ce processus de décision interne qui mènera aux décisions d'investitures, je le ressentirais comme un coup de couteau dans le dos.

– D'accord. Dans tous les cas, la décision pour la suite ira vite je l'espère car sincèrement moi je ne veux absolument pas être au milieu d'une bataille qui se réglera quoi qu'on fasse à un autre niveau.

Huit jours après cette conversation, le 3 mai, je suis naufragé au milieu de la foule de l'Open de Madrid. Mon radeau de la Méduse est submergé de notifications de médias qui semblent les uns après les autres entériner les fuites concernant une investiture de Manuel Valls. Mon premier réflexe consiste logiquement à rappeler et en absence de réponse à écrire à tous ceux qui m'avaient guidé ou rassuré ces derniers mois et semaines : mais Desforges, Ferrand et même Castex sont aux abonnés absents. C'est logique, ils doivent être submergés par les demandes d'intervention et de contact de centaines, voire de milliers d'ambitieux qui espèrent encore le Graal d'une investiture du parti présidentiel, synonyme de tapis rouge vers la moquette, rouge elle aussi, du Palais Bourbon. Si je ne parviens pas à joindre Guérini, Nathalie quant à elle y parvient. Le dirigeant de LREM lui répond : « *Les arbitrages étaient encore en cours d'après mes dernières nouvelles donc je n'ai pas d'information permettant de confirmer cela. Je ne sais pas d'où vient cette fuite* ». Le simple usage du terme « *fuite* » plutôt que « *rumeur* » suffit à renforcer mes craintes.

De mon côté, la seule réaction est venue d'une réponse de Christophe Castaner :

– Christophe, la presse me tombe dessus avec les rumeurs d'investiture de Valls dans ma circo. Y a-t-il quelque chose d'officiel dans un sens ou dans l'autre ? Dans tous les cas, la situation actuelle est mauvaise pour tout le monde. Soit on confirme, soit on démentit, mais si on ne fait rien la situation va devenir délétère.

– Je ne suis associé que de très loin au pilotage des négociations avec les autres partis de la majorité. Je suis assez inquiet en effet des velléités de Manuel Valls.

– Il perdrait à coup sûr. On ne peut pas laisser faire cela.

– Alerte Richard. Je ne sais pas ce qu'il en est.

Richard Ferrand (en l'occurrence son conseiller) étant comme les autres aux abonnés absents, je n'ai pas d'autre alternative que de rappeler Samantha :

– Stéphane, franchement, je n'ai pas d'information. Vous êtes nombreux à m'appeler en pensant que je pèse dans le processus mais ce n'est pas le cas. Tout ce que je sais c'est que Manuel Valls est revenu à la charge mais ça tu le sais déjà. Malheureusement je ne peux pas te donner plus d'information… J'ai sans doute encore moins d'information que la presse, mais je te recommande de parler dès que possible à Stan, à Castaner, ou à Desforges. Eux pourront peut-être te dire quelque chose.

Fin de l'appel.

Je suis donc seul.

Littéralement, seul, avec un téléphone dans chaque main et mon ordinateur portable posé en équilibre sur deux barrières de sécurité, légèrement à l'écart d'une foule compacte qui converge au pas de course vers le cours central pour ne pas manquer les premiers points du match Djokovic-Monfils sur le point de reprendre après une interruption due à la pluie. Et figurativement, je me retrouve désormais seul face à ce vent qui vient brusquement de tourner. Car je dois désormais le reconnaitre : je me suis trompé. Disons-le carrément, je me suis planté dans les grandes largeurs. J'avais accordé trop de crédit à ceux qui voulaient me rassurer, et qui étaient peut-être de bonne foi, et je me retrouve désormais sans capacité de réaction au moment décisif. Il y aurait pourtant tant eu à dire sur les risques que présenterait une candidature Valls. Mais il est trop tard. J'ai péché par naïveté, c'est évident. J'ai probablement même été un peu con, autant le reconnaître. Je dois l'assumer sans m'appesantir sur le sujet ni m'apitoyer sur moi-même. Maintenant je souhaite surtout réfléchir sereinement à la situation… et vu l'endroit, autant le faire en regardant le match. Je rejoins donc mes collaboratrices Émilie et Marie dans les tribunes du cours central, pour prendre mon siège et tenter de rassembler mes esprits.

Au moment où je prends ma place à leurs côtés dans les tribunes, elles aussi sont visiblement extrêmement préoccupées, les yeux fixés sur leurs téléphones plutôt que sur la petite balle jaune qui zigzague sur le court. En ce qui me concerne, accepter cette non-investiture impliquerait la fin de ma «carrière» politique : le désaveu que constituerait le choix d'un autre candidat pour remplacer un député sortant aurait suffi en soi pour justifier mon retrait. Mais cela, combiné au profil de la personnalité investie, et de la manœuvre politicienne qui paraissait sous-tendre ce choix, tout cela serait comme un symbole du triomphe de ces vieilles pratiques que, naïvement une fois encore, je pensais participer à éradiquer en rentrant en politique aux côtés d'Emmanuel Macron et des Marcheurs. Bref, si mon concurrent catalano-parisien est effectivement investi, je ne pourrais pas à la fois accepter cette décision et ne pas me retirer définitivement de ce jeu de dupes. À titre personnel, en ce qui concerne ma «carrière» et mes finances, la perspective de mettre fin à ma brève trajectoire politique ne me fait ni chaud ni froid, ainsi que je l'avais toujours souhaité. D'abord, je n'ai pas besoin des aspects financiers de la politique pour subvenir à mes besoins matériels et à ceux de ma famille. De plus, une vie alternative attrayante m'attend si je devais mettre fin à cette parenthèse de politicien à temps plein. Je pourrais reprendre mon activité professionnelle là où je l'avais laissée, et je passerais à nouveau le plus clair de mon temps en Espagne et à Madrid, l'environnement que j'ai choisi pour moi et ma famille. De plus, cerise sur le gâteau, mes jeunes enfants seraient ravis de me voir à nouveau participer pleinement à leur vie de famille. Bref, je n'ai rien à perdre… si ce n'est l'opportunité de prendre ma part au changement du cours des choses.

Émilie et Marie, quant à elles, ne sont pas dans la même configuration : elles sont salariées et ont besoin de cet emploi, surtout en ce qui concerne Marie pour qui il s'agit d'ailleurs de son premier poste. Et même si son salaire est modeste, elle est ravie d'avoir trouvé cette position après des mois de recherches complexes et frustrantes. De fait, parmi les six membres de mon équipe parlementaire (moi compris), ce sont elles deux qui avaient pris le plus au sérieux le «risque Valls», et ce dès les premières rumeurs. Probablement car ce sont elles qui ont le plus à perdre.

Perdre.

Défaite.

Échouer.

Des mots que les compétiteurs les plus superstitieux évitent de prononcer. C'est le cas dans le monde politique, ou économique, mais aussi bien évidemment dans l'univers sportif. Et alors que, en dépit d'un début de match tonitruant, Gaël Monfils voit maintenant Novak Djokovic le rejoindre au score puis s'échapper pour remporter le premier set 6 jeux à 3, je l'observe d'un œil distrait, depuis mon siège dans les travées supérieures des tribunes du stade Manolo Santana, un siège qui évoque ma position habituelle dans le rang du fond de l'hémicycle du Palais Bourbon. Je suis tout entier tourné vers la perspective de mon propre échec : si celui-ci se matérialisait, devrais-je l'accepter ou pas ?

Tout en moi crie «*Non!*».

«*Non!*» d'abord pour une question d'habitude, et sans doute de caractère. À plusieurs occasions au cours de ma vie, je me suis retrouvé avec un genou à terre. À chaque fois j'aurais pu accepter mon sort et la défaite, et me conformer aux retraites parfois honorables qui s'offraient à moi. Et pourtant, à chaque fois, j'ai refusé l'échec. A chaque fois je me suis battu et, avec le recul, je réalise à quel point ces refus de la défaite ont systématiquement placé ma vie d'adolescent, ma vie d'homme, et ma vie professionnelle sur des trajectoires que j'imaginais hors de portée auparavant. Ce nouvel obstacle, même s'il parait infranchissable, je sais que je dois l'accepter et y faire face. Je ne suis pas croyant, mais je sens que le fait d'être à nouveau confronté à un nouveau défi, et cette fois à un défi de cette dimension, n'est pas un hasard : il fallait que cela tombe sur moi, à nouveau. Je ne dois pas, je ne peux pas m'y soustraire.

« *Non !* », ensuite, et surtout, pour une question de logique électorale : Manuel Valls ne pourra pas gagner cette élection, je le sens, j'en suis presque convaincu. Cette conviction s'était bâtie au cours des dernières semaines, depuis que les premières rumeurs de son investiture avaient circulé à la mi-mars, rumeurs que mon rival lui-même avait fortement participé à faire vivre médiatiquement au tout début du mois d'avril. Ces fuites médiatiques étaient sans doute un choix stratégique de sa part. Certains ont même évoqué une stratégie d'auto-investiture, consistant à mettre les décisionnaires devant le fait accompli médiatique, d'abord début avril, puis en ce 3 mai. Mais cette stratégie eut un effet collatéral que mon concurrent n'avait probablement pas escompté : ces fuites et rumeurs récurrentes, combinées à leur couverture médiatique dispro-portionnée, provoquèrent chez les Français de la circonscription une prise de conscience aigüe de ce qui était en train de se cuisiner, ainsi qu'une irrépressible envie d'exprimer leur opinion sur ce su-jet. Et depuis mon point d'observation, leur opinion sur une pos-sible investiture de Valls était totalement unanime, et carrément désastreuse… pour mon concurrent.

Ce sont en effet des dizaines puis des centaines de messages que je recevais chaque jour qui passait et qui nous rapprochait de la date d'annonce des investitures. Ces messages contenaient régulièrement des expressions de soutien envers ma personne et mon action, mais, malheureusement pour moi et surtout hélas pour lui, ils contenaient encore plus souvent des noms d'oiseaux dirigés à mon rival. Des expressions de rejet, d'indignation, voire des menaces d'abstention et même de vote pour les extrêmes plutôt que pour Valls. J'étais donc soumis depuis un mois – à mon corps défendant – à un flot constant et croissant de ce « *Tout sauf Valls* » de la part des électeurs de la cir-conscription. Chacune de ces journées d'avril, avec leur cortège de messages et l'unanimité que ceux-ci exprimaient contre une possible investiture de celui qui était désormais mon rival, n'avait fait que renforcer mon intuition et la transformer en conviction : le rejet de mon adversaire par les Français d'Espagne est tel qu'il ne sera pas en capacité de gagner cette élection.

Même pas avec le supposé soutien d'Emmanuel Macron.

On a coutume de dire qu'à l'occasion de la vague macroniste des élections législatives de juin 2017, une chèvre aurait pu être élue députée si elle aussi avait placé une photo d'Emmanuel Macron sur son affiche électorale. Partout en France, les électeurs avaient en effet alors choisi en masse de voter pour l'inconnu(e) à coté de Macron. Mais cinq ans plus tard le contexte politique national est bien différent. L'image d'Emmanuel Macron ne serait plus le sésame automatique qu'elle avait été pour l'inconnu(e) à ses côtés… d'autant plus si, comme dans le cas qui m'intéresse, «l'inconnu» s'appelle Manuel Valls. Car il est tout sauf inconnu. Il débarque avec un bagage reconnaissable, une trajectoire et une image uniques qui en ont fait, selon diverses enquêtes d'opinion publiées ces dernières années, l'un des hommes politiques les plus impopulaires auprès des Français. Au sein de la circonscription, ce déficit de popularité avait été sans l'ombre d'un doute exacerbé auprès des Français d'Espagne qui avaient pu assister depuis les premières loges à son aventure électorale dans le cadre des élections municipales de Barcelone en 2019. En effet, une attitude parfois considérée comme hautaine, des changements d'alliance abrupts (Manuel Valls commença sa campagne avec Ciudadanos, parti de centre-droite, puis finit par soutenir Podemos, à l'extrême gauche), des relais parmi la communauté française de Barcelone qui se sentirent d'abord utilisés, puis abandonnés en rase campagne après la démission du conseiller municipal Manuel Valls deux ans à peine après les élections : la saga médiatique qu'avait constitué cette campagne pour la mairie de la *Ciudad Condal* avait irrité non seulement les Français de Barcelone, mais aussi tous les Français d'Espagne qui avaient suivi en direct dans les médias nationaux cette campagne puis cette élection hors-normes.

Et en forçant maintenant sa candidature dans cette même circonscription législative moins d'un an après l'annonce de sa démission du mandat de conseiller municipal de la capitale catalane, mon rival effectue deux erreurs fondamentales. D'abord, il choisit – sans doute inconsciemment – de mépriser son impopularité. Ensuite, il ignore que l'on ne peut pas gagner cette élection si on perd le vote des Français d'Espagne, eux qui représentent 80 % de l'électorat de la circonscription. La défaite de Manuel Valls, au premier tour face à moi, ou, en mon absence, au second tour face à la gauche unie, revêt donc pour moi une forte probabilité. Et cette défaite probable face à la gauche unie derrière Jean-Luc Mélenchon et sa Nupes, après nos victoires de 2017 (Législatives), 2018 (élection législative partielle), 2019 (Européennes) puis 2021 (Consulaires), je ne peux pas l'accepter ni m'y conformer. Ni pour moi, ni pour ma famille politique. D'autant plus que pour moi, le mélenchonisme et sa France Insoumise ce n'est plus la gauche. C'est devenu un mouvement populiste à tendance insurrectionnelle qui manie la démagogie et le mensonge, et qui utilise et dévoie la dénomination « de gauche » pour manipuler l'opinion dans la quête d'un appui électoral que leur idéologie seule leur nierait. Le fait que les forces traditionnelles de gauche – et notamment celles qui incarnent encore la social-démocratie à la française – se laissent instrumentaliser en se prêtant à ce jeu n'y change rien.

Bref, tout en moi, le cœur, la raison et les tripes, me dit de refuser ce double échec que l'on prétend m'imposer : le mien, suivi de celui, inévitable, de mon rival, ce frère désormais ennemi. Et cela même si ma raison insiste par ailleurs également sur le fait qu'une campagne dissidente est presque systématiquement vouée à l'échec… Mais comme souvent, le cœur et les tripes sont plus forts que la raison : au moment où sur le cours d'ocre rouge, Gaël Monfils, comme résigné, laisse filer doucement le second set pour se diriger vers une 18ème défaite en 18ème matches contre sa bête noire balkanique, je décide de me lever pour quitter le stade le plus rapidement possible, ma décision désormais prise. Mon « *Pas que je sache…* » fait déjà vibrer Twitter depuis une heure. Je dois maintenant échafauder mon plan de bataille.

Alors que je m'éloigne du court central et me rapproche du taxi qui me ramènera à mon bureau, j'entends sur les haut-parleurs du stade l'arbitre prononcer sa sentence définitive pour le joueur français :

JEU, SET ET MATCH.

Oui, mais pas pour moi.

Pas aujourd'hui.

Chapitre 8 – Mercredi 4 mai : croire aux miracles

Dès la soirée du 3 mai, mon collaborateur Yann et d'autres Marcheurs de la circonscription avaient pris l'initiative de préparer une lettre de soutien, et d'appel à ma candidature. Les signataires s'accumulent rapidement, avec un seul bémol : Nathalie Coggia reçoit un appel de Samantha qui lui explique que *« même si cela fait mal au cœur, de par son rôle, elle doit s'en tenir à son devoir de réserve et ne pourra malheureusement pas signer cette lettre »*.

J'en reçois sa confirmation directe ce matin :

– On m'a conseillé de rester en dehors et de me positionner de manière neutre. Je sais que c'est certainement difficile à entendre pour toi, mais on m'a rappelé qu'en tant que sénatrice ce serait dommage que je m'expose de trop…

– J'avoue que j'ai du mal à saisir le concept de neutralité quand il s'agit de se prononcer entre d'un côté un élu de terrain, Français de l'étranger réel, fidèle au mouvement et qui est monté dans les rangs en jouant toujours collectif, et de l'autre un candidat qui débarque dans la circonscription, rejeté par les électeurs mais qui a besoin de se réinventer une énième fois une carrière politique… mais je suis sans doute trop naïf. Bref, ne t'inquiète pas pour moi. Je ferai ce que j'ai à faire.

Je ne pourrais donc rien espérer de mieux que la neutralité. En attendant de vérifier celle-ci dans les faits.

Ce matin-là, comme cela déjà avait été le cas depuis quelques jours, j'avais ouvert les yeux vers quatre heures du matin, incapable de retrouver le sommeil par la suite. Alors autant tirer profit de ces heures volées à la nuit pour réviser les grands axes de mon plan de campagne. Et la conclusion à laquelle j'étais arrivé avant même le lever du soleil consistait en ne rien changer aux grandes lignes du plan que j'avais en tête pour ma campagne dans le scénario antérieur, celui dans lequel j'aurais été le candidat naturellement investi par LREM.

Ce plan de campagne simplifié peut se résumer ainsi :

1. Ma campagne de « candidat naturellement investi » allait se centrer sur un objectif principal : transmettre une image de proximité avec les électeurs. Ma campagne dissidente, quant à elle, accentuera ce trait, afin de mettre en scène le contraste avec mon rival plus parisien que barcelonais et, c'est de notoriété publique, distant et peu à l'aise dans les relations interpersonnelles.

2. Ma suppléante de « candidat naturellement investi » allait être Nathalie Coggia, la référente LREM de notre circonscription, et membre du bureau exécutif du mouvement. Dans la configuration antérieure, cette alliance m'aurait permis d'incarner la force de mon ancrage politique et ma capacité d'influence au sein de la majorité. Dans la nouvelle configuration, je proposerai à Nathalie – si elle le souhaite – de rester ma suppléante durant ma campagne dissidente, afin d'incarner le ralliement des Marcheurs du terrain derrière le dissident plutôt qu'en faveur du candidat officiel, et d'insister sur les valeurs et principes que je défendrai.

3. En termes de contenu et de programme de « candidat investi », j'allais m'appuyer sur le programme pour les Français de l'étranger que Nathalie et moi avions participé à élaborer pour la campagne présidentielle. C'est exactement ce que nous ferons aussi dans la nouvelle configuration, en démontrant une fois de plus l'absurdité de l'investiture d'un candidat officiel qui devra emprunter « son » programme au candidat « dissident ».

4. Enfin, mon équipe de campagne serait la même que prévue initialement : mon ami le Marcheur Fabrice Raud, entrepreneur à Madrid, sera mon mandataire financier ; Marie quittera son poste de collaboratrice parlementaire pour gérer les aspects pratiques de mes déplacements et réunions ; Virginie Viaud, qui tient une agence de

communication digitale à Madrid, nous assistera sur tous les aspects communication et relations presse ; Bruno Frentzel, Marcheur retraité vivant à Sintra près de Lisbonne sera le responsable de ma campagne au Portugal ; Baudouin de Marcellus, conseiller consulaire, gérera la zone Catalogne-Baléares ; et Philippe Rolland-Reynaud, Marcheur retraité établi à Gran Canaria, supervisera les îles Canaries. Matthieu Vernet surveillera les réseaux sociaux et sera mon riposteur-en-chef si besoin est. Quant à mes autres collaborateurs parlementaires Émilie, Yann, Bérénice et Gautier, ils m'aideront ponctuellement, toujours sur leur temps libre, afin de ne pas mettre en danger la validation de mes comptes de campagne. En effet, il est strictement interdit aux députés d'utiliser les moyens mis à leur disposition pour faire campagne, et cela inclue leur équipe de collaborateurs. Nous respecterons scrupuleusement la loi.

Mon plan d'action est donc clair, mon armée est prête à se mettre en ordre de bataille, et après cette première nuit de réflexion je continue à croire en ma future qualification face à Valls. Et pourtant, force est de le reconnaître, une campagne de dissident est habituellement vouée à l'échec. Une candidature sans espoir. Un ascenseur pour l'échafaud.

Google me le confirme ce matin-là, à l'occasion de recherches qui ont remonté jusqu'en 2007. *L'Express* titrait alors :

« Bilan des législatives :

Les dissidents étrillés – Impossible de gagner une élection législative sans être investi par un parti. Le scrutin du 10 juin vient de le démontrer. Seul le dissident du PS René Dosière a une chance de conserver son siège. »

En 2012, le *Figaro* écrivait quant à lui :

« Y a-t-il une vie après la dissidence ? Présenter une candidature dissidente est une décision hasardeuse. En prenant le risque de faire perdre son propre camp, le dissident s'attire les foudres du parti, qui le sanctionne par l'exclusion, plus ou moins temporaire, selon les cas. En pratique, le sort du dissident dépend surtout du résultat de l'élection. "C'est la loi de la démocratie : c'est celui qui gagne qui a raison". Les dissidents victorieux sont en effet rapidement réintégrés dans la

plupart des cas. Parfois, une période de pénitence s'impose. Mais pour un perdant, la sanction peut être rude. Pour ceux dont la candidature a fait perdre leur propre camp, la défaite peut entraîner la fin de leur carrière politique.»

D'archive en archive, d'article en analyse, la théorie se confirme, la conclusion parait sans appel : mon combat est perdu d'avance. Un candidat dissident n'a pratiquement aucune chance de remporter une élection. Sans l'appui de l'appareil d'un parti politique, sans financement, sans infrastructure, sans assistance logistique, sans soutien des «stars» du mouvement ou du gouvernement qui viendraient participer à la campagne, les règles habituelles stipulent qu'une campagne de candidat dissident est sans espoir. D'ailleurs, Samantha et moi avions dû faire face à un Marcheur dissident au premier tour de la législative partielle de 2018. Mais ce Français de Barcelone, pourtant plutôt charismatique et bien ancré en Catalogne, n'avait pas pu accumuler plus de 7 % des voix, face aux 35 % recueillis par Samantha.

Dans mon cas particulier, qui donc au siège de LREM ou dans le microcosme politico-médiatique parisien oserait penser qu'un candidat dissident, totalement méconnu dans les cercles du pouvoir, pourrait faire le poids face à un candidat archi-connu, ancien Premier ministre, officiellement investi par le parti majoritaire à l'Assemblée, et qui revendique urbi et orbi le parrainage personnel du Président de la République fraichement réélu ? Et tout cela, comble du comble, dans une circonscription de l'étranger où le dissident ne peut même pas compter sur un fort ancrage local comme unique planche de salut. Qui donc miserait la moindre piécette sur ma victoire ? Sans doute personne. Dans l'esprit de tous, je porterai donc une candidature de témoignage, je serai de la chair à canon médiatique, et je jouerai le rôle d'un pantin qui fera parler quelques jours, peut-être quelques semaines, mais qui est voué à perdre, puis à retourner dans l'anonymat. Un charlot pathétique.

Et pourtant, face à cette mission impossible, et contre tous les pronostics, je vais gagner. Je le devine, je le sens, j'en ai l'intime conviction. En l'absence de sondage, les centaines de messages reçus de mes électeurs ainsi que la réaction unanime ou presque des Marcheurs de la circonscription font pour moi office d'enquête d'opinion. Une enquête que je suis le seul à avoir en ma possession et qui, combinée à ma connaissance des adversaires en présence et des dynamiques électorales dans chaque recoin de ma circonscription, instille en moi cette foi en ma future victoire, d'abord dans mon combat particulier face à Manuel Valls au premier tour, puis au second tour face au candidat de la gauche unie.

Je crois à ce point en la possibilité de ma victoire face à un Manuel Valls officiellement investi que je commence à basculer psychologiquement. Il y a quelques heures encore, j'espérais toujours inverser la tendance, convaincre ceux qui ne voulaient pourtant plus m'écouter, et lui arracher l'investiture. Mais j'ai viré ma cuti et je croise désormais les doigts pour que l'investiture de Valls soit confirmée.

En effet, j'entrevois dorénavant l'opportunité unique qui se présente à moi : celle qui consiste à mener avec les projecteurs braqués sur moi un combat inégal, que tout observateur considérera sans espoir… mais que je sais pouvoir gagner. L'opportunité de mener cette bataille d'apparence désespérée en défense de valeurs positives (le courage, la pugnacité), de grands principes (la légitimité issue du terrain, le renouvellement des pratiques politiques), et en y tenant le beau rôle, celui de David contre Goliath, celui du trahi qui n'endosse pas le rôle de la victime. J'ai beau retourner l'équation dans tous les sens, je ne vois pas ce que j'aurais à perdre dans cette histoire en me maintenant dans la course en tant que candidat dissident. Si je perds après tout face à Valls, ce sera tout simplement logique, et j'aurai réalisé un beau baroud d'honneur, avant de retourner à ma vie antérieure que j'appréciais tout autant que ma vie de député. Et si je gagne, alors là, banco ! J'entrerai dans le folklore de la vie politique française comme « *celui qui a envoyé Valls à la retraite* ». L'homme qui tua Liberty Valance.

Le seul véritable risque que je consens à envisager sérieusement à ce stade consiste à devenir, dix ans plus tard, le nouvel Olivier Falorni. Ce conseiller municipal socialiste de La Rochelle avait été élu député de la 1ère circonscription de la Charente-Maritime lors des élections législatives de 2012, après s'être présenté en dissident face à la candidate officielle, une certaine Ségolène Royal. Dissident, certes, mais avec le soutien d'un tweet ultra-médiatisé de Valérie Trierweiler, alors compagne omniprésente de François Hollande, fraichement élu président de la République, et accessoirement ancien compagnon et père des enfants de Ségolène Royal. Cette conjonction de facteurs avait conduit Falorni, à l'issue d'un vaudeville médiatique, à être exclu du Parti Socialiste malgré sa victoire face à Ségolène Royal. Il n'a sans doute pas pu peser autant qu'il l'aurait souhaité dans le travail parlementaire. Quant à moi, si je veux effectivement rester député, je n'ai en revanche aucune intention de passer les cinq années suivantes à regarder les trains passer depuis un splendide isolement. Si je veux gagner cette élection, c'est avant toute autre considération pour être un député utile, efficace, actif, et la condition *sine qua non* pour cela est claire : je devrai retourner dans le giron de la Majorité Présidentielle. Être un député de la majorité. Pour cela, il est important de ne pas insulter l'avenir… ni Emmanuel Macron.

Mon plan se précise donc, à mesure que nous nous rapprochons des annonces officielles d'investiture. Mais d'ici là je dois m'exprimer publiquement en confirmant et précisant mon «*pas que je sache…*». Je dois notamment affirmer ma légitimité et ma foi maintenue en une décision d'investiture juste, c'est-à-dire qui pencherait finalement en ma faveur plutôt qu'en celle d'un candidat perçu comme moins légitime. En cas de décision contraire, comme cela se profile, il faudra alors rebondir sur l'indignation des observateurs, et surfer sur l'émotion collective.

Dans la matinée, je *tweete* donc à nouveau :

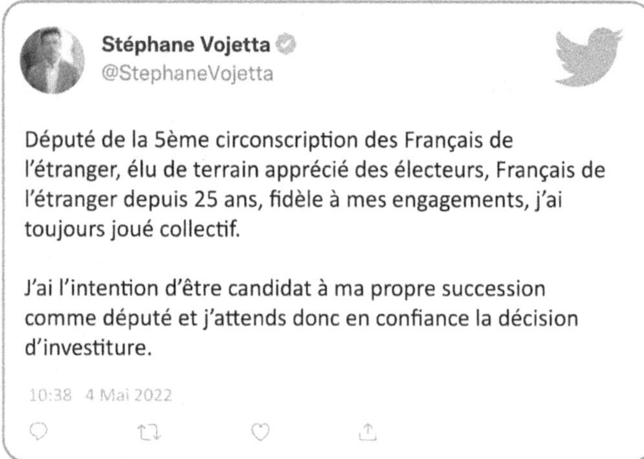

Une déclaration prudente, factuelle, et qui continue à subordonner ma candidature à la décision d'investiture. En deux mots : je ne suis pas dissident. Pas encore en tout cas. Quelques minutes plus tard, cependant, et par le plus grand des hasards, la situation s'emballe : car c'est le moment précis choisi par le quotidien espagnol *La Razón*, à qui j'avais concédé une interview il y a une semaine, et qui n'avait aucune idée de ce qui s'était tramé depuis, pour publier en tweet mon interview en mettant en avant une seule citation : « *Sí, soy candidato* ». « Oui, je suis candidat ».

Dans les faits, une semaine plus tôt, je leur disais « *Oui, je suis candidat… à la candidature* ». Mais il est trop tard pour tenter de préciser ou de les faire corriger. L'emballement s'accélère : Alexandre Benalla lui-même re-tweete ce message de *La Razón* en commentant « *Tout mon soutien à Stéphane Vojetta face à l'inénarrable opportuniste et arriviste Manuel Valls !! Ne lâchez rien !* ». Jérôme Kerviel, le trader qui, à quelques milliards près aurait pu faire couler corps et bien la Société Générale en 2008, m'encourage lui aussi sur Twitter. Bizarre. Serais-je en train de devenir le chouchou de tous ceux qui sont tombés de leur piédestal ?

Un peu plus tard dans la matinée, *Libération* publie pour sa part une brève titrée « *Législatives : le député LREM que Manuel Valls veut déloger maintient sa candidature.* ». Le malentendu est consommé.

Pour ne pas insulter l'avenir, il ne faut pourtant laisser acter ni l'auto-investiture de Valls ni ma dissidence dès maintenant. Un exercice d'équilibriste qui m'amène à publier le message suivant sur Facebook en début d'après-midi :

« *Contrairement à ce qu'avancent certains articles de presse, le processus d'investiture de la Majorité Présidentielle pour les élections législatives n'est pas encore arrivé à son terme. À ma connaissance, ni Manuel Valls ni personne d'autre n'est investi à ce stade. Je vous confirme donc que je continue à avoir la ferme intention d'être candidat à ma propre succession en tant que député de cette circonscription. J'attends ainsi en confiance la décision d'investiture.*

Pourquoi en confiance ? Je suis député de la 5ème circonscription des Français de l'Étranger, après avoir été responsable associatif, puis *député suppléant, puis élu consulaire, poste dont j'ai démissionné pour me consacrer à 200 % à ce mandat de député.*

Nous avons gagné toutes nos batailles, et nous les avons gagnées ensemble. Ensemble, nous gagnerons également celles à venir. »

Ce post accumulera près de 500 *likes*, du jamais vu sur mon compte. Tous les commentaires sous ce message encouragent ma candidature, ou expriment un rejet de Valls et de sa possible investiture, sans la moindre exception. Par ailleurs, Equinox, le media en ligne de référence des Français de Barcelone, m'a contacté ce matin pour une interview et publie quelques heures plus tard un article titré : « *Stéphane Vojetta, contre Manuel Valls : "Nous perdrons si nous présentons un candidat impopulaire chez les Français de Barcelone"*». L'Indépendant, le quotidien français d'Occitanie, couvre pour sa part cette situation sous le titre « *Législatives 2022 : désillusion pour Manuel Valls, le député LREM sortant de la circonscription qui lui a été attribuée veut se représenter*». Mon contre-feu semble fonctionner : les médias et les observateurs attendent désormais un verdict d'investiture qui n'est plus aussi inéluctable que ce que laissaient supposer les fuites de la veille.

Pendant ce temps les messages de soutien affluent, notamment sur ma messagerie WhatsApp, dont tous mes administrés ont le numéro, mais aussi sur ma boite mail. Chacun des messages qui forment ce flux continu dit à sa manière la même chose :

« Sachez que si vous ne représentez pas LREM, mon choix sera simple : tout sauf Valls ».

« Nous sommes prêts à agir pour que vous soyez candidat. Que pouvons-nous faire ? ».

« J'ai failli m'étrangler en buvant mon café ce matin. ».

« Cette investiture annoncée sur France Info… Il faut qu'il arrête de manger à tous les râteliers. S'il est investi je ne voterai pas pour lui. »

« En lisant la presse nous sommes tombés de l'arbre ! Ensemble et avec vous nous gagnerons les batailles à venir ! »

« Manuel Valls c'est non ! Bonne chance Stéphane »

« Je m'abstiendrai si Manuel Valls est choisi à votre place, car c'est un arriviste. Suite à son échec catalan il veut revenir en France et prendre votre place »

« Véritable élu de terrain, on sait qu'on peut compter sur vous. Le moment venu, vous pourrez compter sur ma voix »

« Manuel Valls est tout sauf celui que nous choisirons. Nous ne pourrions jamais voter pour lui et c'est une grave erreur de l'avoir comme candidat »

« Pour ma part je ne pourrai jamais voter pour celui qui change de pays et de parti politique comme de veste »

Et cetera, et cetera…

Comment ne pas entendre la force et la sincérité de ces cris du cœur ? Cette vague de rejet, et parfois de violence verbale contre mon rival, elle n'a pas besoin de moi pour exister. Elle est là, elle vient à ma rencontre. Je vais simplement devoir apprendre à la surfer.

Au cours de l'après-midi, cette vague s'intensifie, avec notamment des propositions de pétition en ma faveur, et surtout une mobilisation de la twittosphère, tout particulièrement de la part de certains comptes très reconnaissables. Le renfort le plus notable – et apprécié – de tous est celui de « l'influenceuse » Niki Shey, la *Queen* officieuse de la twittosphère politique française. Je ne l'ai jamais rencontrée, et n'avais même jamais échangé avec elle jusqu'alors, mais, visiblement outrée, elle prend spontanément l'initiative de *tweeter* systématiquement contre Manuel Valls et en ma faveur, générant des milliers de *likes* et provoquant l'adhésion d'autres comptes moins connus mais qui décident notamment de créer des visuels ou des slogans en ma faveur (mon favori : « *Osez Vojé !* » du compte @JoséMadrid). Niki Shey s'auto-investit rapidement comme ma directrice de campagne virtuelle. Mon nombre de *followers* sur Twitter explose rapidement pour passer à 3, puis 4, puis 5,000 fidèles, soit plus que la majorité des députés. Je rentre volontiers dans le jeu : qui suis-je pour refuser ce coup de main du petit oiseau bleu… ?

Bruno, mon relais au Portugal, me fait quant à lui remonter d'autres retours encourageants, ceux-là de la part d'électeurs influents même si moins connectés que Niki Shey :

– Je viens de parler avec des personnes de sensibilité LR et Zemmour : ils trouvent la situation inacceptable et me disent qu'ils voteraient pour toi sans hésitation si tu es au 2ème tour face à la gauche, mais jamais pour Manuel Valls.

Chaque nouveau retour, chaque expression de soutien confirme que mon rival est bien l'élément fédérateur négatif par excellence : celui qui, en faisant l'unanimité contre lui, parvient à coaliser – à son détriment – un groupe d'individus qui dans d'autres circonstances ne se seraient pas ligués autour d'un objectif commun. C'est une véritable union sacrée qui se met en place. Vingt-quatre heures après mon « *Pas que je sache…* », notre campagne de communication fonctionne. Unique bémol de la journée, cet extrait d'un article du *Figaro* sur les investitures :

« Une vingtaine de députés sortants n'ont pas été réinvestis, soit parce qu'ils ont voté contre des textes clés, ou parce qu'ils sont jugés trop fragiles, comme dans la 5ème circonscription des Français de l'étranger où Stéphane Vojetta doit laisser la place à l'ancien premier ministre Manuel Valls. »

« *Trop fragile* » ! Sérieusement ?! Eh bien je vais « *leur* » apprendre une nouvelle définition du mot « *fragile* ». La personne qui avait soufflé cet élément de langage au *Figaro* me connait bien mal : non seulement je ne pense pas être spécialement « *fragile* », mais surtout ce type de déclaration ne pouvait qu'accroitre ma motivation. Et Dieu sait que ce n'était pas la chose à faire avec moi.

D'autant plus que ce soir j'allais faire le plein d'un autre carburant : l'inspiration. Au programme : la demi-finale retour de Ligue des Champions du Real Madrid face à Manchester City. Je ne peux voir que les vingt dernières minutes du match à la télévision, mais quelles minutes ! Alors qu'il était mené largement et dominé dans le jeu, par un retournement de situation invraisemblable, le Real Madrid marque deux buts coup sur coup dans les dernières secondes du match pour arracher les prolongations, avant que Karim Benzema ne marque un dernier but qui envoie l'équipe en finale de la Ligue des Champions. Après une première *remontada* face au Paris Saint Germain en huitièmes de finale, puis une autre face à Chelsea en quarts, voici le troisième miracle consécutif pour une équipe qui ne perd jamais la foi en elle-même et en sa légende, portée par des tribunes qui débordent d'un peuple de croyants.

Même si je ne suis pas dans les tribunes du stade Santiago Bernabeu ce soir, je fais bel et bien partie de ce peuple, son cœur bat dans ma poitrine. Dès le coup de sifflet final, les chants des supporters *¡Así gana el Madrid!* (*Voilà comment gagne Madrid!*) et *¿Como no te voy a querer?* (*Comment pourrais-je ne pas t'aimer?*) résonnent dans chaque rue, dans chaque bar, sur chaque terrasse de Madrid et de la plus grande partie de l'Espagne, faisant office de *Te Deum* païen.

Le plein d'inspiration est fait.

Chapitre 9 – Jeudi 5 mai : franchir le Rubicon

Face au silence radio de la part de mes interlocuteurs parisiens habituels, j'aborde ce jour fatidique d'annonce des investitures désormais installé dans la quasi-certitude que Valls sera investi par LREM, mais également adéquatement motivé et inspiré. En ligne avec mes communications antérieures qui suggéraient une dissidence à venir sans pour autant l'annoncer explicitement, je *tweete* à sept heures du matin un *mème* de Maximus, le protagoniste du film Gladiator.

L'avantage de ces *mèmes* : reprendre une image ou une séquence de film inscrite dans l'imaginaire collectif à un tel point qu'ils évoquent pour les observateurs la situation ou des mots qui suivent sans qu'ils aient besoin d'être expliqués, prononcés ou imprimés. « *Mon nom est Maximus Decimus Meridius… Commandeur des Armées du Nord, Général des Légions Felix et serviteur loyal du véritable empereur, Marcus Aurelius. Père d'un fils assassiné, mari d'une épouse assassinée. Et j'aurai ma vengeance, dans cette vie ou dans la prochaine.* » Moment iconique d'un chef d'œuvre cinématographique, qui mettait en scène d'une manière inoubliable le courage, la détermination et les principes d'un personnage grandiose, en lui faisant prononcer cette réponse au cœur du Colisée romain, face à l'empereur parricide entouré de sa garde prétorienne.

En reprenant à mon compte ce moment de culture populaire, à nouveau, et sans nécessité de l'écrire ou de le verbaliser, je promets une belle bataille, en me positionnant franchement dans le rôle de l'*outsider*, de l'*underdog*, de David contre Goliath. De Maximus contre son César.

De bon matin, Samantha m'écrit pour rebondir sur l'article du *Figaro* qui mentionnait ma supposée «*fragilité*». Je le lui avais fait parvenir en lui signalant que c'était le signe que la messe était probablement dite.

– Il fallait certainement une raison, mais effectivement te connaissant ils auraient dû éviter celle-là. Maintenant ce ne sont pas des annonces officielles.

– Cela y ressemble fort. Je me demande quand même qui aura la mission de m'appeler pour me l'annoncer officiellement. J'ose espérer qu'ils ne te le demanderont pas à toi.

– Ça non, on ne m'a pas demandé de te parler ou de te convaincre, juste ce que je t'ai dit. Il y a beaucoup de Suppléants de Ministres qui ont bossé quatre ans comme député et bien lorsque le ministre ne se représente pas ils perdront leur circonscription, c'est ce qu'on m'a dit côté Sénat.

– Oui je sais, on avait un bon groupe de suppléants LREM à l'Assemblée. Leur traitement va être sanglant. Notamment ceux dont les ministres « reviennent ».

– Donc je ne pense pas qu'il faille penser cas individuel te concernant mais plutôt stratégie globale pour des intérêts que nous ignorons. Après, ton ascension rapide a peut-être fait peur…

– Peur ? Je ferais peur à qui ? Enfin bref… la question importe peu désormais. Bref, je te laisse, je dois aller aiguiser mes armes !

Samantha pense vraisemblablement elle aussi que les dés sont jetés. Et en tant que responsable de la future campagne des législatives pour les circonscriptions des Français de l'étranger, elle préfèrerait logiquement que le candidat officiel dans notre 5ème circonscription n'ait pas à affronter un candidat dissident. Lors des partielles de 2018, elle avait nourri une forte rancœur face à la présence de Jean-Laurent Poitevin, ce candidat Marcheur dissident qui avait accumulé 7 % des voix au 1er tour, nous laissant ainsi à portée du candidat de gauche.

Quelques instants plus tard, je publie un nouveau texte sur Facebook, un support qui permet plus de substance qu'un simple *mème* sur Twitter. Je rebondis cette fois sur le scénario du match de la veille, en concluant de la sorte :

« Il y a quelque chose d'immuable dans l'esprit du Real Madrid : le refus de la défaite, la conviction qu'il n'est jamais trop tard, l'esprit de corps d'une équipe, d'une ville, et parfois d'un pays. Mais rien de cela n'est exclusif à ce club. Je retrouve ces traits de caractère partout en Espagne… et aussi souvent chez les Français qui ont décidé de construire leur vie ici, dans ce pays. Près de 20 ans après y avoir posé mes valises pour la première fois, vous ne serez donc pas surpris de retrouver chez moi aussi un peu de cet esprit de la Remontada. »

Malgré les retours favorables de mon audience et des observateurs, mes dernières communications inquiètent mes collaborateurs parlementaires. Ils sont unanimes : un député ne devrait pas mentionner Maximus. Ou encore, évoquer le Real Madrid pourrait fâcher les Français de Barcelone. Je les écoute sans y croire. Mais on y reviendra. Pour l'instant ma priorité est de parler à Nathalie Coggia.

Femme de ma génération, madrilène comme moi depuis une quinzaine d'années, mère elle aussi d'enfants binationaux scolarisés au Lycée Français de Madrid, Nathalie et moi avons beaucoup en commun. Elle aussi vient de la société civile et mène carrière dans le privé, notamment dans des rôles de direction financière. Elle était quatrième sur ma liste pour les élections consulaires de 2021, campagne dans laquelle elle s'était beaucoup investie et pendant laquelle nous avions développé une vraie relation de confiance. Son expression généralement mesurée est un écran de fumée qui dissimule un caractère bien trempé et un ancrage en béton armé sur des valeurs européennes et une défense constante et acharnée de l'égalité femme-homme et de la parité. Au fil des années, Nathalie est devenue notre référente, en d'autres termes la responsable et coordinatrice des activités de LREM dans la 5ème circonscription. Puis en 2021, elle entra au Burex, choisie par Stanislas Guérini pour y devenir l'unique représentante de la seule liste d'opposition à sa liste (gagnante) qui avait rassemblé les poids lourds du mouvement lors d'élections internes récentes. Le Burex (raccourci de Bureau Exécutif) est l'instance la plus élevée du mouvement et en regroupe les quarante principales personnalités.

Il y a quelques semaines j'étais arrivé à la conclusion que Nathalie serait ma suppléante malgré son grand défaut : tout comme moi, elle est madrilène. Stratégiquement il aurait été préférable que je choisisse une suppléante lisboète ou barcelonaise, ainsi que Paul Desforges me l'avait suggéré en décembre. Cependant, aucune candidate issue de ces villes ne me paraissait rassembler les qualités nécessaires, le positionnement politique adéquat, ou avoir le courage et la motivation indispensables pour embarquer sur ce qui sera désormais le bateau pirate que constitue ma candidature dissidente.

Quand on réfléchit au choix de son suppléant ou suppléante, on se doit de prendre en compte deux objectifs qui peuvent parfois se révéler contradictoires : à long terme, choisir la personne capable d'agir en binôme, d'être un complément efficace pour le ou la député(e) pendant ses cinq ans de mandat. Ou bien, à beaucoup plus court terme, opter pour un profil qui pourrait amener une plus-value électorale. Bref, quelqu'un qui rabattrait des voix à l'occasion des élections. Face à la situation actuelle (mon rôle de député sortant et la notoriété qui va avec, combiné à une campagne qui sera essentiellement centrée sur l'opposition Vojetta-Valls), j'estime ne pas avoir besoin de me focaliser sur le type de profil qui me ramènerait des voix auxquelles je n'aurais pas pu aspirer sur mon seul nom. En dépit du fait qu'elle ne me ferait pas gagner de voix supplémentaires à Lisbonne ou Barcelone, le choix de Nathalie Coggia s'est dès lors imposé naturellement. D'abord du fait de ses qualités intrinsèques, mais aussi parce que, si j'avais été investi, elle aurait incarné notre capacité d'accès aux hautes sphères du macronisme… même si la décision d'investiture a depuis démontré que cet accès théorique ne garantit pas que les décisions penchent forcément dans le sens que nous souhaitons.

Désormais dans cette nouvelle configuration dans laquelle je me retrouve dissident à mon corps défendant, tout cela change radicalement. Si le fait d'avoir Nathalie à mes côtés continue à faire sens, la logique de sa présence à mes côtés change radicalement. À travers Nathalie, référente LREM de la circonscription, ce n'est plus l'accès au sommet de LREM qui est symbolisé, c'est au contraire le ralliement de la base du parti derrière ma dissidence ! Mais surtout, le fait est que Nathalie, en choisissant de rester à mes côtés, perdrait nécessairement ses rôles chez LREM, et notamment sa place au sommet du parti. Sa présence en tant que suppléante à mes côtés, et les renoncements personnels que cela impliquerait, renforcerait donc le message quant à la sincérité de notre combat pour certaines valeurs, quitte à sacrifier nos intérêts personnels. Mais cela, elle est la seule à pouvoir en décider.

J'appelle donc Nathalie ce matin pour lui faire une proposition : je souhaite qu'elle reste ma suppléante dans la nouvelle configuration « dissidente » de ma candidature, mais cette décision, les sacrifices qu'elle impliquerait pour elle, et l'opportunité d'instrumentaliser dans une certaine mesure sa future exclusion lui appartiennent à elle, et à elle seule. Je lui fais donc une offre :

– Je peux te laisser vingt-quatre heures, jusqu'à vendredi midi, pour que tu décides si tu souhaites ou pas rester ma suppléante dans ce nouveau scénario. Si tu acceptes, j'en serai ravi. Si tu préfères te préserver et céder la place, notamment en pensant à ta future trajectoire chez LREM, je ne t'en voudrai absolument pas.

Je m'oblige à réfléchir de mon côté pour lui trouver une remplaçante, au cas où… même si je suis persuadé qu'elle aura la force morale de rester à mes côtés.

La journée passe, dans l'attente des annonces officielles d'investiture par ENSEMBLE. Un peu avant 14 heures, un premier document d'apparence crédible commence à circuler sur les boucles Telegram LREM et sur les réseaux sociaux. Une liste de candidats supposément investis par ENSEMBLE sur 9 des 11 circonscriptions Français de l'étranger. Le document a un aspect légèrement amateur, et il manque des noms en face de deux de nos onze circonscriptions de l'étranger. En revanche, en face de la 5ème circonscription, on trouve bel et bien un nom, et un prénom : ceux de Manuel Valls. Ce n'est encore a priori rien d'officiel, mais tous les signaux indiquent désormais la même direction. Finalement, c'est vers quinze heures que le couperet tombe définitivement. Un proche de Macron avec lequel j'avais échangé ces derniers jours m'appelle pour me confirmer que Valls sera investi.

– Ce n'est évidemment pas ma décision, et ce n'est pas moi qui serai chargé de te l'annoncer officiellement, mais je souhaite que tu le saches le plus tôt possible, en amitié, et aussi afin que tu puisses planifier au mieux tes étapes suivantes.

Face à cette confirmation définitive, je prends acte du fait qu'il n'y aura pas de rebondissement de dernière minute. Je peux donc mettre la touche finale à mon annonce de candidature dissidente.

Un peu plus tard, à 16h38 précisément, je reçois une notification de Twitter qui sort de l'ordinaire : un certain Manuel Valls vient de commencer à me suivre sur ce réseau. Ce n'est pas seulement anecdotique. Ces dernières semaines je m'étais posé la question à diverses reprises : ne devrais-je pas tenter de parler à Valls pour lui expliquer mon point de vue et le convaincre de renoncer face au rejet des Français d'Espagne ? Mais n'ayant ni son numéro de téléphone ni son adresse électronique, cette réflexion n'était pas allée plus loin. J'aurais pu lui envoyer un message privé sur Twitter, mais pour cela encore aurait-il fallu qu'il me suive, ce qui n'était pas le cas jusqu'à cet instant précis. Trop tard.

À 18h45, l'annonce officielle tombe enfin : un communiqué de presse officiel qui confirme la liste des candidats choisis par ENSEMBLE, et l'investiture de Valls. J'avais appris la veille que lors de la dernière réunion du Burex, un participant s'était ému du fait qu'il n'ait été prévu par personne d'appeler les candidats éconduits, en particulier les députés sortants, plutôt que les laisser simplement face au fait accompli d'un communiqué officiel sur lequel leur nom brillerait par sa froide et probablement cruelle absence. Il avait alors été décidé que les candidats malheureux seraient bien contactés personnellement. Dix minutes plus tard, je reçois effectivement – enfin! – l'appel officiel de LREM sensé m'annoncer cette décision. En charge de l'appel, Jérôme Peyrat, un cadre du mouvement à qui je n'avais jamais parlé auparavant, et qui m'explique que, en fin de compte, Manuel Valls avait réussi à faire valoir sa notoriété, sa stature et donc sa capacité à gagner la circonscription, ce qui a convaincu ceux qui devaient l'être. Je sens bien que Peyrat n'a ni le temps ni l'envie de tenter de me convaincre. Au fond c'est tant mieux, car de mon côté je sais qu'il serait tout aussi inutile de tenter de le convertir à ma vision des choses. Cela nous évite ainsi à tous deux de participer à une chorégraphie superflue. Je lui confirme cependant sans détour que je vais sans aucun doute maintenir ma candidature.

– Stéphane, voudriez-vous échanger avec Manuel Valls qui, lui, le souhaite?

– Il a eu deux mois au bas mot pour prendre contact avec moi : le faire juste après l'investiture officielle, avec sans doute pour seul objectif celui de me convaincre de ne pas me présenter, atteste d'un dédain qui ne va pas jouer en sa faveur, ne serait-ce qu'en ce qui concerne ma motivation. Donc, non merci, je décline. Il est trop tard. Mais Manuel Valls pourra échanger avec Nathalie Coggia afin de maintenir une ligne ouverte entre nos équipes.

Peyrat expédie la conversation en me proposant de rester en contact. Là encore je sens une formule de politesse plus qu'une véritable envie de maintenir le dialogue. À ce moment-là, je ne sais pas encore que Peyrat vient lui aussi d'être investi candidat par ENSEMBLE, sur une circonscription pourtant « occupée » par une députée LREM sortante, Jacqueline Dubois. Jacqueline se retrouve donc elle aussi débarquée sans ménagement et sans préavis, pour faire place à une personnalité que nombreux pourraient être tentés de définir comme un apparatchik. Elle aussi annoncera rapidement ses velléités de dissidence face à cette investiture. Cela explique probablement le peu d'empathie que j'ai ressenti de la part de Jérôme Peyrat durant notre conversation. Il n'est certainement pas dans l'état d'esprit de donner du grain à moudre aux députés sortants abandonnés au milieu du gué. Malheureusement pour lui, quand sa condamnation récente pour une affaire de violence conjugale ressortira dans les médias quelques jours plus tard, il devra retirer sa propre candidature et laisser le champ libre à Jacqueline Dubois qui, désormais candidate sans étiquette, perdra son siège de députée, battue au second tour par le candidat de la Nupes.

Je relaye à Nathalie Coggia les dernières informations, et ma désormais inéluctable entrée en dissidence. Pour sa part, elle a déjà été contactée par Manuel Valls qui souhaite me parler directement. À nouveau, je demande à Nathalie de décliner pour moi. À elle aussi, j'explique que si Valls avait estimé utile d'échanger avec moi, ou avait voulu démontrer sa considération envers le député dont il tentait de prendre la place, ou envers la référente du mouvement sur la circonscription, il aurait dû le faire avant l'annonce de son investiture. Une fois celle-ci officielle, je ne suis pas intéressé par les propositions potentielles que l'on pourrait me faire, ou par les tentatives d'un adversaire de me faire retirer ma candidature. J'étais encore moins intéressé par le fait de l'écouter me proposer que je devienne son suppléant, ce que quelques personnes bien intentionnées ont mentionné comme scénario potentiel de sortie de crise. Rien ne me fera changer d'avis : je vais annoncer officiellement ma candidature dans les heures qui viennent.

Cependant, une fois ces conversations terminées, c'est le moment d'envoyer un signal initial à travers un autre *tweet*. Mon objectif : offrir aux poids lourds de ma famille politique, plutôt qu'à mon rival, une dernière chance de m'indiquer avec clarté leurs intentions avant le point de non-retour. Mon message : *« Je publierai ce soir à 21h30 ma réaction à l'investiture de Manuel Valls dans la circonscription dont je suis actuellement le député de la Majorité présidentielle. »*

Message reçu ! Moins de cinq minutes plus tard mon téléphone sonne et le nom de Stanislas Guérini, directeur général de LREM, apparait sur l'écran. Je quitte la table du dîner et sors prendre l'appel au calme alors que mes enfants affamés piaffent d'impatience et attendent que je les rejoigne pour enfin commencer notre repas. Nous avons quelques premières minutes d'échange durant lesquelles je reçois ses explications maladroites quant aux raisons de l'investiture de

Valls, et en retour je lui offre l'annonce de mon intention ferme de maintenir ma candidature et de gagner ces élections :

– Stan, je ne considérais pas que cette investiture me revenait de droit, personne n'est propriétaire d'un siège à l'Assemblée, et certainement pas moi. J'ai participé de bonne foi au processus d'investiture. Et franchement si tu m'avais appelé ce soir pour me dire que notre candidat sur ma circonscription serait, par exemple, Zinedine Zidane – un Français de Madrid, populaire chez les électeurs, et dont l'arrivée au Palais Bourbon raconterait une belle histoire, cohérente avec nos valeurs – je vous aurais félicité d'avoir pu le convaincre, et j'aurais été le premier à soutenir sa campagne. Mais choisir de proposer Manuel Valls à nos électeurs, cela raconte une histoire radicalement différente, et tout cela pour perdre in fine. Je ne peux pas l'accepter.

Réalisant probablement qu'il ne servirait à rien d'argumenter, Stanislas passe alors aux choses sérieuses :

– Stéphane, y-a-t-il quelque chose que je puisse dire ou faire pour te faire renoncer à maintenir ta candidature ?

– Bien franchement, Stan, je ne sais pas si tu as en tête de me proposer une compensation en échange de mon renoncement, mais franchement épargnons-nous cette conversation, ce n'est même pas la peine d'essayer. Je n'ai pas de plan de carrière ou de besoin particulier, je ne cherche pas non plus de poste à Paris, ni dans un cabinet ni ailleurs, tout ce que je veux c'est gagner ces élections alors que vous avez pris une décision qui va nous les faire perdre… si je ne rentre pas en jeu. Par ailleurs, c'est aussi une question de principe donc je te le dis aussi clairement et sincèrement que possible : il faut absolument que tu saches, que vous sachiez tous que je ne renoncerai pas. Je n'ai rien à négocier, et vous n'avez rien à m'offrir qui puisse me convaincre.

– Écoute dans ce cas je vais te proposer de garder le contact, et que de ton coté comme du nôtre durant cette campagne nous fassions les choses de manière ordonnée, sans agressivité.

– C'est mon intention. Je compte communiquer et faire campagne de la manière la plus propre possible vis-à-vis du Président, de vous tous et du mouvement. Maintenant, je comprends qu'en tant que dissident je serai nécessairement exclu, mais vu l'ambiance dans nos troupes sur le terrain, je pressens que de nombreux Marcheurs choisiront de m'accompagner dans ma démarche. Il y a donc effectivement une requête que je veux te soumettre : je vous demande de ne pas sanctionner les Marcheurs qui décideront de me soutenir dans ma démarche et qui feront campagne avec moi plutôt que de travailler pour la campagne de Valls. Je te demande l'impunité pour eux. Pas de sanctions, pas d'exclusions.

– Stéphane, dans ton cas à l'évidence nous ne pourrons pas faire d'exception, et tu devras être traité comme tous les autres candidats dissidents pour ne pas créer d'appel d'air. Et cela s'appliquera aussi à Nathalie Coggia si elle te suit. Elle perdra tous ses rôles au sein du mouvement. Cela dit, bien franchement dans cinq semaines tout cela sera fini et nous n'allons pas avoir le temps de lancer des procédures disciplinaires dans tous les sens. Donc oui je te rassure quant au fait que nous ne sanctionnerons personne d'autre.

– C'est clair et logique. Il n'y aura pas de rancune excessive de mon côté. Mais je vais gagner, et d'une manière ou d'une autre je reviendrai, tu verras.

– Dans ce cas Stéphane, s'il se trouve que tu avais raison – et je t'avoue qu'à ce stade je n'en ai pas la moindre idée –, que tu gagnes ces élections et que tu souhaites revenir au sein de la majorité, je crois que nous aurons alors un problème de riches.

– Je le crois aussi. En tout cas merci pour cette conversation. Et sache que je suis plutôt soulagé que ce soit toi qui m'aies appelé ce soir, et que ce soit à toi que j'aie dû dire non. Car si cela avait été le Président qui avait appelé en personne, ma réponse aurait été la même, et je t'avoue que ça m'aurait emmerdé de lui dire non à lui. Mais je l'aurais fait quand même.

Quelques instants plus tard, de retour à la table du dîner, je relate les derniers évènements à mon épouse et mes enfants, tous assis autour de la table de la cuisine. Pour une fois, l'écoute est attentive ! Même si j'avais depuis quelques jours tenté d'expliquer à Carolina ce qui était en train de se passer, elle semble quand même effarée de voir mes prédictions pessimistes se réaliser et ma famille politique me tourner le dos si brutalement après tous nos succès passés.

Quant à mes enfants, toutes ces manigances et jeux d'adultes leur échappent. Mais en dépit de leurs jeunes âges, ils sont conscients et fiers du rôle actuel de leur père, «*monsieur le député*», et je leur explique donc la situation avec des mots intelligibles pour des enfants qui n'ont pas encore huit ans :

– Vous savez que Papa avait un travail important avec le Président Macron, et que je voulais gagner les élections pour pouvoir continuer. Mais aujourd'hui le Président a choisi un autre monsieur pour faire mon travail. Beaucoup de gens pensent que ce n'est pas une bonne idée, et aussi que ce n'est pas juste. Alors maintenant je dois donc décider si j'obéis à cette décision injuste, et donc si je renonce à être député auquel cas je reprendrai mon travail et ma vie d'avant, ou si au contraire je n'accepte pas cette décision et je décide de me battre pour essayer de gagner ces élections et de garder mon travail de député. Alors qu'est-ce que vous en pensez ? J'accepte ou pas ?

Leur réponse fut immédiate et unanime :

– Mais non papa tu ne peux pas accepter, tu dois te battre, et tu dois gagner les élections !

Je n'étais pas mécontent de constater que ces dernières années passées à tenter de leur inculquer un esprit combatif malgré le confort matériel dans lequel ils grandissaient n'ont pas été vaines. D'autant plus que cela constitue pour eux un sacrifice dont je suis conscient : il y a quelques semaines à peine, ma fille Julia, douze ans, m'avait annoncé le plus sérieusement du monde que si je me présentais à ces élections, elle espérait que je les perdrais, afin de pouvoir me retrouver père à temps plein.

– J'espérais que vous alliez me dire cela. Écoutez-moi bien : je vais effectivement me battre pour gagner ces élections. Alors regardez bien comment je vais me comporter pendant les six prochaines semaines. Vous allez voir, ça va être compliqué, mais je vais me battre, et je veux que quand dans la vie, si un jour à vous aussi il vous arrive quelque chose que vous estimez injuste, je veux que vous aussi vous réagissiez comme moi je vais le faire : avec courage, avec détermination, avec conviction, et avec le sourire.

Quelques instants plus tard, le moment est venu de rendre publique ma déclaration de candidature. J'explique alors à mon épouse et à mes enfants que le *tweet* que je vais poster va peut-être bouleverser nos vies pendant un certain temps. Que c'est littéralement l'un de ces moments décisifs qui marquent les vies d'une trace indélébile. Je leur demande d'appuyer pour moi sur le bouton « envoyer » qui brille sur l'écran de mon téléphone.

Nous franchissons donc le Rubicon en famille.

« Madrid, le 5 mai 2022

Nous sommes nombreux à être surpris par l'investiture de Manuel Valls dans la 5ème circonscription des Français de l'étranger. Moi le premier. En tant que député proche et, je pense, apprécié de mes compatriotes, j'étais le "candidat naturel" à l'investiture dans cette circonscription où j'ai posé mes valises il y a une vingtaine d'années et à laquelle je suis resté fidèle.

Issu de la société civile, puis élu député suppléant à deux reprises, puis élu conseiller des Français de l'étranger, avant de devenir député, j'ai prouvé mes principes, mon engagement et ma fidélité à la majorité présidentielle et à ma communauté française. J'en suis fier. Ces valeurs sont précisément celles qui me poussent aujourd'hui à refuser les auto-parachutages et autres soubresauts de "l'ancien monde".

Je serai donc candidat aux élections législatives dans cette circonscription, afin de poursuivre les nombreuses actions que j'ai initiées en tant que député.

Je serai candidat indépendant à ma succession, mais avec pour ambition de rejoindre une nouvelle majorité parlementaire cohérente qui permettra à Emmanuel Macron, notre président, d'avancer dans son projet de réforme de notre pays.

Quoi qu'il arrive à l'avenir, je resterai un loyal soutien du Président de la République et de son action, et de tous les membres de la future majorité présidentielle.

Aussi, je souhaite bonne chance à mes collègues députés sortants, et à tous les candidats investis aujourd'hui par ma famille politique (sauf dans notre circonscription, bien sûr). »

Pendant ce temps, les réactions et les messages de soutien à la suite de la décision d'investiture pleuvent. C'est notamment le cas sur la boucle Telegram des élus consulaires de la majorité présidentielle, sur laquelle ma non-investiture provoque un débat animé. Avant de tirer le rideau – en tout cas c'est ce que je pense – sur cette journée intense, j'envoie vers 22h un dernier message à ces collègues, élus « locaux » comme moi, tout autour du globe. Ensemble, il y a moins d'un an, nous avions organisé une belle campagne électorale à l'échelle mondiale, créant en chemin des amitiés durables.

Chers amis,

Permettez-moi de m'adresser à vous. Je sais que vous êtes nombreux à ne pas comprendre l'investiture de Manuel Valls dans la 5ème circonscription. Je vous rassure, moi mon plus. Mais attention : même si je pense que cette désignation est une erreur de la part de ma famille politique, je reconnais aussi que comme dans toutes les familles, on doit se donner le droit à l'erreur (puis éventuellement prendre la responsabilité de corriger les erreurs de nos proches, mais c'est une autre histoire).

En tout cas en ce qui me concerne je ne veux pas que cette erreur qui m'affecte rompe ma famille. Je resterai un farouche soutien du président de la République et de son action, et de vous tous si vous avez besoin de moi.

Alors, même si certains d'entre vous m'ont proposé de me soutenir en public et de « rentrer en résistance », je vous remercie mais je vous demande de ne pas le faire. Car la décision a été prise et ni vous ni moi n'allons pouvoir la modifier. Alors oubliez cet affront, et restez unis. Restez unis car je compte bien revenir parmi vous et parmi la future majorité présidentielle, et quand ce sera le cas je veux vous retrouver avec toute la cohésion que nous avons démontré lors de nos batailles victorieuses du passé. Alors gagnez vos élections.

Et pour ce qui est de la dernière circonscription, la 5ème j'en fais mon affaire. Mais cela se réglera entre Manuel Valls, moi, et les électeurs.

Peu après, je reçois un nouvel appel de ce proche de Macron avec qui j'entretiens des relations cordiales depuis des années. Après avoir précisé qu'il m'appelait à titre strictement personnel, et au nom de personne d'autre, il me dit sa déception face à la décision d'investiture, et me laisse entendre qu'il considère avec sympathie ma volonté de résister… et qu'il n'est pas le seul dans ce « premier cercle » à penser de la sorte.

– Merci pour ton soutien, j'apprécie sincèrement, mais je t'assure que je ne le fais pas comme un baroud d'honneur. J'ai bien l'intention de gagner.

Il me prend au mot :

– Sur la base des dernières élections, de combien de voix as-tu besoin pour passer au second tour ?

– En 2017 il fallait 2 500 voix pour être au second tour. En 2018, avec une participation en chute libre, 1 000 voix suffisaient. Cette fois-ci, avec un regain de participation et le vote électronique, j'estime qu'il faudrait 4 000 voix pour être certain de se qualifier pour le second tour.

– Et tu penses d'une manière réaliste que tu peux trouver ces 4 000 voix ?

– Tu sais que j'interagis beaucoup avec mes administrés sur les réseaux sociaux, je t'en ai parlé à quelques reprises. Eh bien grâce à cette habitude prise depuis des années, la sensation de proximité avec mes électeurs est telle que j'ai envie de te dire que je connais déjà le nom et le prénom des 4 000 premières personnes qui voteront pour moi le 5 juin.

Un peu plus tard dans la soirée, Samantha appelle à nouveau. Elle reformule ses messages du matin sans que le fond de son discours n'ait évolué. Je déroule pour elle mon raisonnement électoral, et notamment les raisons pour lesquelles je pense que Valls ne peut pas gagner, décrivant l'ensemble de facteurs qui me mettent en situation de remporter l'élection. Je mentionne en passant qu'un « proche de Macron » m'a exprimé son appui à ma candidature en dépit de l'investiture de Valls. Je confirme aussi à Samantha que Valls et tout le monde du côté de LREM peut abandonner dès maintenant tout espoir de me voir renoncer, et que je l'ai déjà annoncé à tous ceux qui devaient l'entendre. Enfin, j'illustre mon propos de la manière la moins équivoque possible :

– Je pense qu'une énorme erreur de calcul a été commise par Valls et par ceux qui ont appuyé son investiture. Non seulement il va perdre, mais vous ne réalisez pas dans quelle mesure tout cela va être humiliant pour lui.

– Non, Stéphane, il ne faut pas parler de s'humilier les uns les autres, on ne peut pas aborder les élections comme cela.

– Ce n'est pas moi qui veux humilier Valls, ce sont les électeurs. Je te suggère d'en parler à quelques-uns, et tu comprendras. Valls a insisté pour s'enfermer dans un piège dont il n'a pas conscience. Je ne comprends pas comment vous pouvez le laisser faire.

Fin de l'appel. Il est bientôt une heure. Il est largement temps de mettre un terme à cette journée. D'autant plus que je dois être à la gare d'Atocha le lendemain matin à 6 heures pour prendre un train direction Barcelone, et lancer ma campagne électorale.

ACTE 2 – GÉRER LE CIRQUE MÉDIATIQUE

Vendredi 6 mai – Le parachutiste barcelonais

À bord de mon AVE (le TGV espagnol) Madrid-Barcelone, je poste mon *tweet* « Bonjour Twitter ! » sur les coups de sept heures du matin. Cette fois, pas de référence à des films de gladiateurs, mais un extrait d'un pilier de ma filmothèque personnelle, Rocky Balboa, le 6ème et dernier film de la célèbre saga. En l'occurrence il s'agit d'une scène durant laquelle Rocky, le champion de boxe qui envisage un énième retour sur le ring malgré le fait de dépasser la cinquantaine, riposte à son fils qui vient de l'accuser de nuire à sa propre carrière en lui faisant de l'ombre :

« Souvent, le monde est un endroit dur et moche, avec des tempêtes et des épreuves, et aussi grand et fort que tu sois, la vie te mettra à genou et te laissera comme ça pour de bon si tu la laisses faire. Toi, moi, n'importe qui, personne ne frappe aussi fort que la vie. Mais ce qui compte ce n'est pas d'être un bon cogneur, ce qui compte c'est d'être capable de prendre des coups, et de continuer à avancer malgré tout. C'est de pouvoir encaisser sans jamais flancher. C'est comme ça qu'on finit par gagner ! »

Visionner cette réplique de Rocky avait, au moment de la sortie du film il y a une quinzaine d'années, fait surgir chez moi en un tour de main la motivation dont j'avais tant besoin à ce moment où il m'avait fallu lutter contre les manœuvres de ma hiérarchie espagnole qui cherchait alors à se débarrasser de moi. Mon supérieur hiérarchique de l'époque, celui à qui il incombait de me classer parmi mes pairs, avait ainsi clarifié les choses, dans le huis-clos de mon entretien d'évaluation annuelle : *« Tu n'es pas allé à l'école avec nos clients, tu ne joues pas au golf avec eux, et tu es Français : ils ne t'accepteront jamais. Tu n'es pas fait pour ce métier. Ou alors peut-être à Londres, ou à Paris, mais pas à Madrid, pas comme nous faisons les choses ici. Plus tôt tu rentreras chez toi, mieux ce sera pour toi. ».* Ces mots avaient été prononcés par Francisco, héritier d'une dynastie distinguée de banquiers espagnols, un homme qui devait essentiellement au prestige hérité de son patronyme ce poste ainsi que les responsabilités et l'argent qui allaient avec. Le fait que ces mots m'aient été infligés par l'un de ces puissants héréditaires qui ne pouvaient pas comprendre que « *chez moi* » était un concept qui s'était évaporé de ma vie, provoqua en moi une éruption d'esprit de résilience que je n'ai sans doute pas retrouvé jusqu'à l'annonce de l'investiture de Manuel Valls.

En invitant à nouveau Rocky Balboa à venir à ma rescousse ce matin, j'utilise là encore une référence culturelle qui résonne auprès de beaucoup de Français de ma génération. Ce faisant, ma volonté est autant de mobiliser l'aspect émotionnel de cette situation, que de mettre en scène ma détermination. En deux mots, dire au monde qui je suis, et ce que je vais faire. Tout comme je l'avais fait ce jour-là à travers ma réponse à Francisco :

« *Tu te trompes, et je te le démontrerai* »

Quelques instants après mon tweet, entre deux notifications de *likes*, mon téléphone vibre bientôt pour une autre raison. Un message Telegram de Nathalie Coggia.

– Coucou, je vais communiquer un plan d'attaque un peu plus tard sur le groupe !

Signé : ta suppléante

Sa décision est donc prise. Je devinais bien qu'elle pencherait dans ce sens-là, mais cela n'en reste pas moins très courageux de sa part. Cette décision de Nathalie sera un mur porteur de notre campagne, et un symbole de nos principes. Pendant que les messages d'encouragement continuent à pleuvoir, ma suppléante annonce sa décision aux Marcheurs de la circonscription sur notre boucle Telegram :

– C'est toujours dur de constater que sa famille politique commet une telle erreur. Comme vous le savez, en tant que référente je m'érige souvent en gardienne du temple de notre mouvement car je souhaite que nos valeurs et notre projet au service de la France et de l'Europe nous survivent et puissent être portées sur la durée. Mais il est clair que pour faire cela, il faut des femmes et des hommes de bonne volonté qui incarnent et se mettent au service de notre mouvement comme vous le faites depuis 5 ans de manière si généreuse et comme le fait et l'a fait notre cher Stéphane dans ses différents rôles. Je suis donc vraiment désolée du fait que le mouvement vous ait donné le sentiment de vous avoir trahis. Je pense qu'il se trompe mais comme l'ont suggéré Stéphane et Ugo, démontrons-lui qu'il a commis une erreur avec tout le *fair play* dont nous sommes capables mais également avec toute la détermination nécessaire. Restons au service de la future « Renaissance » même si nous devons le faire en off pour cette-fois ci.

De mon côté, je continue d'accepter d'être la suppléante de Stéphane dans les nouvelles circonstances. Cela veut dire que je vais être démise de mes fonctions de référente mouvement (et donc de mes fonctions au Burex). Je ne sais si j'aurai le droit comme vous de continuer à être adhérente ou pas. Cela m'attriste énormément mais je préfère rester fidèle à mes principes et mes valeurs… et surtout continuer d'agir à vos côtés!! Donc, assez d'atermoiements, au boulot et si vous en êtes d'accord je continuerai comme référente virtuelle pour cette campagne parallèle (et aucun souci si cela ne vous convient pas vous me le dites).

Quelques instants plus tard, sur les coups de neuf heures, je reçois un appel, le premier de la journée : le « proche de Macron » qui m'avait appelé la veille :

– Stéphane, as-tu parlé à quelqu'un de notre conversation d'hier ?

– J'y ai fait allusion mais sans mentionner ton nom, pourquoi ?

– Il m'est déjà revenu par deux sources différentes que je t'encourage à maintenir ta candidature. Stéphane j'ai envie que l'on continue à se parler et je veux pouvoir t'aider et je te le dis amicalement mais tu dois faire attention. Plus un mot sur moi.

Conversation Telegram avec mon équipe de campagne, vendredi matin :

– À partir de maintenant, on ne communique plus avec quiconque qui soit proche de Valls. On les écoute, mais on ne donne plus d'information. Par ailleurs sachez que les messages continuent à affluer en privé et que des personnes très haut placées dans notre camp souhaitent ma victoire.

– Ça serait bien qu'ils puissent nous aider…

– Non. Je ne veux le soutien de personne et je ne demanderai pas d'aide. Je ne veux pas diviser. C'est entre nous et les électeurs.

– Aussi il faut commencer à faire des tweets sérieux. Sur ton bilan, ton programme, etc. Et arrête Gladiator et Rocky, tu te décrédibilises !

Encouragés par cette première rébellion, d'autres membres de l'équipe enchainent.

– Oui, faisons des tweets qui montrent ta fidélité.

– Effectivement, une fois ton annonce de candidature, il faut tabler sur ton bilan, il suffit à te valoriser. Cultiver ton coté antithèse de Valls, antisystème, proche des Français. Sans attaquer Valls, les messages de soutien et tes résultats et déplacements parlent pour toi.

Je dois clarifier mes objectifs.

– Écoutez, on a un mois d'ici au premier tour. Pour l'instant on gère l'émotion. Mieux, on surfe sur l'émotion. On met en place l'image de la victime de trahison mais qui ne se comporte pas en victime, qui ne se couche pas et qui va se battre pour défendre les valeurs originelles du mouvement. Je ne vais certainement pas parler bilan maintenant.

– En revanche, reste vigilant à ne pas en faire trop pour pas que ça se retourne contre toi en termes d'image. Des personnes bien placées chez LREM voient le risque que tu finisses par te prendre pour Zelenski.

– Merci pour leurs bons conseils… Pour ce qui est de la gestion de mon image, je suis en contrôle, même si j'admets volontiers que ce n'est pas conventionnel. Mais ne pas être conventionnel c'est justement l'objectif. Montrer que ce n'est pas une machine macroniste, un Playmobil qui lutte pour un poste, mais une personne comme vous et moi qui lutte pour des principes que l'on partage tous. À ce stade je n'ai pas besoin de séduire l'intelligentsia du parti. Le parti, j'en serai exclu dans les prochaines heures, quoi que je fasse. Alors faites-moi confiance. Mais si cela vous fait craindre pour votre carrière, alors vous avez tout à fait le droit de vous mettre en retrait de la campagne et de vous consacrer à votre travail de collaborateur. Je le comprendrais et ne pourrais pas vous en tenir rigueur.

Nous passons alors à d'autres sujets. L'équipe insiste notamment pour que mes communications incorporent déjà quelques éléments liés à la campagne à venir, et notamment le Road Trip, ce tour de la péninsule ibérique qui me permettra d'aller à la rencontre des Français. Mais je préfère ne pas déjà dévoiler nos cartes à nos adversaires. De plus, il vaut mieux communiquer une seule grosse nouvelle à la fois. En ce moment, c'est la confirmation de la candidature, c'est ce que j'appelle la « Séquence Émotion ». On aura bien le temps dans les prochaines semaines d'annoncer notre programme, notre bilan, notre plan de campagne…

Mon train pénètre dans les faubourgs de Barcelone, je n'ai pas vu passer ce trajet de 2h30. Dès mon arrivée à la gare de Sants, je fends la foule pour prendre un taxi. Nous fonçons vers le cimetière de Montjuic. Cette colline, relief singulier de la géographie barcelonaise, posée au bord de la Méditerranée à l'entrée sud de la ville face à son port industriel, est un endroit unique et magnifique, un lieu de mémoire et de recueillement pour les Barcelonais. Je descends du taxi quelques minutes à peine avant le début de la cérémonie mémorielle du 8 mai, qui aura lieu devant le monument aux morts des Français de Barcelone, proche du point culminant du cimetière. Cette cérémonie a été anticipée à ce vendredi 6 mai afin de permettre aux élèves du Lycée Français de Barcelone d'y participer. J'avais pour ma part prévu de longue date de prendre part – comme j'ai pris l'habitude de le faire – à cette rencontre entre de nombreuses composantes essentielles de notre communauté française en Catalogne : les représentants de nos forces armées, de notre Consulat Général, les anciens combattants, les élus consulaires, les responsables des établissements français de la ville, de nos associations de bienfaisance, et bien d'autres.

Dès mon arrivée je note les regards se poser sur moi et les conversations faire une pause. D'instinct je sais que ce n'est pas la présence du député qui fait réagir, mais bien les nouvelles de la veille. Je prends le parti d'aborder le sujet frontalement, avec le sourire. Durant les quelques minutes qui nous séparent du début de la cérémonie, j'enchaine les plaisanteries, et je prends bonne note que chaque salutation à un visage connu, chaque présentation à un nouveau visage est l'occasion pour mes interlocuteurs de m'offrir un regard de connivence, un sourire complice ou, le plus souvent, quelques mots d'encouragement explicite. C'est notamment le cas du Lieutenant-Colonel Alain Zielinger, avec qui j'échange régulièrement par écrit, mais que je croise pour la première fois dans la vie réelle. Nos salutations sont cordiales mais la cérémonie démarre déjà et l'on se promet de se retrouver après pour parler tranquillement.

Placé au premier rang aux coté du Consul Général et des conseillers des Français de l'étranger, je me détends un peu, déjà renforcé dans ma conviction du soutien populaire. Me découvrir des sympathisants en chair et en os, loin de mon fief et de mes cercles de confiance de Madrid, est à la fois une satisfaction et un soulagement. Je continue à suivre d'une attention parfois distraite le déroulement de la cérémonie sous un soleil printanier, mes pensées me ramenant régulièrement à la situation électorale. Les élèves du Lycée Français de Barcelone prennent place au pied du monument aux morts mais provoquent un certain émoi en déclamant «Le déserteur», de Boris Vian. Un texte qui se conclut ainsi : «*S'il faut donner son sang, allez donner le vôtre, Monsieur le Président. Si vous me poursuivez, prévenez vos gendarmes, que je n'aurai pas d'armes, et qu'ils pourront tirer*». Autant dire tout de suite que ce choix artistique ne fait pas l'unanimité chez les anciens combattants, ni chez les militaires en poste, pas plus que chez la plupart des autres participants à la cérémonie. C'est somme toute assez logique en ce moment consacré à la mémoire de ceux qui ont tout sacrifié pour défendre leur pays et assurer «*le triomphe de la justice et de la liberté*», ainsi que nous le rappelle l'inscription portée par le granit du monument aux morts des Français de Barcelone, au sommet de la colline de Montjuic, avec la mer Méditerranée pour témoin.

Une fois cet incident passé, les porte-drapeaux – tous des anciens combattants ayant largement entamé leur huitième décennie – montent les uns après les autres les trois marches escarpées qui les séparent du monument au pied duquel ils doivent déposer leurs gerbes de fleurs. Soudain nous voyons avec effroi l'un d'entre eux, porteur d'un bouquet imposant, perdre l'équilibre au milieu de son ascension, chanceler puis basculer sur le côté. Il se rattrape à grand peine à une lourde chaine de métal qui fait office de rampe sur la gauche de l'escalier, et sur laquelle il a chuté de tout son poids. Le coup a été rude pour cet homme aux cheveux blancs comme neige et qui doit sans doute friser les quatre-vingt-dix ans. Après avoir été relevé, il tente avec difficulté de reprendre ses esprits et de se remettre de sa chute, assis pendant de longues minutes en plein soleil sur la tombe du fameux pianiste et compositeur Isaac Albéniz. La cérémonie s'interrompt pour quelques instants, la préoccupation présente sur tous les visages. L'endroit n'est pas adapté, et il faut plutôt l'emmener vers sa voiture et sa fraicheur relative. Vu le solide gabarit de l'ancien combattant en question, le Consul Général et moi devons nous y mettre à deux pour le transporter. Une fois enfin assis à l'ombre de l'habitacle et tranquillisé, l'homme nous rassure sur son état, avant que son épouse ne prenne le volant pour le conduire vers un hôpital. Je l'appellerai le lendemain matin pour prendre de ses nouvelles, j'apprendrai qu'il s'appelle Dominique Floquet et qu'il est notamment l'ancien président de la branche de Gérone de l'amicale des Anciens Combattants résidant en Espagne. Je me réjouirai de l'entendre me dire d'une voix sereine avoir récupéré de sa mésaventure, si ce n'est pour une simple côte fêlée, unique séquelle durable de sa chute. Nous avons alors convenu de nous revoir lors de mon prochain passage dans la région.

Une fois cet incident clôt et la cérémonie terminée, il faut mettre le cap sur le centre-ville et l'Institut Français où est organisé le pot de l'amitié qui fait suite à cette cérémonie. J'accepte volontiers l'invitation du Consul à réaliser le trajet avec lui dans sa voiture. Et si j'aurais souhaité pouvoir profiter de ces vingt minutes de transit pour échanger avec Olivier Ramadour, notre sympathique Consul Général de France à Barcelone, et notamment évoquer des sujets qui ne soient pas nécessairement focalisés sur les prochaines élections, c'est hélas mission impossible : mon téléphone n'arrête pas de sonner et même s'il ne s'agit la plupart du temps que d'appels d'encouragement ou de soutien, je dois à chaque fois prendre quelques minutes pour y répondre. Soudain un nom connu apparait sur mon écran : Claire.

Claire est une jeune femme franco-catalane qui avait fait partie de nos soutiens en Catalogne au moment de nos campagnes législatives de 2017 et 2018. Souhaitant tirer profit de ma venue à Barcelone aujourd'hui, j'avais planifié des réunions avec certains membres éminents de la communauté française de la ville, afin de mieux comprendre la perception de mon rival à Barcelone même, l'endroit qu'il considère sans doute comme son fief électoral. J'avais naturellement pensé à appeler Claire pour lui proposer comme à quelques autres de prendre un café, mais je m'étais finalement ravisé en me rappelant qu'elle avait soutenu Valls lors de sa tentative de prise de la mairie de Barcelone en 2019. J'imaginais qu'elle formerait logiquement partie de l'équipe de campagne de mon adversaire cette fois encore, ou tout au moins de son comité de soutien, et je ne voulais pas partager d'information sensible avec cette équipe, et notamment pas le fait que je pouvais perdre ma suppléante initiale. Je n'avais donc pas prévenu Claire de ma présence, mais voilà qu'elle prend l'initiative de m'appeler.

À peine finies les salutations d'usage, elle va droit au but.

– Stéphane, tu vas maintenir ta candidature ?

C'était désormais officiel, pas de raison de le nier.

– Bravo Stéphane, je t'encourage vraiment à te maintenir ! …

Un véritable soulagement pointe dans sa voix.

– Ce n'est pas juste que Valls soit le candidat de LREM pour représenter les Français d'Espagne !

Je suis plutôt surpris et l'interroge sur cette attitude qui contredit ses engagements récents.

– Toi, tu es notre représentant à l'Assemblée directement ou indirectement depuis 2017. Tu as été responsable et fidèle à tes électeurs. Au contraire, Manuel Valls a trompé ses électeurs barcelonais. Il avait dit que, même s'il ne devenait pas maire, il resterait à Barcelone parce qu'il avait fait «un choix de vie». La réalité est que le conseil municipal de Barcelone ne l'intéressait pas le moins du monde! Il est parti au bout d'une année sans accomplir son devoir de représentation des 100 000 Barcelonais qui avaient voté pour lui, avec parmi eux de nombreux Français. Cette candidature de Valls à la mairie de Barcelone, qui venait après le traumatisme de la déclaration illégale d'indépendance de 2017, avait pourtant réellement représenté un grand espoir pour nous tous qui désirions voir à nouveau une Barcelone ouverte… Et Valls pouvait être ce symbole d'une vraie Europe des citoyens européens, qui vivent et circulent librement dans le territoire européen, en pouvant y voter et y être élus. Mais ensuite, quelle désillusion! Il a trahi ce projet en ne pensant qu'à son ambition personnelle. Alors présenter Manuel Valls comme candidat de LREM pour représenter les Français d'Espagne à l'Assemblée nationale, c'est un manque de respect absolu pour tous les Barcelonais qui l'avions soutenu et qu'il a abandonnés.

Quelques instants plus tard, une fois arrivés à l'Institut Français, à quelques mètres de l'avenue Diagonal, à nouveau immergé dans notre communauté pour participer au verre de l'amitié, j'entends de toutes parts des témoignages qui confirment ce que vient de me décrire Claire. Parmi ceux qui n'abordent pas le sujet Valls explicitement, les expressions de sympathie pour ma démarche ne tarissent pas, et c'est également le cas de la part de personnes que l'on ne pourrait pas soupçonner de complaisance envers mon bord politique. Je relève qu'un seul parmi les notables présents en cette fin de matinée n'a pas vraiment envie d'échanger avec moi, et parait même courroucé de l'accueil chaleureux et sympathique qui m'est réservé par beaucoup : il s'agit de Renaud Le Berre, le candidat investi par la Nupes et mon futur concurrent pour ces élections à venir.

Après une bonne heure d'échanges décontractés, interrompus par une interview sur Zoom avec la French Radio du Portugal, je quitte cette réception avec le sourire, et avec la confirmation dont j'avais besoin : Barcelone ne sera sans doute pas le fief électoral dont rêve mon illustre rival. Au contraire, ce pourrait même être l'épicentre de son rejet par les électeurs français d'Espagne. Sur le chemin de la sortie de l'Institut, je suis rattrapé par Alain Zielinger qui veut à nouveau m'exprimer sa sympathie et ses encouragements.

– Encore bravo pour votre courage monsieur le député !

– Mon courage !? Mais vous plaisantez ! Au contraire, je mesure la chance que j'ai : je vais avoir l'opportunité de me battre pour défendre des principes universels, des valeurs en lesquelles je crois, et moi, au contraire de vous et tous ces combattants, je ne risque pas de perdre la vie, un bras ou une jambe. C'est vous les courageux ! Moi je ne suis qu'un petit rebelle face au système.

Avant de nous séparer, nous posons ensemble, tout sourires, pour une photo qui fera l'objet de mon tweet du jour :

Après avoir pris place dans mon train de retour, j'envoie à mon équipe un bref résumé des dernières heures. Ils rebondissent sur un autre sujet :

– Sinon Stéphane tu nous as enlevé le tweet de Rocky ?

– Oui, vous m'avez saoulé à défaut de me convaincre. Un peu comme Manuel Valls avec Emmanuel Macron, en somme. D'ailleurs, le tweet du parachutiste fait un carton mais soit dit en passant c'était ma dernière petite pique indirecte à Valls. A partir de maintenant on clôture la séquence émotion et je parlerai bilan, projet, incorporation à la majorité etc.

Ce soir-là, *Le Monde* publie un premier article sur notre bataille à venir :

« *La candidature de Manuel Valls aux législatives provoque des remous en Espagne*

(…) Sa candidature a provoqué la consternation au sein de l'antenne locale de La République en marche (LREM). A tel point que le député sortant, Stéphane Vojetta, ancien banquier d'affaires de 47 ans, installé depuis vingt ans à Madrid, a pris la décision de "résister" et maintient sa candidature. "J'imagine que je vais être exclu du parti, et traité en dissident, mais une fois élu, je n'ai aucun doute que je serai réintégré dans LREM ou dans un autre parti de la majorité présidentielle", explique-t-il au Monde, aussi certain de remporter la victoire qu'il craint de voir LREM perdre si le second tour opposait le candidat de la gauche à Manuel Valls. (…)

L'ancien premier ministre s'est certes installé à Barcelone en 2018, mais il ne s'est guère impliqué auprès de la communauté française. Candidat aux élections municipales de Barcelone, en 2019, où il n'a obtenu que 13 % des voix, il a fini par abandonner la politique espagnole en août 2021 pour devenir chroniqueur sur RMC et sur BFM-TV, tout en manifestant son souhait de revenir à la politique française.

"J'ai été désigné candidat par la majorité présidentielle à la demande d'Emmanuel Macron, insiste, auprès du Monde, Manuel Valls. Je suis serein, cette candidature est une belle synthèse de mon parcours entre la France et l'Espagne. Je veux convaincre les électeurs que c'est une chance pour eux d'avoir un ancien premier ministre à la voix forte pour les défendre. Et pour moi, c'est un honneur. Il n'y a qu'un seul candidat. La fidélité à la majorité présidentielle, c'est de respecter les investitures. Je ne vais pas pinailler. M. Vojetta n'est député que depuis le mois d'octobre. Il était suppléant. Celle qui a été élue, c'est Samantha Cazebonne [partie au Sénat depuis] et elle est à mes côtés.". Au sein de la délégation LREM à Madrid, l'ambiance est cependant morose. "Nous digérons très mal la décision prise à Paris, qui est un parachutage dans toute sa splendeur. Manuel Valls est une personnalité très

clivante, qui n'a aucune légitimité ici." explique un référent local LREM, sous couvert d'anonymat. »

Un article qui reflète adéquatement la situation actuelle. Au passage, je prends bonne note de la leçon de « *fidélité à la majorité présidentielle* » qui nous est faite. À l'évidence, nous ne sommes pas du tout d'accord sur la définition du terme.

Du coup, en ce qui me concerne, je vais me permettre de pinailler un petit peu quand même.

Samedi 7 mai – Scissions

De retour à Madrid, j'échange sur Zoom avec les Marcheurs de la circonscription. Avant le 3 mai, tous connaissaient mon intention de repartir pour un tour et se préparaient à mener une campagne conventionnelle à mes côtés – en tant que candidat naturel et investi – dans la continuité de l'élection présidentielle. Cependant, depuis le brutal changement de paradigme de mardi après-midi, j'avais pris soin, comme je l'avais déjà fait auprès de mes collègues élus conseillers Français de l'étranger, de ne pas demander, implorer ni exiger le ralliement de quiconque, avec l'objectif primordial de ne pas diviser nos troupes. Au contraire, j'ai été aussi clair que possible quant au fait que je ne pourrais reprocher à personne de préférer suivre la ligne du parti et de soutenir la campagne de mon adversaire. Seule exception à cette règle, j'ai relayé et fait relayer à tous les Marcheurs de la circonscription l'engagement de Stanislas Guérini de garantir l'impunité à ceux qui choisiraient de soutenir le candidat dissident, ou de se mettre en retrait de la campagne du candidat officiel. Le nombre des ralliements individuels qui m'étaient progressivement annoncés, soit en personne soit indirectement, avaient rendu cette clarification nécessaire.

Donc, sans avoir eu à forcer la main de personne, je constate néanmoins qu'une quasi-unanimité est en train de se former en faveur de ma candidature. Je savais bien sûr depuis des semaines que j'avais le soutien moral de nombreux de ces compagnons de route face aux rumeurs qui leur faisaient craindre un parachutage, mais je réalise qu'en mon absence de ces derniers jours, alors que j'étais totalement accaparé par mes rencontres sur le terrain et par ma communication, ils se sont organisés spontanément, autour de Nathalie, afin de se ranger de manière organisée derrière notre démarche. C'était prévisible, mais le mélange explosif de colère et d'enthousiasme que l'on me décrit lors des réunions organisées sur le pouce et dans les rencontres montées sur Zoom ces dernières 48 heures est une confirmation – encore une – de la force morale et politique de notre posture.

Cependant, si aussi bien à Madrid qu'à Barcelone ou à Malaga le ralliement est unanime, la situation est différente chez les Marcheurs du Portugal où les humeurs semblent fluctuer. Je m'efforce d'avoir des conversations individuelles avec chacun des principaux animateurs de notre mouvement sur place, et je constate un reflet des dynamiques électorales que je pressens pour les prochaines semaines, à savoir une meilleure perception de la légitimité de Valls hors des frontières de l'Espagne (au Portugal donc, mais aussi probablement à Monaco et Andorre). Cela est sans doute renforcé par la présence très ostensible de mon rival à la cérémonie d'investiture d'Emmanuel Macron qui a lieu au Palais de l'Élysée ce samedi matin : il est au premier rang, et fait de son mieux pour mettre en scène sa proximité revendiquée avec Emmanuel Macron. Et si finalement ce seront pratiquement 100 % des Marcheurs d'Espagne qui se joindront à mon équipe de campagne au sens large, un bon quart des Marcheurs du Portugal fera campagne pour Valls, arguant notamment de la légitimité qui lui est conférée par une décision supposément prise par Macron en personne. Tout cela se fait sans animosité excessive, même si je suis surpris par des propos injurieux proférés à mon encontre sur les réseaux sociaux par deux personnes avec qui je n'avais jamais rencontré aucune difficulté dans nos échanges passés. Mais c'est heureusement l'exception qui confirme la règle, et les deux camps s'installent sans coup férir dans leurs dynamiques respectives.

La scission se fait donc au sein des Marcheurs portugais où les Vallseurs prendront le contrôle des pages Facebook de LREM, alors qu'en Espagne ce sont les Vojettistes qui gardent la main sur les réseaux sociaux du mouvement. Quant à la boucle Telegram qui regroupe les membres du Conseil Territorial, à savoir l'instance de coordination des Marcheurs de la circonscription qui regroupe les responsables pays, les responsables de comités locaux, la référente de la circonscription et les parlementaires (dans ce cas, Samantha et moi), elle se transforme rapidement en un groupe de soutien à ma candidature, faute de combattants soutenant la cause adverse.

Samantha en prend acte et publie samedi soir ce dernier message sur la boucle en question :

Chères toutes, chers tous,

Vous imaginez que ma position n'est pas simple dans ces circonstances. Vous avez été et j'espère resterez de formidables compagnons de route, déterminés et engagés.

Nous avons vécu de très belles victoires, de nombreux moments heureux et d'autres beaucoup moins.

Ce qui nous lie depuis le début de cette aventure, c'est aussi un homme en qui nous croyons, qui nous fait espérer par son engagement en une France meilleure. Je sais ce que je lui dois, ce que nous lui devons. Sans lui, cette aventure commune n'aurait jamais commencé et en 2017 nous n'aurions pas eu de députée sur la 5ème circonscription.

Nous avons constitué un binôme avec Stéphane et je me souviens le jour où je lui ai téléphoné contre l'avis de certains pour lui proposer de m'accompagner car justement nous étions complémentaires et différents. C'est ce qui nous a plu et fait accepter de faire ce chemin ensemble. Si nous avons su faire fi de nos différences au profit de nos complémentarités jusqu'à présent, il y a une différence avec laquelle je ne peux transiger aujourd'hui c'est celle de la loyauté en celui qui m'a donné deux fois sa confiance pour aller à l'Assemblée nationale. Car, même lors de la deuxième campagne, et il n'y a que moi et le PR qui connaissons toute l'histoire, il m'a gardé sa confiance pour y retourner. Je vous le dis et certains ici peuvent confirmer, si je n'avais pas eu son soutien sachant qu'il m'avait faite politiquement, je n'y serais jamais retourné.

Une 3ème fois il m'a accordé sa confiance au printemps dernier pour mon engagement et le travail que j'ai porté avec nombre d'entre vous à mes côtés, comme collaborateurs ou militants. Hier, il a fait un choix, et ma loyauté à son jugement est et restera. La forme vis-à-vis de Stéphane n'a pas été des plus délicates comme pour beaucoup de suppléants de ministres qui se retirent de la vie politique, je le regrette, c'est blessant j'en conviens parfaitement.

Vous avez le droit de me juger, de me blâmer, de me renier, c'est votre droit le plus strict. Pour ma part, il n'en sera rien. Je vous porterai le même respect, la même reconnaissance du chemin parcouru ensemble jusque-là.

Si le mouvement me le demande, je m'engagerai pour soutenir la majorité présidentielle et sa volonté mais aussi car je ne veux pas trahir la confiance de celui qui a fait ce que nous sommes, en qui nous croyons et, vous le savez, qui assume toujours pleinement ses choix. Je ne ferai jamais campagne contre la personne de Stéphane bien évidemment. Il restera forcément des traces mais sachez que je vous garde à tous une sincère reconnaissance pour ce que nous avons porté jusque-là et surtout gagné. Il était important pour moi de vous l'écrire aujourd'hui.

À bientôt.

Je me retire de cette boucle

Dimanche 8 mai – La cérémonie

Je me réveille malgré moi à nouveau bien avant l'aube. Je ne ressens pourtant pas encore la fatigue. Au contraire je suis galvanisé, renforcé dans mes convictions et ma détermination par les développements des dernières quarante-huit heures : des Français de Barcelone vent debout contre la candidature de Valls, des Marcheurs de la circonscription qui, à quelques exceptions près, se rangent derrière Nathalie et moi, des médias intéressés et généralement favorables. Notre campagne se met en place comme sur des roulettes.

Ce dimanche, assis dans ma cuisine à six heures du matin, trois jours après ma déclaration de dissidence, je décide d'utiliser pour la première fois le téléphone rouge qui me relie à l'Élysée : j'écris à Paul Desforges en réponse à un message qu'il m'avait fait parvenir hier et dans lequel il s'excusait brièvement de ne pas avoir pu me répondre au moment de la tempête médiatique du 3 mai. Je souhaite que ma réponse ne lui laisse aucun doute quant à ma détermination, mais je tiens aussi à ébranler leurs propres certitudes… si elles existent. Il est notamment nécessaire d'éviter tout risque qu'ils ne ferment définitivement la porte à mon retour éventuel dans la majorité présidentielle. Pour cela, il est indispensable qu'ils croient en la possibilité de ma victoire face à Valls. Et s'ils n'y croient pas encore, je dois faire germer le doute dans leur esprit le plus rapidement possible.

Paul,

Merci de ton message. J'ai eu des conversations sereines avec les représentants du mouvement après l'annonce officielle. Je veux seulement que vous sachiez tous que 1) je ne le prends pas personnellement car je comprends les circonstances spécifiques de Manuel Valls et son «processus», 2) je suis cependant absolument et définitivement convaincu de l'énorme erreur de calcul électoral réalisée, si cette décision se base sur l'hypothèse que Manuel Valls va gagner ces élections. Si j'avais eu l'opportunité de m'exprimer durant ce processus, je vous aurais démontré que, avec ou sans le soutien de Macron, Manuel Valls allait faire un score très en deçà du potentiel de la majorité présidentielle. Ici sur le terrain on assiste à un véritablement soulèvement populaire des électeurs, des appels et messages incessants qui m'enjoignent à ne pas me retirer, en se mettant à ma disposition pour me faire gagner et/ou le faire perdre. 3) Je maintiens mon soutien au Président, notamment car je comprends pourquoi il a fini par céder – sans doute de guerre lasse – face à l'acharnement de Manuel Valls, et je confirme ma volonté de rejoindre la future majorité présidentielle.

Car tu le sais, et ma décision est irrévocable, je vais participer à ces élections. Et je les gagnerai. Je les aurais aussi gagnées dans la configuration antérieure, mais cette fois-ci le simple fait que je sois perçu comme la proposition antithétique à Manuel Valls et la «victime collatérale» de ses manœuvres va transformer cette élection en un référendum dont le résultat sera sans doute un plébiscite.

Si je me trompe et que Manuel Valls me bat au premier tour pour passer au second (l'un de nous deux sera forcément qualifié, j'ai fait tous les calculs), je suis absolument prêt à reconnaitre mon erreur, et à le soutenir au second tour (avant de me retirer de la vie politique)… à condition bien sûr que la réciprocité soit en place et que lui et «LREM/Renaissance/ENSEMBLE» se soient également engagés à faire de même si c'est moi qui passe au 2nd tour face à la gauche unie.

Unie, ce mot est important. Je sais que l'on m'accusera de provoquer la désunion. Au contraire. Regardez simplement le comportement de tous les Marcheurs de la 5ème circonscription. Je leur ai laissé le choix et il me semble que tous ou presque m'accompagneront dans ma démarche, avec l'espoir de revenir auprès de notre famille politique une fois que je serai qualifié pour le 2nd tour le soir du 5 juin. Car oui : notre premier tour aura lieu le

5 juin, une semaine avant la France, et si vous le souhaitez, l'unité dans la 5ème circo sera alors reconstituée d'ici le 12 juin, autour de moi, au moment d'aborder la dernière semaine de campagne en France. Unité reconstituée autour d'un candidat certes techniquement dissident, mais universellement perçu comme s'étant battu pour défendre les valeurs et principes (notamment le renouvellement démocratique) qui nous ont tous fait rejoindre Emmanuel Macron dans cette belle aventure. Le 5 juin sera in fine une primaire entre Valls et Vojetta.

Les électeurs trancheront, et fais-moi confiance, je connais déjà le résultat.

La cérémonie de commémoration de la victoire du 8 mai 1945 a lieu à midi au Consulat Général de France à Madrid. C'est pour moi la première occasion de croiser l'Ambassadeur de France en Espagne, Jean-Michel Casa, depuis le début de cette saga.

Il est de notoriété publique que Jean-Michel Casa et Manuel Valls sont proches : les deux hommes s'étaient côtoyés dans l'administration du gouvernement Jospin, Valls à Matignon en charge de la communication, Casa au Quai d'Orsay en tant que responsable des Affaires européennes dans le cabinet d'Hubert Védrine. Leurs chemins se croiseraient à nouveau à plusieurs reprises, notamment quand Valls signa depuis Matignon le décret nommant Casa ambassadeur à Lisbonne en 2016. Trois ans plus tard, en mai 2019, Casa était cette fois nommé ambassadeur à Madrid. Interrogé lors de sa prise de fonction sur ses premiers contacts avec la communauté française d'Espagne, il répondit avoir « *déjà effectué un court déplacement en Catalogne au cours duquel j'ai aussi tenu à rencontrer, à titre privé, Manuel Valls, pour échanger sur la situation catalane et sur sa candidature à la Mairie de Barcelone.* ». En juin, il déclarait à propos de cette même candidature aux élections municipales : « *C'est une candidature qui a incarné une farouche opposition à l'indépendantisme, dénonçant le caractère inconstitutionnel du séparatisme, mais aussi l'attitude économiquement égoïste qu'il sous-tend. En cela aussi, Manuel Valls est parfaitement en ligne avec la position de la France, qui prône le respect des règles constitutionnelles, ce que le Président Emmanuel Macron a, en d'autres occasions, déjà clairement déclaré* ».

Au moment de mes retrouvailles avec le diplomate, les premières depuis le début de la tempête, je suis donc prudent, mais sans méfiance excessive. Même si l'on m'a recommandé de prendre garde à cette proximité, la neutralité de l'Ambassade est en principe garantie par le devoir de réserve des fonctionnaires et des diplomates.

Alors que le début de la cérémonie approche, je sens bien que ma présence protocolaire à quelques centimètres de lui ne met pas à l'aise l'Ambassadeur. Je tente donc de réchauffer l'atmosphère en l'interpelant, sourire aux lèvres.

- Je crois que cette année nous devrions avoir moins de mal que d'habitude à intéresser les électeurs à ces élections législatives.

Sans succès. Les sourires coincés et les mots échangés, rares et froids, se tarissent rapidement.

De nombreux autres Français sont présents ce matin-là dans la cour d'honneur du Consulat de France à Madrid, et la plupart parait avoir beaucoup plus envie de me voir et d'échanger voire de s'afficher avec moi. À nouveau, tout comme à Barcelone quarante-huit heures plus tôt, les conversations et expressions de sympathie s'enchainent après la fin de la cérémonie protocolaire. Chacun veut sa photo avec le député pirate. Dans mon fief madrilène, tout le monde est visiblement au courant de la situation, et disposé à être perçu et aperçu publiquement comme en appui de ma démarche. Je n'en attendais pas moins de leur part.

À Paris, à un millier de kilomètre du Consulat de France à Madrid, mon nom commence aussi à résonner : après les nombreux articles de presse, dont celui publié avant-hier par *Le Monde*, c'est aujourd'hui le tour de Richard Ferrand, président de l'Assemblée nationale, d'être interrogé sur France 3 au sujet de l'investiture-surprise de Valls. Si Ferrand estime que «*Stéphane Vojetta a bien travaillé*», il justifie la décision en expliquant que «*l'intérêt du pays était que Manuel Valls puisse briguer un mandat*». Car selon lui, «*Manuel Valls apporte son expérience, le fait qu'il a été Premier ministre, le fait qu'il a un point de vue éclairant sur les institutions*». Certes, c'est intellectuellement intéressant du point de vue de la stratégie politique parisienne, mais sur le terrain, quel électeur va adhérer à ce genre d'arguments ?

Dans l'après-midi, Nathalie et moi nous donnons rendez-vous dans le parc madrilène de Juan Carlos I afin de prendre les photos dont nous avons besoin pour notre campagne, et notamment pour notre affiche électorale. L'improvisation se révèle cependant mauvaise conseillère, car l'option selfie n'étant pas envisageable pour cette image importante, nous nous retrouvons avec les deux modèles, mais sans photographe sous la main. Je parviens finalement à convaincre un joggeur espagnol d'interrompre son footing pour prendre quelques photos de nous. La vision de notre photographe improvisé, torse nu et couvert de sueur, sa décence à peine préservée par un short étriqué, explique probablement le sourire énigmatique, presque mona-lisesque, de Nathalie sur notre affiche électorale.

En toute fin de journée, je parcours la page internet de l'Ambassade, afin d'y récupérer quelques photos de la cérémonie du matin afin de les partager sur mes réseaux sociaux. Le 11 novembre dernier, sur la quarantaine de photos prises et publiées par l'Ambassade durant la cérémonie protocolaire, j'apparaissais sur une vingtaine de clichés. En d'autres termes, on ne voyait que moi et mon écharpe tricolore. Cette fois-ci, l'article de l'Ambassade contient seulement une vingtaine de photographies, et en les parcourant les unes après les autres, je dois me rendre à l'évidence : je ne figure sur absolument aucune d'entre elles. Aucune. Zéro ! Il n'y aura donc pas de publicité pour le candidat dissident. Pierre Billon, qui fut parolier de Michel Sardou et de Johnny, a écrit un jour que *la neutralité, c'est une chose que l'on trouve dans les discours, mais pas dans le cœur des gens.*

Cette affirmation est validée dans un article publié aujourd'hui même par la Dépêche du Midi et qui cite une de ces personnalités qui comptent parmi la communauté française de Barcelone :

« Dans la capitale catalane, cette investiture exaspère ceux qui ont voté pour Emmanuel Macron. "C'est hallucinant cette histoire" s'indigne Guillaume Rostand, président de la French Tech Barcelone. "Je suis estomaqué : la promesse des macronistes n'était pas celle d'oublier l'ancien monde ? C'est une surprise très désagréable : Manuel Valls a démontré à Barcelone qu'il ne cherchait que le pouvoir. La ville lui a fait comprendre qu'elle ne voulait pas de lui". »

Bon, allez, après tout, au diable la neutralité !

Pendant ce temps, la boucle Telegram de mes soutiens crépite d'enthousiasme à la suite d'une découverte réalisée par l'un d'entre eux : mon illustre rival ne serait apparemment pas inscrit sur la liste électorale de notre circonscription. Et pourtant, même s'il n'avait pas été inscrit dans le passé, il aurait eu largement le temps de faire la démarche avant la date limite du 3 mai. Mais pour une raison ou pour une autre, mon rival est resté inscrit sur la liste électorale qui correspond à son adresse parisienne. Il ne pourra donc exercer son droit de vote que dans le cadre de l'élection du député du 6ème arrondissement de Paris, mais pas de celle du député de la 5ème circonscription de l'étranger. Mes partisans les plus enthousiastes veulent absolument communiquer à tout va sur ce sujet qu'ils trouvent scandaleux. Personnellement l'anecdote me semble amusante, mais pas transcendantale. Je le confirme donc à nouveau à tous ce soir-là : pas d'attaque personnelle, pas de coup sous la ceinture. Je m'y suis engagé, ce n'est pas mon état d'esprit, et donc on ne communique pas là-dessus. Le fait que Valls ne soit pas inscrit sur la liste électorale dans notre circonscription témoigne si besoin en était de l'incongruité de son investiture, mais cela dit il n'y a rien d'illégal dans le fait d'être candidat dans une circonscription dans laquelle on ne réside pas, ou dans laquelle on n'est pas inscrit sur les listes électorales.

Après avoir légèrement douché l'enthousiasme ambiant du fait de ma volonté de ne pas utiliser cette cartouche, je conclue néanmoins sur un trait d'humour qui trahit mon optimisme :

– En tout cas, on peut d'ores et déjà modifier notre futur slogan de campagne face à ce candidat qui ne pourra pas voter pour lui-même. On passe officiellement de « Pas une voix pour Valls ! » à « Même pas une voix pour Valls ! »

Lundi 9 mai – Bataille médiatique

France Info émet depuis 1987. Aussi loin que je me rappelle, et sans doute depuis ses premiers pas, mes matinées se sont organisées autour de l'écoute de cette chaine de radio. Cette station est ainsi systématiquement syntonisée dans mon casque quand je pars courir, elle est aussi constamment présente à mes côtés, sur la table du petit déjeuner ou de travail, sur l'autoradio en route vers l'école des enfants,… et même sous la douche. C'est la chaine publique d'information que moi et, par la force des choses, ma famille écoutons chaque jour, avec en point d'orgue l'interview politique du matin entre 8 heures trente et 9 heures.

Ce lundi matin, c'est Christophe Castaner qui est annoncé dans cet espace médiatique écouté, relayé et commenté. Rapidement, les journalistes Salhia Brakhlia et Marc Fauvelle abordent le sujet des investitures pour les législatives, et en particulier questionnent le choix fait sur ma circonscription.

– Pourquoi avoir choisi Manuel Valls alors qu'il y a un député sortant ? Il s'appelle Stéphane Vojetta et il a très bien travaillé selon les mots de Richard Ferrand le président de l'Assemblée.

– Castaner défend logiquement la décision officielle face à cette première salve de Salhia Brakhlia :

– Stéphane est un homme de qualité, avec lequel j'ai travaillé. Il n'a pas été élu député, il était le suppléant de la députée. Et donc nous faisons un choix d'une personnalité politique qui peut apporter quelque chose au débat politique et qui s'est engagé depuis longtemps en soutien d'Emmanuel Macron.

– Cela ne fait quand même pas un peu tambouille électorale ce qui se passe autour de Manuel Valls ?

– Mais [brève hésitation]… c'est parce que vous avez un attachement particulier à Stéphane Vojetta, et je vous en remercie pour lui…

– Non mais si le président de l'Assemblé nationale dit qu'il a très bien fait son travail, je me demande pourquoi la majorité présidentielle ne le renouvelle pas. Qu'est-ce que ça serait s'il avait mal travaillé !? …

France Info publie par la suite un Tweet diffusant une vidéo qui reprend cette partie de l'entretien :

« Manuels Valls investi en Espagne face au député sortant Stéphane Vojetta. "Stéphane est un homme de qualité. Nous faisons un choix d'une personnalité politique qui peut apporter quelque chose au débat public", répond le patron des députés LREM Christophe Castaner. »

À l'évidence, France Info ne va pas m'inviter à participer à leur interview politique du matin pour me donner un droit de réponse adapté. Je le sais d'autant mieux que, jeudi dernier, la station m'avait contacté pour me proposer d'intervenir à l'antenne à la suite de mon annonce de candidature dissidente… mais avait finalement dû renoncer face à la loi électorale et l'obligation légale qui y figure d'offrir le même temps de parole à mon illustre rival, ainsi qu'aux autres candidats sur notre circonscription. Sans capacité de répondre à l'antenne, je choisis donc, et ce ne sera pas la dernière fois de cette campagne, de déplacer le débat sur mon terrain favori : Twitter. C'est en fin de compte le seul moyen à ma disposition de donner corps à ma candidature au-delà du fait réducteur d'être « l'adversaire dissident de Manuel Valls ».

Je décide donc de prendre le taureau de Forcalquier par les cornes, en répondant au tweet de France Info :

« Merci à Christophe Castaner pour son hommage, et aux journalistes de FranceInfo ! Notez que j'ai été ÉLU député suppléant en 2017 et 2018 aux côtés de ma collègue devenue sénatrice. Olivier Véran, élu suppléant, est devenu député en remplaçant sa titulaire, puis ministre, et a fait honneur au rôle des suppléants de l'Assemblée nationale. »

Je resterai droit dans mes bottes bien sûr, et ne céderai pas un centimètre, mais ce seul et unique argument issu du camp de Valls, celui du manque de légitimité d'un suppléant, relayé par le patron des députés LREM en personne, dit quelque chose quant à ce statut si singulier de suppléant de député, et sur la considération qui lui est concédée par le système. Cela vaut la peine de s'y arrêter un instant.

Être député suppléant, c'est d'abord occuper un vide juridique. En effet, nulle part la loi n'indique les attributions, les droits et les devoirs du suppléant. Les textes se contentent de définir le suppléant au moment où celui-ci cesse de l'être : l'article LO 176 du code électoral stipule que « *les députés dont le siège devient vacant pour toute autre cause que l'annulation de l'élection, la démission ou la déchéance constatée par le Conseil constitutionnel sont remplacés jusqu'au renouvellement de l'Assemblée nationale par les personnes élues en même temps qu'eux à cet effet. Les députés qui acceptent des fonctions gouvernementales sont remplacés, jusqu'à l'expiration d'un délai d'un mois suivant la cessation de ces fonctions, par les personnes élues en même temps qu'eux à cet effet.* ». Il y a donc deux cas de figure : d'un côté le remplaçant « temporaire », celui qui substitue un député qui devient ministre. De l'autre, le remplaçant « définitif », celui qui remplace un titulaire décédé ou bien qui a choisi d'exercer un autre mandat incompatible avec celui de député.

Le remplaçant temporaire voit son destin lié à celui de « son » ministre, dont le départ du gouvernement impliquera automatiquement le retour de l'ex-ministre à l'Assemblée… et l'éjection hors du Palais Bourbon pour son remplaçant. Et si par miracle le titulaire en question maintenait son poste de ministre jusqu'au terme de la législature, il redeviendrait député (en lieu et place de son remplaçant) juste à temps pour bénéficier de la protection due aux sortants en cas de défaite aux élections suivantes. Bien sûr, avant d'en arriver là il aurait eu la haute main pour obtenir l'investiture de son parti pour se présenter à sa propre succession dans sa circonscription. En d'autres termes, le suppléant temporaire est mécaniquement voué à repartir de zéro : au mieux, il doit accepter de repartir pour une nouvelle législature, cinq ans de plus en tant que suppléant de son éternel titulaire, à nouveau candidat et qui, avec un peu de chance, partira à nouveau au gouvernement. Au pire, ce remplaçant temporaire qui a pourtant exercé le rôle de député pendant des années est rayé des cadres au profit d'un nouveau suppléant, et n'a aucun espoir d'obtenir une investiture sur une autre circonscription.

Heureusement pour moi, je n'étais pas un suppléant temporaire mais bel et bien un remplaçant définitif. Samantha Cazebonne était partie au Sénat, et elle n'avait plus l'option de revenir à l'Assemblée nationale. Moi, et tous les autres remplaçants définitifs, abordons donc la fin de notre législature dans la position du sortant, ce qui facilite grandement les choses en termes de légitimité, et donc d'investiture. En principe. Mais voilà Valls et Casta qui, au lieu de me traiter comme un remplaçant définitif, me traitent comme une roue de secours, un de ceux voués à s'effacer docilement, à retrouver l'anonymat sans un bruit. Erreur de calcul. Et un léger manque d'empathie avec des collègues qui constituent pourtant un contingent significatif des députés actifs au sein de notre Assemblée nationale.

Auprès de mes collègues députés de la majorité (dont nombreux ont été des suppléants), les arguments de Valls, relayés par les leaders de notre mouvement, passent mal. Voir ma légitimité remise en cause pour la seule raison que je ne serais « qu'un suppléant » est mal perçu par de nombreux membres de cette majorité : une centaine des 577 députés en poste en cette fin de XVème législature étaient eux aussi des suppléants avant de remplacer leur titulaire. Cela tombe bien, car j'ai aussi besoin de soutien à Paris, même si je continue à demander que ce soutien ne soit pas exprimé publiquement.

Quelques médias nationaux, parmi lesquels *BFM*, *l'Obs* et *Libération*, reprennent au cours de la journée cet échange à distance avec Casta. Un réel intérêt commence à naitre pour cette confrontation énergique mais respectueuse, au-delà du simple fait que Valls ait un obstacle sur son chemin. Cette séquence est rassurante. D'abord car elle confirme que mon cas est très visible à Paris, ce dont j'ai besoin pour m'assurer d'un atterrissage en douceur en cas de victoire. Alors que nous sommes plusieurs dizaines de Marcheurs à présenter notre candidature face à des candidats officiellement investis par ENSEMBLE, force est de reconnaitre qu'aux yeux des médias nationaux je suis dans les faits devenu LE SEUL dissident de cette campagne. Même le cas de mon collègue député sortant de la majorité présidentielle Jean-Charles Larsonneur est totalement ignoré par les médias nationaux. Pourquoi ? Son rival investi par LREM est un certain Marc Coétana, adjoint au maire de Brest, un ancien socialiste qui, au contraire de Valls, ne suscite visiblement ni intérêt médiatique ni animosité particulière parmi la population française.

Je suis également conforté par le fait de voir que ni Christophe Castaner ni Richard Ferrand la veille ne parviennent réellement à cogner fort contre moi. Ils sont sans doute submergés par ailleurs et ont probablement à peine le temps de lire les éléments de langage préparés par l'équipe de mon concurrent. Cela les amène à utiliser une stratégie de défense qui ne tient pas vraiment la route, en tentant notamment de minimiser mon rôle et ma légitimité de député en me rabaissant à mon statut originel de suppléant. Même s'il en avait eu envie, Casta aurait manqué de munitions pour m'attaquer avec plus de force et de conviction.

En début d'après-midi, Manuel Valls annonce sur Twitter l'identité de son propre suppléant :

- «Candidat de la majorité présidentielle, investi par Emmanuel Macron, j'ai le plaisir de vous annoncer que Thierry Burtin sera mon suppléant. Né en 1961 et père de 4 enfants dont le benjamin est né au Portugal, Thierry Burtin a réussi un parcours professionnel passionnant entre une vie d'entrepreneur active et un engagement civique (…). Homme de droite modéré, il a été un soutien sans faille pendant des années à Jacques Chirac. (…)»

Je connais déjà Thierry Burtin, un type sympathique qui avait fondé et gère un média local dédié aux Français de l'étranger, la French Radio Portugal, média sur lequel il m'avait déjà interviewé à quelques reprises. Peu après le tweet de Valls, je reçois quelques messages de personnes bien intentionnées qui souhaitent attirer mon attention sur certaines supposées casseroles que trainerait son suppléant, mais je choisis d'ignorer tout cela. D'abord parce que, à nouveau, je ne veux pas faire une campagne en dessous de la ceinture. Mais surtout car le simple fait que mon concurrent n'ait pas pu (ou pas voulu) trouver un autre suppléant qu'un mâle, blanc, chiraquien, de plus 60 ans, suffit à mon bonheur.

En revanche, cette décision du camp Valls va provoquer la défection d'Alicia, Marcheuse lisboète, membre de mon équipe de campagne et qui allait y prendre en charge ma communication numérique. En effet, en tant qu'employée intermittente de la French Radio Portugal, elle n'aura pas d'autre choix que celui de rejoindre l'équipe de campagne de mon rival. Il est impossible de lui en vouloir, mais je lui recommande néanmoins de ne laisser personne instrumentaliser excessivement cette défection.

Par ailleurs, la sauce continue à prendre dans les médias nationaux. J'en veux pour preuve cet entretien que j'avais récemment donné au Journal du Dimanche et qui devient aujourd'hui l'article le plus lu sur la page internet du JDD :

« *Le député LREM Stéphane Vojetta : "Je sens un rejet de Manuel Valls"*

(…) Pourquoi maintenir, malgré tout, votre candidature ?

J'ai touché du doigt l'impopularité de Manuel Valls en échangeant avec de nombreux électeurs. J'ai le sentiment qu'il va perdre et je ne peux pas permettre que l'on perde cette circonscription face à un candidat qui veut envoyer Jean-Luc Mélenchon à Matignon. Il y a cinq ans, on est venu me chercher, j'ai accepté de rentrer en politique avec l'espoir de régénérer la vie démocratique et de mettre fin à certains agissements du passé qui éloignaient les Français de la vie politique. Mais je n'ai aucune animosité contre Manuel Valls, je veux seulement défendre certains principes et remporter cette élection et la circonscription. (…)

Sans étiquette, n'y a-t-il pas un risque que la marche soit trop haute ?

Je pense être suffisamment connu par les concitoyens de ma circonscription. Par ailleurs je reste proche et en bons termes avec Renaissance. C'est ma famille politique, et même s'ils ont fait une erreur, dans une famille, il faut savoir donner un droit à l'erreur. (…)

La promesse initiale d'Emmanuel Macron était celle de tendre vers un "nouveau monde" avec de nouveaux visages. Est-ce un exemple des limites de cette promesse?

Je ne le vois pas comme ça. Renaissance, c'est ma ligne politique. Il y a effectivement dans le choix d'investir Manuel Valls un déficit d'écoute (...). Quand je regarde les gens intégrés dans le processus, je ne vois pas cela comme leur décision, mais comme la conséquence de la volonté d'une personnalité et de son influence. Je ne suis pas victime, mais une conséquence collatérale, et je maintiens ma foi dans ma famille politique, avec l'espoir que ma démarche sera salutaire. D'ailleurs, je sens un soutien et une sympathie envers celle-ci. Je ne fais pas ça pour protéger mon poste, j'aurais pu chercher à obtenir une compensation, mais ça ne m'intéresse pas. Si dans trois semaines cela ne fonctionne pas, je retournerai à la vie civile.»

Mardi 10 mai – Motivé

Pour l'instant, ma présence dans les médias est soutenue, et mon traitement y est systématiquement favorable, ou presque. C'est plutôt logique, après tout c'est moi qui tiens le beau rôle. Et cela tombe plutôt bien car j'ai grand besoin de cette exposition pour me faire un nom, aussi bien auprès des décideurs parisiens que de mes électeurs. Le fait que cette exposition soit si favorable est une belle cerise sur ce gros gâteau. Durant cette phase de démarrage de ma campagne, je passe donc le plus clair de mon temps à répondre aux sollicitations médiatiques, avec un effort particulier envers nos médias locaux des Français de l'étranger (*Le Petit Journal Espagne*, *Equinox Barcelone*, la *French Radio Portugal*).

Je travaille aussi avec mon équipe sur la mise en place et l'organisation pratique de ma campagne : coordination de mes futurs déplacements dans le cadre d'un *Road Trip* tout autour de la péninsule ibérique, préparation du matériel électoral et de son impression, dernières touches apportées à mon programme électoral. Au-delà des responsables de zones géographiques et des principaux chargés de mission (communication, relations presse, finances, évènements, logistique, rédactionnel, programme, etc.), les autres acteurs de mon équipe de campagne seront ces soutiens actifs, une cinquantaine de personnes qui, au quotidien et le plus souvent virtuellement, relayeront la bonne parole sur les réseaux et dans leurs cercles. Plus ponctuellement, ils réaliseront des opérations de tractage, essentiellement à Madrid, Barcelone et Lisbonne.

Il y a une dizaine de jours, presque une éternité, j'avais coché sur mon agenda la case de ce mardi 10 mai : je passerais cette journée aux docks d'Aubervilliers en Seine-Saint-Denis, là où tous les candidats investis par ENSEMBLE (Renaissance, MoDem et Horizons) allaient passer la journée pour une session de formation avant d'assister à un discours d'Emmanuel Macron. Ayant finalement été libéré de cet engagement (puisque c'est Manuel Valls qui s'y colle), je tire avantage d'être à Madrid ces lundi et mardi pour réunir chez moi en fin de journée des amis, des proches, des soutiens, des responsables associatifs, et bien sûr des Marcheurs. Quelques dizaines de personnes passeront chacune de ces deux soirées avec moi afin d'échanger et de stratégiser sur la situation actuelle. Après leur avoir expliqué d'emblée mon raisonnement et ma démarche, je leur demande donc de m'aider à réfléchir de la manière la plus utile possible.

Le raisonnement que je leur expose et qui justifie le maintien de ma candidature a l'avantage d'être simple et intelligible en quelques mots. Il s'appuie sur deux convictions. La première, morale : la défense de certains principes. La seconde, électorale : Manuel Valls ne peut pas gagner ces élections. Le choix qui me revient – à moi et à moi seul – consiste donc à décider si je laisse Manuel Valls perdre notre circonscription face au candidat de Mélenchon, ou si je rentre en jeu pour le battre moi-même, et gagner cette élection.

En ce qui concerne mon intérêt personnel, la décision à prendre – maintenir ma candidature ou pas ? – est d'autant plus évidente que je ne vois pas ce que j'aurais à perdre en le faisant. Le seul véritable risque serait celui de faire éliminer ma famille politique au premier tour en divisant les suffrages macronistes.

Toute ma stratégie de début de campagne consistera dès lors à transformer dans l'esprit des électeurs ce premier tour en une véritable primaire entre Manuel Valls et moi. Une primaire qui permettra à ces électeurs de choisir – eux et personne d'autre – lequel des deux candidats macronistes ira défier la Nupes au second tour. En effet, à mon sens, même si l'une des deux places au second tour est d'ores et déjà réservée au candidat de la gauche unie sous l'étendard de la Nupes, candidat qui devrait inéluctablement obtenir un score proche de 30 % au premier tour, le risque d'élimination au premier tour des deux candidats macronistes n'existe pas réellement. Pour rappel, dans ma 5ème circonscription des Français de l'étranger, le score d'Emmanuel Macron aux présidentielles avait été écrasant : 80 % au second tour face à Marine Le Pen, après avoir obtenu 40 % des votes au premier tour. Je suis convaincu que ces 40 % de suffrages du premier tour des présidentielles représentent les voix que Manuel Valls et moi allons nous partager à l'occasion du premier tour de ces élections législatives. Cela implique mathématiquement que, dans tous les cas, le meilleur des deux obtiendrait un score supérieur à 20 % (par exemple 21 %, auquel cas l'autre aurait obtenu 19 %). Ce qui le laisserait largement au-dessus du mieux classé parmi des candidats de Zemmour, du RN et de LR dont les candidats aux présidentielles avaient réalisé des scores de 12 %, 9 % et 5 % respectivement dans notre circonscription. Le vainqueur du match Valls-Vojetta serait donc hors de danger d'élimination au premier tour. Par ailleurs une triangulaire entre la Nupes, Valls et moi serait impossible au second tour du fait d'une participation attendue sous les 50 % et qui de facto rendrait nécessaire un score de plus de 25 % pour le troisième pour que celui-ci se qualifie pour une triangulaire. Avec 12 candidats en lice, c'est mission impossible. Les électeurs doivent par conséquent être persuadés – tout autant que j'en suis convaincu – que cet affrontement de premier tour Valls-Vojetta constituera une véritable primaire qui leur permettra de choisir le candidat macroniste qui affrontera le candidat de Mélenchon au second tour. CQFD.

Voilà pour la théorie. Dans la pratique, à ce stade les choses se passent comme je l'avais espéré. Peut-être même trop. Rejet pour Manuel Valls, soutien pour moi, vague d'émotion et de sympathie, des médias intéressés, bref, une mayonnaise qui prend comme prévu. Et tout ceci renforce ma conviction de gagner in fine cette élection. Les doutes que j'hébergeais se dissipent rapidement face à ces confirmations initiales. Mes certitudes se renforcent à chaque instant, mais elles ne seront pas suffisantes. Il devient pour moi évident que ma capacité de gagner cette élection dépendra d'un facteur et d'un seul : ma faculté à aller jusqu'au bout, et notamment à résister aux pressions qui viseront à ce que je me retire avant le jour du vote. À ne pas être « *trop fragile* », pour reprendre l'expression dénigrante du *Figaro*.

Cela a deux implications logiques : en premier lieu, ma motivation va devoir être solide, afin de me permettre de maintenir le cap malgré la fatigue, les pressions et les doutes à venir, et ainsi d'avoir

la force d'entrainer dans mon sillage mon équipe, mes partisans…
et les électeurs. Ensuite, ne pas donner prise à une pression excessive
de la part de ma famille politique au sens large et de l'Élysée en particulier. Et dans ce contexte, le seul moyen de pression qui aurait pu
me faire fléchir aurait été la certitude d'un bannissement éternel de
la majorité, même en cas de victoire. En d'autres termes, une menace
crédible de « Falornisation » était le seul développement qui pouvait
me faire renoncer. Ce qui me ramène à un raisonnement antérieur :
pour protéger l'avenir, il ne faut ni l'insulter pour ma part, ni laisser
la majorité l'insulter de leur côté. Pour cela, il faudra verbaliser ma
dissidence de la manière la plus diplomate possible.

En ce qui concerne ma motivation, je me connais suffisamment
pour savoir comment l'entretenir. D'abord, il va falloir brûler mes
navires : me placer publiquement dos au mur, afin que battre en
retraite, même honorablement, ne soit plus une option. Être et rester extrêmement catégorique dans mes intentions, afin de ne pouvoir laisser la place à aucune possibilité de volte-face, à aucun doute
quant à ma détermination. Tôt ou tard les doutes finiront par arriver, je serai peut-être même tenté de renoncer. C'est pour cela que
je dois m'assurer que tout éventuel renoncement de ma part serait
inexplicable, et même humiliant. Que je ne puisse plus regarder personne dans les yeux, moi compris. Et aussi chercher l'inspiration
dans les émotions qui m'ont accompagné dans mes combats depuis
des années.

La haine ou la rancœur ne seraient pas de ces moteurs puisqu'en
l'occurrence je n'ai rien de personnel ni contre mon illustre rival,
ni contre celui, celle ou ceux qui ont permis son investiture. Je n'ai
aucune animosité personnelle contre mon principal concurrent, c'est
même d'ailleurs le contraire ! À l'occasion de mon service militaire
effectué en 1998 au sein du Cabinet Militaire du Premier ministre (à
l'époque, Lionel Jospin), j'avais été affecté au Service d'Information
du Gouvernement qui était dirigé par un certain… Manuel Valls,
alors considéré comme l'étoile montante du Parti Socialiste. Et même
si nous n'avions jamais échangé en personne à ce moment-là, j'avais
depuis suivi avec un intérêt tout particulier sa trajectoire politique.
Je reconnais d'ailleurs volontiers, et je le répèterai régulièrement au

cours de cette campagne, que j'avais ressenti de la fierté au moment où il avait été nommé Premier ministre en 2014. Puis j'avais vu, avec une certaine tristesse, son image publique se dégrader au fil des années et de son parcours, notamment après son départ de Matignon. Bref, au-delà du fait qu'il serait mon adversaire, et qu'en n'ayant tenté à aucun moment de me contacter avant son investiture il avait fait preuve d'un certain dédain à mon égard, je n'avais pas de raison de le mépriser. Quant à ceux qui lui avaient concédé cette investiture, je comprenais comment, de guerre lasse, ils avaient sans doute, plutôt que continuer à s'exposer à ses requêtes, préféré céder face à l'insistance d'un homme qui sait sans aucun doute être convaincant.

Pas de haine donc. Ce sont des références positives qui constitueront mon carburant… dans le cas où l'engagement pris face à mes enfants ne serait pas suffisant. Mais après leur avoir demandé de m'observer durant les semaines à venir et d'en tirer l'inspiration pour leurs futurs combats d'adolescents ou d'adultes, comment pourrais-je manquer d'envie de relever ce défi ?

Cet engagement face à mes enfants, eux qui comptent le plus pour moi, cette promesse de lutter pour défendre ce en quoi je crois, de me battre pour mes principes, mais aussi pour défendre ma propre position, c'est l'incarnation de mon héritage. Pas de mon héritage au sens patrimonial, bien sûr : j'ai grandi dans la certitude que jamais je ne recevrais aucune richesse que je n'aurais conquis ou gagné moi-même, que ce soit par la grâce de mes efforts, de ma persistance, ou peut-être de la chance. En revanche, j'ai bel et bien hérité d'un esprit à la fois de conquête et de résilience dans lequel je compte encore puiser lors des semaines à venir. Cet esprit, incarné par mon patronyme écorché plus que par mon paternel évaporé, il est né puis s'est développé, peu à peu, au cours de mes années d'adolescent, particulièrement à partir du moment auquel j'ai pris conscience de mon obligation de tout construire à partir d'une page blanche. Ma personnalité, ma trajectoire professionnelle, l'intime conviction de savoir qui l'on est : empêtré à Toul dans le brouillard de ma situation sociale et de ma trajectoire familiale, tout cela était à faire, ou à refaire. Mais j'ai rapidement appris à considérer cette obligation comme une opportunité. Je ne savais qu'une chose : j'y parviendrais, je finirais par décoller, par découvrir ces ailleurs entraperçus sur des écrans et dans des journaux. Au fur et à mesure que je reléguais ce père introuvable toujours plus loin dans les abimes de l'indifférence, je contemplais désormais les futures barrières auxquelles je ferais face et ne les considérais plus que comme de simples étapes. En ayant, comme me l'avait suggéré Jean-Jacques Goldman, *cette force de penser que le plus beau reste à venir*. En devinant qu'il faudrait *chercher dans l'exil l'empreinte de mon espace*. Mais avec la certitude qu'*à coup de livres je franchirais tous ces murs*. Et que le fait que je les franchisse ne heurterait désormais aucune susceptibilité, ne trahirait aucun serment de fidélité à une classe, à un clan, à un père.

Sans jamais verbaliser ce concept, je me disposais ainsi à devenir ce que certains appelleraient un « *transfuge de classe* », à rentrer par effraction dans le cercle de ceux qui savent, de ceux qui choisissent, de ceux qui décident, de ceux qui prennent. Cette transhumance à travers les méandres de notre hiérarchie sociale commença à se matérialiser au cours de mes études, à Nancy, puis à Paris, et se prolongea en accélérant tout au long de ma carrière professionnelle. Lorsque l'on est un jeune Français et que l'on intègre une grande école, on n'est déjà plus soi-même : on devient déjà un X, un HEC, un Centralien, un Énarque, un ESSEC. On intègre un cercle plutôt qu'un établissement scolaire. Dans ce cercle, j'ai bien sûr croisé quelques personnes « comme moi », ceux-là qui appartiennent eux aussi à ces 1 à 2 % d'étudiants des grandes écoles qui, dans le questionnaire complété le jour de l'intégration, sous la sacro-sainte question « Profession des parents ? », cochent la case « Ouvrier spécialisé » plutôt que « Cadre dirigeant », « Diplomate », « Profession libérale » ou « Gérant de sociétés ». Ceux-là qui comme moi étaient boursiers et le resteraient jusqu'à la fin de leurs études, je les ai croisés, de loin, car j'ai plutôt alors évolué au sein du groupe – bien plus ample – des jeunes bourgeois ambitieux. Ce qui m'a notamment permis de mieux connaître et comprendre ces derniers, et de gommer une partie des malentendus que j'entretenais avec eux. J'ai ainsi réalisé qu'eux aussi faisaient face à leurs propres démons, affrontaient leurs propres défis, et notamment une référence paternelle souvent omniprésente et indépassable, aux antipodes du vide qui me frustrait tout en me libérant.

Puis au fil des expériences, au fil des choix professionnels, j'ai posé le pied sur l'échelon suivant, et j'ai répété cet exercice à intervalles réguliers : gravir l'échelon suivant. Puis le suivant. Puis encore un autre. Et pourtant, à chaque nouvel échelon que je gravissais, j'étais persuadé que ce serait le dernier. Que cette fois-ci était la bonne, que j'avais atteint les limites de ma compétence, que je serais bientôt enfin démasqué, renvoyé à mes racines et à mon destin originel. Plusieurs fois j'ai d'ailleurs cru ce moment de vérité arrivé. Plusieurs fois j'avais donc dû fourbir mes armes et me battre pour prolonger mon intrusion un peu plus longtemps. Et j'ai réussi. J'ai su prolonger cette intrusion au point de vivre une période durant laquelle je me suis retrouvé au centre du jeu : à Madrid, à conseiller le gouvernement espagnol, la banque centrale, l'autorité de résolution bancaire et même le FMI, puis les PDG des plus grandes banques du pays ; à Londres, à Manhattan, à Doha, Singapour où Abu Dhabi, pour expliquer aux grands investisseurs de ce monde les subtilités du tsunami immobilier qui dévastait l'économie de l'Espagne et ruinait ses banques, et comment tout cela pouvait finir. J'évoluais alors dans un cercle dont je soupçonnais à peine l'existence quelques années plus tôt. Sans m'y accoutumer pour autant.

Si cette réussite confirmée au long cours m'avait finalement permis de remiser au placard celui qui avait longtemps été mon fidèle compagnon de voyage, à savoir le syndrome de l'imposteur, je maintenais une conscience viscérale d'être un outsider. Un statut qui m'avait souvent frappé en pleine face par son indéniable évidence, comme ce jour où j'avais débarqué aux oraux du concours de l'ESSEC, à Cergy-Pontoise. Une journée décisive et une grande occasion pour laquelle, à 19 ans et guidé par ma mère (j'aurais dû me méfier), j'avais fait l'acquisition de mon premier costume, ainsi que d'une cravate assortie. Quelques jours plus tard, au moment où j'avais pénétré pour la première fois dans le grand hall de cette prestigieuse école, ce matin-là transformée en une véritable fourmilière où étaient rassemblés les centaines de candidats admis aux oraux et venus de toute la France, j'avais dû me rendre à l'évidence. Au milieu d'un océan de tailleurs sombres, de costumes gris anthracite et de cravates sérieuses, j'étais clairement le seul candidat à avoir estimé qu'une tenue de lin beige clair agrémentée d'une cravate chamarrée rose et blanche était un style vestimentaire adéquat pour ce grand oral. Une fois passé l'embarras initial que provoqua en moi le fait de me retrouver déguisé en Eddie Barclay au milieu d'une foule de *traders* de Wall Street, j'étais finalement retombé sur mes pieds (tout aussi peu adéquatement revêtus de souliers de daim marron) quand, au moment de l'entretien décisif, et alors que le jury demandait à ce *fashion faux pas* ambulant ce qu'il pensait pouvoir apporter à cette grande et belle école, je répondis :

– Je ne vais pas nier l'évidence, il suffit de me regarder : je vais apporter une diversité mais aussi une envie d'apprendre et de réussir que vous ne trouverez pas nécessairement chez tous mes futurs camarades, même s'ils maitrisent les codes mieux que moi.

En fait, peu importait où je me sois trouvé, et par où je sois passé, j'y avais toujours été un outsider. Toulois à Nancy, provincial à l'ESSEC, Européen dans la City, Français de l'étranger, suppléant à l'Assemblée nationale : un véritable oxymore ambulant. Outre la sensation de ne pouvoir compter que sur soi-même, cela a constamment impliqué une forme de solitude relative, cette solitude contradictoire, celle que l'on ressent alors même que l'on est immergé au cœur de la foule. J'étais peu à peu devenu le J de mon patronyme : à la fois inévitable et inadapté. Évidemment là, tout en n'étant pas sensé y être. Un peu comme Tony Montana, être de trop, partout, mais pourtant convaincu que *The World is yours.*

Ce ressenti d'outsider m'avait imposé un recul permanent sur les épisodes de mon existence et les personnages qui m'y accompagnaient, la sensation d'être souvent un spectateur en même temps qu'un interprète de ma propre vie, de parfois m'observer moi-même en train d'être et d'agir sur les évènements, comme on observerait une pièce de théâtre jouée par des acteurs que l'on connait personnellement. Cette même sensation, je la retrouve ces derniers jours, amplifiée à l'extrême, en découvrant à chaque instant dans la presse, dans les médias et sur les réseaux sociaux les opinions des observateurs sur ma bataille avec Valls, sur ma personnalité, sur mon caractère, sur ma légitimité. C'est une chose que de se savoir un *outsider* perpétuel, c'en est une autre que de voir ce statut débattu sur la place publique.

Cette habitude d'être l'*outsider*, ce recul forcé sur les choses, tout m'amenait à ne pas prendre excessivement au sérieux la bataille politique dans laquelle je m'engageais, à ne pas trop me prendre au sérieux non plus, à me détacher des enjeux de cette baston autant que faire se peut, et surtout à ne la considérer que dans son instantanéité, sans me projeter sur ce qu'elle impliquerait à long terme quant à ma trajectoire personnelle. Encore une fois, c'est l'incertitude qui me guidait. D'abord, surmonter ce défi, gagner ces élections, et puis on verrait bien ce que je ferais de cette victoire. Ou ce que cette victoire ferait de moi. Car il y a une chose dont j'étais intimement persuadé : une fois remportée, cette bataille et ce rôle de député revalidé de haute lutte me structureraient dans cette recherche que nous sommes si nombreux à partager : la quête perpétuelle de nous-même.

Je crois que cet héritage a nourri ma motivation, mais s'est aussi réverbéré dans ma communication, pour finir par se retrouver dans mon image : voilà un candidat qui n'avait pas grand-chose à perdre, qui ne devait se plier ni aux convenances ni aux codes établis pour protéger un quelconque avenir à long terme, pour plaire à untel ou untel. Seules importaient les prochaines semaines, seule comptait la victoire, et le retour dans la majorité. Je devais gagner, tout bêtement, et sans prendre tout cela excessivement au sérieux.

Cette victoire électorale serait la consécration de cet itinéraire d'*outsider*, l'itinéraire d'un enfant pas gâté, une escapade transversale et ascendante à travers les strates sociales et géographiques de mon pays, qui avait fini par me réconcilier avec chacune d'entre elles, à les comprendre, sans pour autant devenir clairement identifiable avec aucune d'elles. Ce succès couronnerait ma *remontada* au long cours, même s'il ne m'aiderait pas pour autant, comme c'est souvent le cas pour tout transfuge qui se respecte, à réellement me trouver enfin un «chez moi».

Au fil des ans, j'avais aussi compris que la vraie réussite, la seule qui comptait, devait venir en appui de ma principale boussole vitale qui restait l'obtention de la liberté. Liberté de faire, liberté de choisir. Liberté de pouvoir dire non. C'est cette quête de liberté qui m'amena par deux fois à renoncer à des positions professionnelles enviables à des moments auxquels j'aurais pu au contraire choisir de poursuivre ma trajectoire récente pour capitaliser sur des succès passés. À chaque fois, j'acceptais de moins en moins de porter le masque imposé par les rôles et fonctions que j'occupais. À chaque fois, j'avais ressenti le besoin de cette liberté, de cette incertitude renouvelée. J'avais donc peu à peu inventé ma manière à moi d'être et de faire, hors des cadres et éloigné des codes habituels. À mes proches qui me demandaient «*ce que j'allais faire de ma vie*» après avoir quitté en 2019 la société de conseil que j'avais participé à créer, j'expliquais la logique intrinsèque et la cohérence de mes choix, ce souhait de maintenir à la fois ma liberté et ma capacité à peser sur les choses. En substance, «*continuer à être un influenceur, mais dans la vraie vie, pas sur Instagram*».

Finalement, accepter de passer du *côté obscur de la force* et rentrer en politique, devenir député un peu par hasard, puis prendre cette fonction à bras le corps et l'exercer avec fierté et enthousiasme, tout cela prolongeait cette trajectoire d'influenceur, avec cependant moins de liberté que celle à laquelle je m'étais habitué ces dernières années. En effet, lors de la dernière législature, un député LREM, même si la réalité était loin de la détestable caricature du Playmobil imposée par nos détracteurs, était soumis à des contraintes évidentes. La liberté de vote et celle de disposer de son emploi du temps étaient limitées : c'était le prix à payer pour maintenir une majorité présidentielle cohérente… et majoritaire, et accepter cette discipline ouvrait la porte aux promotions éventuelles. Alors, dans le contexte initial d'une perspective de réélection dans la continuité de cette dynamique, voir soudain surgir Manuel Valls, son investiture et l'odeur de soufre et de déloyauté qui les accompagne, et avec eux la possibilité de revalider mon mandat envers et contre tous, avec pour seul soutien la volonté de l'électorat et la force de l'indépendance, voilà un changement de paradigme qui m'offre une opportunité absolument unique. Cette opportunité? Devenir ce mouton à cinq pattes qu'est le député de la majorité qui reste libre comme l'air, ou presque. Un député qui dispose des moyens d'agir liés à sa fonction, associés à la force morale que procure cette liberté. Faire de la politique, oui, mais à ma manière, ancré dans l'action, et dans le vrai. Sans avoir à regarder par-dessus mon épaule.

La voilà ma motivation. Il ne m'en fallait pas d'autre.

Mercredi 11 mai – Say my name!

J'avais annoncé hier sur Twitter que je serais ce mercredi après-midi à Paris pour y déposer en personne ma candidature au ministère de l'Intérieur, selon la procédure établie. Tout comme j'avais procédé pour mon communiqué de presse de confirmation de candidature, j'ai souhaité annoncer ce coup à l'avance afin de donner à ma famille politique la capacité d'anticiper et de réagir. Mon raisonnement était le suivant : j'ai pris ma décision en faisant l'hypothèse que l'investiture de Valls par notre majorité avait été une capitulation de guerre lasse face à l'insistance d'un homme, plutôt que le reflet d'une volonté forte de la part de Macron, ou d'une stratégie au sein de laquelle l'ancien Premier ministre serait une pièce maitresse et nécessaire pour la majorité présidentielle. Si jamais je me trompais, je voulais laisser l'opportunité à mon mouvement de me le signifier avec clarté. En d'autres termes, en annonçant ma présence à Paris, j'ouvrais la porte à ce que l'on me propose de passer par le siège de LREM ou par l'Elysée s'il était jugé nécessaire de me « débrancher ». En l'occurrence, personne ne me contacta. En soi, ce silence était aussi une forme de réponse à la question que je continuais à me poser. J'irai donc bel et bien à Paris.

C'est justement au cours de mon passage par l'aéroport Adolfo Suarez de Madrid, aux alentours de 8 heures du matin, que je réalise que mon équipe de campagne a mal calculé nos contraintes de calendrier : ce matin au réveil, nous pensions tous encore avoir encore trois jours pour remettre à notre imprimeur les versions définitives de notre affiche, notre profession de foi et notre bulletin de vote pour le premier tour. Mais j'avais la puce à l'oreille et au fil de mes appels et de mes vérifications de ce matin, nous réalisons que la date limite sera en fait… aujourd'hui même, à midi! Il reste moins de quatre heures pour envoyer la version définitive de ces documents cruciaux à notre imprimeur!

Heureusement, nous avions suffisamment avancé pour avoir la capacité de finaliser ces documents en quelques heures afin de respecter cette *deadline*. Mais nous étions passés si près de la catastrophe! On ne peut pas continuer à jouer à pile ou face avec les aspects logistiques de cette élection en espérant continuer à avoir de la chance. Au milieu de l'aéroport, devant la porte d'embarquement de mon vol pour Orly, je suis dans une colère froide. J'appelle Fabrice Raud, qui avait déjà accepté la responsabilité de gérer mes comptes de campagne en tant que mandataire financier :

– Fabrice, tous les membres de mon équipe de campagne travaillant ensemble sans une figure de coordination capable de les aider à structurer leur collaboration au quotidien, c'est une véritable bombe à retardement. Sans expérience des élections, sans aucun parti politique charpenté qui soit derrière eux pour les guider, sans collègues ou homologues avec qui contraster leurs propres conclusions, et répartis dans trois pays différents, ils ont du mal à s'organiser et je n'ai pas le temps de tout faire, de tout expliquer ni de tout vérifier. Je dois pouvoir déléguer en confiance, mais dans la configuration actuelle tôt ou tard quelqu'un va faire une connerie et tout sera fini. Adieu les élections. Je suis donc au regret de t'informer que tu es la seule personne en qui j'ai confiance à 100 %. Je veux que tu sois mon directeur de campagne!

Comme je l'espérais, Fabrice ne laissa pas passer une seconde avant de me signifier son accord.

Juste avant d'embarquer sur mon vol, j'écris donc à l'équipe :

– Donc, pour résumer, je monte dans l'avion à deux heures de la deadline et ni moi ni Nathalie n'avons vu la profession de foi. Les autres documents (bulletin de vote, affiche) ne sont pas finalisés. J'ai dormi deux heures et je ne devrais pas être en train de stresser à cause d'un simple problème logistique.

Et donc… Fabrice est nommé directeur de campagne et tout le monde travaille désormais sous son autorité!

Une fois cette décision prise et annoncée, je sais que Fabrice va reprendre en main l'équipe et ce processus : l'imprimeur recevra les documents en temps et en heure. Je peux donc partir un peu plus sereinement, direction Paris.

Outre l'aspect formel de ce dépôt de candidature au ministère de l'Intérieur, cette journée est pour moi marquée par deux rencontres, toutes les deux à l'aéroport d'Orly : la première avec un Français qui voyageait sur le même vol que moi entre Madrid et Paris. Je ne l'avais jamais croisé auparavant mais j'ai volontiers passé quelques minutes à échanger avec lui après qu'il m'ait reconnu pendant le débarquement de l'avion. D'abord pour écouter en personne l'opinion d'un de ces nombreux Français d'Espagne anonymes qui m'avaient exprimé leur sympathie à distance ces derniers jours. Mais aussi car ce Français se prénomme Emmanuel, et que mon instinct me dit qu'il y a un coup à faire en mettant en scène son soutien en vidéo… et en le plaçant en contraste avec le soutien que Valls revendique à longueur de journée de la part d'un autre Emmanuel, celui-là Président de la République.

En fin de journée, sur le chemin du retour vers Madrid, je m'arrête dans une maison de la presse du même aéroport d'Orly pour y acheter le *Figaro*. On m'a dit que je figurais dans l'édition du jour, dans un article en pleine page sur les dissidents de LREM. Au moment de régler mon achat, le caissier m'interpelle.

– C'est vous le député qui se présente contre Valls ?

– Effectivement c'est moi !

J'appuie mon propos en ouvrant le journal et lui montrant la page sur laquelle figurait ma photo en tête d'affiche. Je lui tends la main.

– Moi c'est Stéphane.

– Et moi Abdel. En tout cas vous avez raison monsieur le député, il faut y aller et il faut taper Valls !

– Vous pouvez compter sur moi. Je ne vais rien lâcher !

Tout au long de cette journée, à l'Assemblée mais aussi dans la rue et maintenant à l'aéroport, j'avais bien noté cette petite étincelle que l'on aperçoit dans le regard d'inconnus et qui nous signale qu'ils nous ont reconnu. Cette histoire avait commencé il y a une semaine à peine, mais le bond de ma notoriété est déjà tangible.

Qui dit mardi après-midi dit publication du *Canard Enchaîné*. Dans le numéro de cette semaine, une Mini-mare attire mon attention :

« Un député macroniste s'amuse : Valls, investi par LREM, c'est bien la preuve qu'on est écolos, puisqu'on pratique le recyclage. »

Était-ce à tout hasard un député ancien suppléant qui avait parlé ?

Toute la France parle de moi. Enfin, comme au début d'un conte gaulois, toute la France… ou presque. Car en fin d'après-midi, Samantha Cazebonne publie un communiqué de soutien à mon adversaire. Une déclaration plutôt classique, et probablement attendue de la part de celle qui a la charge de la campagne des candidats LREM dans les onze circonscriptions de l'étranger. Elle en profite cependant également pour annoncer qu'elle présidera le Comité de soutien de Manuel Valls dans un texte qui, par ailleurs, ne me mentionne à aucun moment. D'ailleurs, en seconde lecture une de ses phrases retient particulièrement mon attention : *« Le 5 mai dernier, la Majorité présidentielle, avec le soutien du Président de la République, a fait le choix d'investir <u>à ma succession</u> Manuel Valls, ancien ministre de l'Intérieur et ancien Premier ministre »*.

Ce message et ce soutien allaient paradoxalement faire du mal à mon concurrent. Les Marcheurs, mais aussi les observateurs de la circonscription en général vivent mal ce ralliement et ce soutien plutôt… zélé. Au sentiment d'injustice et de mépris qu'ils avaient tous ressenti face à une investiture décidée par Paris sans aucune consultation ni concertation avec le terrain, se rajoute désormais le parfum entêtant et rebutant de la trahison. Tout le monde connait mon appui constant et sans faille pour Samantha ces dernières années. En particulier, les Marcheurs de la circonscription connaissent mon rôle lors de l'élection de 2018. Alors, cet appui public à mon rival, le fait qu'elle prenne la présidence de son comité de soutien, assorti de la mention de Valls comme *« son successeur »*, passant ainsi sous silence mon rôle et mon existence, avec ce que beaucoup ont considéré comme un certain mépris, choque les observateurs. Et alors même que je souhaitais y mettre un terme, le camp Valls ouvre à nouveau la séquence émotion. Tant pis pour lui…

Ma seule réponse à ce communiqué sera à nouveau un *mème*. En revanche, pas de Gladiator à l'horizon cette fois-ci : je choisis une autre image qui fait partie de la culture populaire, un gros plan sur le visage de Walter White, alias Heisenberg, qui martèle « *Say … My … Name !* » pendant un épisode iconique de la série *Breaking Bad*.

Twitter a apprécié, et les médias aussi : le journaliste Matthieu de Taillac (que j'ai déjà évoqué) commente notamment que « le député sortant fait preuve d'une maitrise indéniable de l'humour et des codes des réseaux sociaux »…

Jeudi 12 mai – Réseaux

Oyez, oyez, braves gens, damoiselles et damoiseaux! Manuel Valls se déplace dans la circonscription pour la première fois depuis son investiture! Il lance sa «campagne de terrain» à Madrid, en invitant quelques Français triés sur le volet à le retrouver au 29ème étage de la tour Eurostars, dans un quartier similaire à celui de la Défense à Paris. Un choix abracadabrantesque, comme le confirment les quelques images de cette rencontre que je découvre un peu plus tard : une salle froide, des grandes baies vitrées qui donnent sur d'autres tours gigantesques à une centaine de mètres au-dessus des rues si animées de Madrid, un Manuel Valls costumé et encravaté, assis seul au milieu d'un canapé blanc, et faisant face à quelques personnes réparties sur d'autres canapés blancs. On dirait le candidat des Français de Wall Street.

Cela me donne l'occasion de confirmer certaines instructions à mes soutiens et mes équipes : alors que certains membres de l'équipe de campagne, pensant bien faire, cherchaient à louer un salon d'hôtel pour nos réunions publiques à venir à Lisbonne ou Barcelone, je clarifie ma volonté. Pas une seule de mes cinquante réunions publiques ne devra se tenir dans un espace fermé, et encore moins dans un environnement aseptisé et froid comme un salon d'hôtel. Ma campagne devra ressembler aux pays qui nous accueillent : ensoleillée, joyeuse, souriante. Chaque photo de cette campagne devra refléter ma proximité avec les Français de la circonscription et avec le mode de vie qu'ils ont choisi. Que nous avons choisi. Et tant pis si cela donne beaucoup de photos de moi au bord de la mer… Par ailleurs je tiens à installer pour moi une identité visuelle stable et identifiable. Ainsi, lors de cette campagne, je ne me séparerai pas de ma veste marron clair, toujours accompagnée du pin's de l'Assemblée nationale sur le revers gauche : formel mais pas trop, et rappel de mon statut actuel de député. Chemise claire, sans cravate bien évidemment. Quant au bas, ce sera jeans et baskets. Une tenue décontractée, parce que c'est pratique et confortable, mais surtout car cette image de proximité est celle que je veux renvoyer à ceux qui viendront à ma rencontre.

Si mon rival est enfin à Madrid, pour ma part, une semaine après mon passage par le cimetière de Montjuic, je suis à nouveau à Barcelone, le probable épicentre de notre confrontation électorale. Pas encore de réunion publique au menu pour l'instant, mais des rencontres avec la presse locale, et avec certains prescripteurs de la communauté française comme le président de French Tech Barcelone. La séquence la plus cruciale de cette journée est sans aucun doute le passage chez Equinox, média français de référence à Barcelone. Initialement une radio émettant sur internet, Equinox s'était transformé en un media online écrit et vidéo plus classique, et avait connu son heure de gloire au moment des troubles indépendantistes d'octobre 2017. De nombreux médias nationaux français s'étaient alors tourné vers Equinox et ses contenus réalisés au cœur de la mêlée, pour mieux comprendre et expliquer la situation explosive qui prévalait alors en Catalogne et en particulier dans sa capitale. Autre aspect notable et qui pourrait jouer en ma faveur : Equinox a la réputation de ne pas porter Valls dans son cœur. Une simple recherche des titres de leurs articles publiés sur mon rival catalano-français dans l'historique de leur page internet donne une indication plutôt claire du traitement éditorial qui lui avait été jusqu'alors réservé :

30 avril 2018 : Une pétition en France pour que Manuel Valls s'expatrie à Barcelone

29 mai 2018 : La crise de nerfs de Manuel Valls devant des entrepreneurs catalans

2 juillet 2018 : Le mauvais sondage de la candidature de Manuel Valls à Barcelone

11 juillet 2018 : Manuel Valls choisit un leader sulfureux pour sa campagne à Barcelone

20 juillet 2018 : Manuel Valls rate le début de sa campagne, et n'est pas sûr de se présenter à Barcelone

12 septembre 2018 : La galère de Manuel Valls à Barcelone

4 décembre 2018 : Manuel Valls chahuté dans le Raval à Barcelone

8 février 2019 : Manuel Valls manifeste avec la droite et l'extrême-droite pour faire chuter le gouvernement

8 avril 2019 : Manuel Valls n'arrive pas à s'intégrer en Espagne

26 mai 2019 : Résultats Élections Barcelone – le fiasco de Manuel Valls

13 juin 2019 : Après son soutien à Ada Colau, les électeurs français de Manuel Valls entre résignation et colère

15 juin 2019 : Manuel Valls a réclamé 20 000 euros de salaire pour faire campagne à Barcelone

19 juin 2019 : Lâché par tous, Manuel Valls se cherche un avenir à Barcelone

24 avril 2021 : Manuel Valls – fin d'une expatriation (presque) comme les autres

1 septembre 2021 : Les 10 polémiques de Manuel Valls à Barcelone

Édifiant… Au passage, je me fais la réflexion qu'il n'était vraisemblablement passé par l'esprit d'aucune des personnes impliquées dans la décision d'investiture de réaliser cette même recherche.

Bref, comme souvent durant cette campagne, et même si Equinox et son directeur Nico Salvado me connaissent peu, je partirai avec l'avantage d'être le rival d'une personnalité avec qui ils ne sont pas en odeur de sainteté. De la même manière que cela avait été et continuera à être le cas avec de nombreux médias et électeurs, j'aurai donc a priori le beau rôle, en ligne avec l'adage selon lequel les ennemis de mes ennemis sont mes amis. À moi de profiter de cette position de départ avantageuse. Je suis donc plutôt en confiance au moment d'être reçu dans les locaux d'Equinox sur l'Avenida Diagonal. Cela me permet de réaliser un entretien vidéo d'une demi-heure sans anicroche notable. Détendu, je tente de rester souriant, j'insiste sur les aspects positifs de ma démarche, sur le respect que j'apporte à mes adversaires mais surtout sur mes valeurs. Cet entretien, une fois diffusé, offrira un contraste certain avec celui réalisé par l'ancien

Premier ministre quelques jours plus tard dans le même format. Mon concurrent, se devinant en territoire ennemi, sera visiblement peu à l'aise dans cet exercice, gardant notamment les bras croisés durant la plus grande partie de l'entretien. Et alors que sa stratégie vis-à-vis de ma dissidence consiste à passer sous silence ma candidature et tenter d'ignorer mon existence, il tombe dans le même piège que Christophe Castaner lors de son interview matinale chez France Info il y a quelques jours, celui consistant à mettre en relief des commentaires plutôt favorables à mon égard chez son interlocuteur, ici le journaliste Nico Salvado :

– Mais est-ce qu'il n'y a pas eu un malentendu avec Stéphane Vojetta ? Dans certains milieux on a dit « *c'est quelqu'un d'un peu léger* », que c'est « *juste un suppléant* », et au final c'est quelqu'un qui reste, qui fait campagne sur le terrain, qui est assez populaire, qui a des militants, des réseaux, qui passe bien dans les médias aussi… Est-ce que ce n'est pas une surprise pour vous ?

– Eh bien écoutez, vous devriez être son porte-parole parce que vraiment…

– Je dis juste ce qu'on observe !

Un peu plus tard, chez ARA, un quotidien barcelonais ouvertement indépendantiste, je suis accueilli par des reporters eux aussi soudainement intéressés par ce combat politique franco-français qui allait se jouer sur leurs terres espagnoles… et catalanes. D'emblée, je sens leur volonté de trouver des angles d'attaque leur permettant de critiquer mon rival, un politicien dont ils avaient peu gouté la campagne municipale. De facto, cela les transforme en mes alliés objectifs. Leur article paraitra quelques jours plus tard, sous le titre « *L'homme qui fait face à Manuel Valls* » et conclura de la sorte « *Vojetta a été expulsé du parti pour avoir défié la direction en maintenant sa candidature, mais il espère remporter le siège puis retourner au sein de la majorité. Sa candidature a gagné en visibilité en France, car il est le seul à avoir défié les instructions de Macron. Et cela a aussi donné des ailes à sa campagne. "Quand je suis entré en politique, je pensais être voué à jouer un rôle secondaire et maintenant je vois que les médias en France me considèrent comme un symbole des gens qui rejettent les décisions imposées d'en haut. Cela me va."»*

Enfin, au moment même où je franchis le seuil de l'immeuble d'ARA pour retrouver le bruit et la fureur de l'Avenida Diagonal, une journaliste dont le nom m'échappe sur le moment m'appelle au nom d'ABC, le grand quotidien national espagnol, pour m'interroger sur certains aspects de la situation afin de compléter l'éditorial qu'elle prépare sur le retour de Manuel Valls en Espagne. Je lui réponds tout en déambulant au milieu d'une foule bigarrée représentative du *melting pot* qui peuple les trottoirs de ce grand axe barcelonais, mélange de touristes en flip-flops, de Catalans flâneurs, et de cadres dynamiques qui se pressent d'une réunion à l'autre.

Cet enchainement de couvertures médiatiques favorables reflète l'interpellation de Nico Salvado à Manuel Valls à mon sujet : effectivement, j'ai des réseaux. Cette présence dans les médias locaux est pour moi stratégique dans cette campagne. En effet dans une circonscription des Français de l'étranger, un député est par définition très éloigné géographiquement de ses administrés. Même si je vis dans la capitale espagnole, la grande majorité de mes administrés réside à plus de cinq cents kilomètres de Madrid, que ce soit à Barcelone, au Portugal, sur les côtes de la péninsule ou dans les îles espagnoles. Cela crée un éloignement physique irrémédiable qui pose à un élu comme moi (ou à quelqu'un qui aspirerait à le devenir) une question essentielle : comment faire en sorte de créer malgré tout un lien entre nous ? Comment parvenir à faire passer mes messages en dépit de la distance ?

La proximité physique est rare car un député des Français de l'étranger, au contraire d'un député «classique» de Périgueux, Agen ou Chartres, n'a donc pas l'opportunité de croiser ses administrés regroupés dans un même endroit. Si je «fais un marché» à Madrid ou si je tracte à la sortie de l'église à Séville, je rencontrerai essentiellement des Espagnols, et peu ou pas de Français.

Comment faire alors en sorte que ces Français qui ne me croiseront jamais dans la rue, sur un marché, à la sortie d'une église ou dans une réunion publique me connaissent et me reconnaissent ? Ma vision est claire : même si ma communication électronique est plutôt efficace (notamment les courriels que je peux envoyer régulièrement aux électeurs, ou mes publications sur les réseaux sociaux), je ne peux pas m'en contenter. Je dois donc m'imposer ailleurs : dans leurs journaux, sur leurs radios, sur leurs écrans de télévision. Dès le début de ma campagne j'avais donc demandé à mon vieil ami Chris Björk de me donner un coup de main. Chris est un Norvégien installé à Madrid depuis une vingtaine d'années. Nous nous étions connus en 2007, lui alors journaliste économique chez l'agence espagnole EFE puis en tant que correspondant du Wall Street Journal en Espagne, à l'époque où je conseillais la Caixa (la plus grande caisse d'épargne du pays) sur le processus de sortie en bourse de CaixaHolding, la filiale qui regroupait les participations industrielles du groupe. La presse économique était alors passionnée par cette opération, et un dialogue s'était établi en confiance avec Chris qui appréciait ma capacité à expliquer les tenants et aboutissants d'une opération technique et complexe. Ce dialogue a continué au fil des années et s'est peu à peu transformé en amitié. Nous continuions à nous voir régulièrement pour prendre un verre ou des tapas entre « *guiris* » (un mot d'argot espagnol qualifiant des étrangers à la peau et aux cheveux clairs, ou les touristes en général), même si Chris n'était plus journaliste, et que de mon côté je n'avais plus de scoops à lui offrir. Puis il y a quelques années, Chris avait fondé une agence de conseil en relations presse. Il avait d'ailleurs recruté il y a quelques mois Maria Cuesta, une autre journaliste espagnole avec qui j'étais en de bons termes depuis une quinzaine d'années. Et donc, début avril, d'abord dans le contexte de la campagne présidentielle, puis de celui des élections législatives, j'avais demandé à Chris et Maria de m'aider à être présent dans les médias espagnols. Cela me permit notamment d'intervenir en direct sur le plateau du prestigieux programme Espejo Publico d'Antena3 au lendemain matin du premier tour de l'élection présidentielle. Mais l'essentiel était désormais que les Français d'Espagne me découvrent dans leur *periodico* (journal) au moment du petit déjeuner, ou de l'apéritif, qu'ils se familiarisent avec moi, et si possible qu'ils me trouvent à la hauteur.

Le lendemain, l'éditorial d'ABC parait en page 3 dans la version imprimée du quotidien, et constitue une véritable attaque au vitriol contre mon adversaire :

«Manuel Valls : la dernière chance d'un opportuniste

Le politicien français s'obstine à vivre de la politique, même si cela l'amène à enchainer les défaites, changer de parti... et même de pays.

Un dicton dit que celui qui sait quand se retirer a de la sagesse, celui qui peut le faire a du courage, et que celui qui part la tête haute a de la dignité. Le français Manuel Valls ne doit pas le connaitre, étant donné son acharnement à continuer à vivre de la politique, même si cela le mène à enchainer les échecs. (...) Une des choses que les citoyens détestent le plus chez un politique est que celui-ci soit plus préoccupé par l'opportunité de bénéficier d'un salaire payé par le contribuable plutôt que celle de défendre les intérêts des électeurs. Les Barcelonais le démontrèrent à Valls en 2019 (...). Grâce à ses pressions constantes, il a obtenu l'investiture du parti de Macron pour ces élections. Il prétend pouvoir gagner ce siège de député mais en tant que résident à Paris il ne pourra même pas voter pour lui-même. Mais c'est bien le moindre de ses soucis. Son problème majeur est que le titulaire actuel de ce mandat, Stéphane Vojetta, macroniste lui aussi, va se présenter contre Valls. Avec un bilan solide, 18 ans de vie en Espagne et un profil sérieux, Vojetta n'a pas cédé et il sera un candidat indépendant. Tout indique que Valls ne sera pas capable de le battre, ce qui impliquera le clap de fin d'un politicien qui n'aura pas eu la sagesse, le courage et la dignité de se retirer à temps. »

Je suis estomaqué par la clarté de la prise de position de la journaliste avec qui Maria Cuesta m'avait mis en relation il y a quelques jours, et qui avait signé cet éditorial. Et en relisant son nom plus attentivement, je réalise soudain que cette Ana Sanchez (en tant que journaliste politique) était celle avec qui Maria (en tant que journaliste économique) et moi (en tant qu'ancien banquier conseil) avions décidé, fin 2012, d'écrire un livre à trois mains sur les hallucinantes et rocambolesques coulisses de la crise bancaire espagnole qui avait commencé en 2008. Ce livre n'avait finalement jamais vu le jour, abandonné avant sa conclusion, chacun de nous accaparé par d'autres priorités. Mais nous avions cependant collaboré durant des mois, et j'avais permis à Maria et Ana de déchiffrer et comprendre les dessous de la scène d'évènements qui avaient rythmé la vie économique si mouvementée du pays ces dernières années. Des années plus tard, Ana ne m'avait visiblement pas oublié.

Sans réellement me connaitre, Nico Salvado avait donc raison sur mon compte : après dix-huit ans de vie dans ce pays, au sein de la communauté française et en symbiose avec la population qui nous accueille, j'y ai des réseaux. Et ces réseaux se mobilisent au bon moment pour défendre l'un des leurs. Cet article d'ABC se diffusera comme une trainée de poudre dans la communauté française. Sans aucun doute, il fera pencher un certain nombre d'électeurs de mon côté.

Vendredi 13, samedi 14, dimanche 15 mai – Compte à rebours

Retour à Madrid ce vendredi pour une matinée de transition. Après avoir lancé l'impression des affiches, bulletins et profession de foi qui seraient envoyées aux électeurs et aux centres de vote avant le premier tour, nous mettons avec mon équipe les dernières touches au *Road Trip* qui commencera dès lundi matin au Portugal. La première semaine de cette tournée me verra notamment parcourir 2 000 kilomètres et réaliser une vingtaine de réunions publiques dans deux pays… sans compter les 600 kilomètres que je réaliserais ce vendredi afin de rejoindre le point de départ de ma campagne, accompagné de ma famille.

Après de longues heures de route à travers l'Estrémadure et l'Andalousie occidentale, nous arrivons vendredi soir dans la province de Huelva dans l'extrême sud-ouest espagnol, et dès ce samedi matin j'ai un rendez-vous sur Zoom, une réunion virtuelle ouverte à tous les électeurs, organisée tout spécialement pour dévoiler enfin le nom de ma suppléante. En effet, alors que Valls avait présenté son propre suppléant Thierry Burtin cinq jours plus tôt, Nathalie Coggia et moi avions décidé de faire durer le suspense un peu plus longtemps. Samedi à midi, Nathalie connectée depuis Madrid et moi depuis la côte atlantique de l'Andalousie, avons donc rendu officiel son rôle de suppléante. Nathalie a ainsi pu expliquer sur Zoom puis sur les réseaux sociaux les raisons de sa démarche, et notamment le renoncement personnel qu'elle consentait, un renoncement qui incarnait nos valeurs tout en démontrant notre motivation. Cette annonce est également l'occasion de rappeler à quoi sert un ou une député suppléante, et notamment son rôle qui peut être fondamental dans la représentation et parfois le travail même du titulaire. Ce qui renforce en passant ma légitimité d'ancien suppléant. Par ailleurs, ces annonces mettent fin au suspense entretenu par certains sur Twitter qui avaient alors l'espoir que ma suppléante serait Niki Shey, cette influenceuse de talent et à l'humour corrosif qui avait tant fait pour viraliser mon combat sur ce réseau social.

En soirée, parmi les expressions de sympathie qui continuent à affluer, je reçois un message encourageant de la part d'un référent départemental de la LREM, qui n'a clairement pas perçu la décision de Nathalie comme un manque de loyauté envers son parti.

Bonjour Stéphane,

Total soutien avec ta candidature !

Je ne peux l'afficher publiquement, pour des raisons que tu comprends bien. Néanmoins, il était pour moi important de te transmettre ce message, auquel s'associent l'ensemble des membres de mon équipe départementale.

Tu incarnes parfaitement les valeurs pour lesquelles un grand nombre d'entre nous se sont engagés dès 2016. Tu mérites de poursuivre le travail déjà entamé.

Je suis convaincu que nos compatriotes FDE de la 5ème circo, feront le choix de la cohérence, et de la fidélité aux valeurs de notre mouvement.

Parce-que ta démarche est comprise ET soutenue par un grand nombre de marcheuses et marcheurs « historiques », bien au-delà de ta circo de la péninsule ibérique : Stéphane, GAGNE !

Confirmation sans ambiguïté du soutien que je devine et ressens au sein de la base de notre mouvement, ce mouvement dont le sommet nous écarte pourtant si ostensiblement.

Un incident jette cependant un voile de tristesse sur ces dernières heures de préparation : on m'appelle pour m'annoncer le décès soudain de Dominique Floquet, le porte-drapeau et ancien combattant à qui le Consul Général et moi avions porté assistance après sa chute au cimetière de Montjuic. Il est parti cette nuit des suites d'un infarctus sans lien apparent avec l'incident de la semaine dernière. Mais le choc dont nous avions été les témoins ne l'avait-il pas fragilisé ? En tout cas, je n'aurai malheureusement pas l'occasion de tenir parole et de le revoir chez lui à Gérone.

Durant les quelques heures qui nous restent, je tente de me concentrer sur ma famille. Nous sommes à Islantilla, station balnéaire de l'extrême sud-ouest espagnol où nous avons l'habitude de passer des semaines d'été au milieu de ma belle-famille espagnole. Cette zone touristique est bien loin de l'image d'Épinal que l'on se fait en France des stations balnéaires espagnoles : on n'y croise pratiquement pas de touristes étrangers, et l'ambiance y est familiale. Cependant cette fois-ci, à plus d'un mois de l'ouverture de la saison touristique, nous sommes seuls. C'est l'occasion de passer deux jours ensemble et entre nous, de se retrouver et se ressourcer avant que je ne disparaisse à nouveau sur les routes de la péninsule ibérique. J'essaye au passage de récupérer quelques heures de sommeil, sans grand succès. Voilà maintenant des semaines que je ne dors que trois ou quatre heures par nuit. En tout cas jamais plus de cinq heures. Mon cerveau le refuse, mais heureusement il continue à fonctionner tant bien que mal, et mon corps s'est habitué. Galvanisé par l'enjeu, et par ma responsabilité face à mes électeurs et aux observateurs, je ne ressens toujours pas de lassitude. Ce week-end, nous passons aussi des heures sur les plages immenses et désertes, et avec mes enfants nous dessinons des « VOJETTA2022 » gigantesques et très instagramables sur le sable dégagé par la marée basse.

Les pieds dans l'écume, à quelques kilomètres de la frontière, mon regard est constamment attiré vers l'Ouest : au loin on devine la côte du Portugal et cette Algarve qui se dessine et qui m'appelle. Dans ma tête, le compte à rebours est lancé, je suis totalement tourné vers mon objectif, motivé à l'extrême. Ce lundi matin, 16 mai 2022, à huit heures, je franchirai la frontière vers le Portugal et ma véritable campagne commencera, mon Road Trip, trois semaines d'odyssée sur les routes de la Péninsule Ibérique. Mon rendez-vous avez les Français de la 5ème circonscription, et avec mon destin.

ACTE 3 – FAIRE UN ROAD TRIP

Lundi 16 mai – Le grand départ

Portugal – Loulé/Olhao/Tavira/Faro/Portimão

C'est à neuf heures du matin, heure espagnole (huit heures, heure portugaise) qu'a lieu le véritable départ de ma campagne : la traversée du Pont International du Guadiana, un ouvrage qui unit l'Espagne et le Portugal depuis 1991, à cet emplacement où depuis des siècles le fleuve Guadiana incarne la démarcation entre les deux nations ibériques concurrentes, avec sur une rive Ayamonte, la ville-frontière espagnole, et sur l'autre sa rivale lusitanienne, Villa Real de Santo Antonio. Le moment est solennel, mais je le vis seul, au volant. Ce n'est qu'un peu plus tard ce matin que je retrouverai mon équipe portugaise.

Première rencontre de cette campagne, dans les rues pavées de Loulé, avec Alain Simon, un ancien parachutiste (encore un !), et le seul membre français de la *Lega dos Combatentes*, la Ligue des Anciens Combattants de Loulé. Je le retrouve à neuf heures du matin, devant une bâtisse peinte d'un rose bonbon étonnant et qui abrite les locaux des anciens combattants de Loulé. Il est accompagné de son épouse Sylvie qui m'avait interpelé il y a quelques mois à la suite de ses difficultés à se faire délivrer une carte de résidente par l'administration portugaise. Mais ce matin, plutôt que revenir sur ces problèmes administratifs, j'écoute avec admiration Alain me raconter son expérience de parachutiste, lui qui a sauté sur une douzaine de zones de combat au cours de sa longue carrière : Kolwezi, Liban, Centrafrique, Mogadiscio, Bosnie… La liste est interminable et le place dans la lignée du général Bigeard, un nom qu'il évoque avec émotion, et qui comme à chaque fois que je l'entends me ramène à ma jeunesse touloise.

À la suite de la cérémonie de levée de drapeau avec les camarades d'Alain, anciens combattants portugais, je retrouve Bruno Frentzel qui m'accompagnera durant ces trois prochains jours au Portugal, ainsi que Yann, autre membre de l'équipe qui monte à bord du *Road Trip* pour quelques jours. Le programme de ce lundi est intense et nous enchainons à un rythme soutenu les réunions publiques avec des évènements moins formels, comme une déambulation à la rencontre des Français sur le marché de la ville d'Olhao, au bord de l'océan Atlantique. Lors d'une réunion dans une boulangerie française au cœur du labyrinthe des rues pavées de Tavira, autre ville portuaire à une cinquantaine de kilomètres de la frontière espagnole, je me réjouis de voir que Victor Nunes, responsable de l'association Franco-portugaise des Amis de la Ria Formosa, est présent. Il choisit donc de se montrer avec moi sans aucune réserve ni arrière-pensée apparente. Lors de cette réunion, Claude Posternak, figure importante de la galaxie macronienne, passe quelques instants nous saluer, mais, prudemment, ne s'affiche pas avec moi. Ne pas insulter l'avenir, à nouveau.

La troisième et dernière réunion publique de la journée est organisée dans un restaurant de plage au bout du quai de Portimão. Il s'agit de la deuxième grande ville d'Algarve avec Faro, mais surtout de celle qui regroupe le plus de Français ayant choisi de vivre dans cette région. Ces Français d'Algarve sont pour la plupart des retraités qui ont décidé de venir s'installer dans cette belle région pour son climat, pour le différentiel de coût de la vie favorable, la qualité de la vie, et également (c'est même la raison principale dans certains cas) afin de pouvoir bénéficier du statut RNH. Il s'agit d'un statut fiscal spécifique mis en place par le Portugal il y a quelques années, au sortir de la crise économique, pour inciter les étrangers retraités du privé et les professionnels impatriés à choisir ce pays pour s'y établir et ainsi participer à la relance de l'économie portugaise : ils y bénéficieront alors un taux d'imposition réduit pendant 10 ans sur leurs revenus. Tous ces Français que je croise aujourd'hui en Algarve sont avant toute autre chose préoccupés par leurs difficultés d'accès aux services consulaires, en particulier par les problèmes rencontrés au moment du renouvellement de leurs titres d'identité, procédure pour laquelle ils doivent se rendre à l'Ambassade de France à Lisbonne, à près de trois heures de route de leur domicile. Autres sujets qui nourrissent nos débats : la protection sociale et les retraites (essentiellement les difficultés liées aux certificats d'existence), la question de la dépendance liée au grand âge,… et bien sûr la fiscalité et l'avenir du statut RNH. Mais qui dit Français d'Algarve dit aussi « vote d'extrême droite ». En effet, c'est au bureau de vote de Faro que Zemmour et le Pen ont réalisé leurs meilleurs scores dans la circonscription à l'occasion de l'élection présidentielle. Marine Le Pen y est même arrivée en tête au second tour face à Macron, avec 51 % des voix. Une anomalie dans une circonscription remportée 80/20 par Emmanuel Macron. En Algarve, on parle aussi souvent de sécurité, et on justifie parfois le fait d'avoir quitté la France motivé par le rejet de sa politique migratoire et sécuritaire plutôt que pour un vulgaire arbitrage fiscal.

À l'occasion de cette réunion, durant une conversation animée qui aborde tous ces sujets, c'est cette fois Patrick Mangin qui prend ostensiblement place à mes côtés. C'est un fait notable car Patrick est le président de la section d'Algarve de l'Union des Français de l'Étranger (UFE), une des deux grandes associations qui regroupent et structurent notre communauté expatriée dans la région. Sa section algarvaise, qui compte un millier d'adhérents, est la plus importante section de l'UFE dans le monde, et Patrick pèse fortement dans la communauté française du Portugal. Sa présence visible à mes côtés, tout comme celle de Victor Nunes quelques heures plus tôt à Tavira, sont autant de marques de soutien qui convaincront peut-être des dizaines de Français du Portugal supplémentaires de voter pour moi quand viendra le jour J.

À la toute fin de cette réunion au bord de la plage de Portimão, avec les falaises dorées par le soleil de l'Algarve en toile de fond, un membre de l'audience qui était resté discret jusque-là m'interpelle :

– Monsieur Vojetta, merci d'être venu à notre rencontre. On sait que cela fait partie de votre manière de travailler. Pour nous c'est clair, on va voter pour vous mais comme nous sommes de la France Insoumise, on voudrait en profiter pour vous demander de dire à Macron d'arrêter de diaboliser monsieur Mélenchon.

Je réponds, un peu interloqué.

– Écoutez, si j'ai l'occasion de le dire au président, je lui dirai. Mais par curiosité, pouvez-vous m'expliquer pourquoi vous avez décidé de voter pour moi alors qu'il y a aussi un candidat en lice qui est beaucoup plus proche de la France Insoumise et de Mélenchon ?

– On sait bien qu'on n'est pas d'accord politiquement, mais sur la plupart des sujets qui nous concernent comme Français établis ici, la politique politicienne importe peu. On a besoin de gens comme vous, qui nous comprennent et qui vont se bouger pour faire changer ce qui ne va pas. Et puis sinon ce qu'ils vous ont fait avec Valls c'est dégueulasse donc on veut aussi le dire en votant pour vous.

À l'autre extrémité de la table qui rassemble notre groupe, un couple qui doit friser la soixantaine prend la parole :

– Nous aussi, c'est exactement cela : on vote aussi d'habitude pour la gauche et Mélenchon, mais cette fois-ci ce sera pour vous, et tant pis si vous continuez à rouler pour Macron.

Décidément, je passe de surprise en surprise. L'investiture de mon rival m'offre des ralliements insoupçonnés.

Trois heures et 300 kilomètres après avoir quitté Portimão et l'Algarve, nous retrouvons Nathalie au bar de l'hôtel où nous passerons tous la nuit, à Sesimbra, quelques kilomètres au sud de Lisbonne. Nous dinons sur le pouce en calant le programme du lendemain. Nathalie profite de la conversation pour tenter, comme elle doit parfois le faire, de tempérer chez moi un enthousiasme qui peut parfois se transformer en une certaine agressivité. C'est elle qui est en contact avec un Manuel Valls qui ne manque pas de la joindre à chaque fois qu'il estime que j'y vais trop fort. Elle me montre d'ailleurs un des derniers messages qu'elle a reçus de la part de notre rival :

– Et pardon… le dernier tweet est un modèle de bienveillance… Je ne te connais pas mais que fais-tu dans cette galère honnêtement ? Ta place est à LREM.

Après vérification, Nathalie et moi sommes d'accord sur le fait que mon rival a le cuir plutôt tendre sur ce coup puisqu'il faisait référence à ce tweet de ma part :

Avouez que n'était quand même pas bien méchant…

Ce soir, prenant à cœur ce rôle de casque bleu entre le camp Valls et moi, Nathalie tente de me convaincre de renoncer à un slogan que j'ai utilisé sur plusieurs supports ces derniers jours : « *C'est VOTRE député, c'est VOUS qui décidez* ». Elle lui trouve un ton excessivement populiste. Elle a raison, dans une certaine mesure. Mais prendre le risque d'être dissident face à un parachutage (ou une investiture ressentie comme telle), c'est aussi répondre à un certain appel populaire à résister aux instructions parisiennes, aux desiderata des puissants. Ma démarche, notre démarche a donc, qu'on le veuille ou non, des relents populistes. À nous de trouver ensemble l'équilibre qui ne nous fasse pas basculer trop loin pour nous empêcher de pouvoir rejoindre ensuite la majorité présidentielle.

Mardi 17 mai – Carton rouge

Portugal – Sesimbra/Cascáis/Ericeira/Lisbonne

C'est un petit déjeuner avec l'association des Français de Sesimbra, son président Éric Manoa et son sympathique camarade Patrick Haymann-Gony qui ouvre cette seconde journée. Entre deux considérations sur les Français installés dans cet écrin de nature arrosé par les embruns de l'Océan Atlantique, Patrick nous explique notamment être un ancien champion de France vétéran de natation. Il reste d'ailleurs depuis 2015 détenteur du Record du Monde vétéran au 4x50 mètres 4 nages, sous les couleurs de son club de toujours, le Stade Français Olympique Courbevoie. Il évoque également son épouse, une Brésilienne ravissante (la photo qu'il me montre fièrement en témoigne) nommée Janisia et qui sera bientôt naturalisée française. Je prends bonne note que la «cérémonie d'accueil dans la nationalité française» de Janisia aura lieu au printemps 2023 à l'ambassade de France à Lisbonne. En tant que suppléant, puis en tant que député, j'ai assisté à un grand nombre de ces cérémonies à Madrid, des moments que j'ai toujours trouvé émouvants. J'espère bien pouvoir accompagner Patrick et Janisia à cette occasion à Lisbonne.

Nathalie et moi reprenons rapidement la route pour parcourir la centaine de kilomètres qui nous séparent de Ericeira, une ville côtière située au nord de Lisbonne. Je mets à profit ce temps mort pour me connecter par Zoom à la réunion hebdomadaire du groupe parlementaire LREM. Il s'agit d'une réunion virtuelle qui regroupe chaque mardi à 10h30 les députés de mon groupe parlementaire, et au cours de laquelle sont présentés et débattus les principaux sujets d'actualité ainsi que les points saillants du travail législatif de la majorité. En début de réunion, certains députés me saluent ostensiblement sans nécessiter de faire plus de commentaire. La session se déroule sous les auspices du président du groupe Christophe Castaner, avec notamment une intervention d'Élisabeth Borne dont la nomination en tant que Première ministre avait été annoncée la veille.

Alors que la réunion tire sur sa fin, Stanislas Guérini propose d'enchaîner sur des sujets liés à la campagne législative en cours. Nathalie et moi nous regardons, interloqués. Dois-je rester en ligne ou me déconnecter ? Dans le rétroviseur je vois Yann sur la banquette arrière, tout aussi perplexe. Quelle est l'étiquette du député-de-la-majorité-présidentielle-mais-néanmoins-candidat-dissident dans ce genre de situation ? Amusé par les circonstances, je décide de rester connecté, sans pour autant jouer de ma présence pour faire de la provocation. Nathalie et moi réalisons alors progressivement que cette partie de la réunion se focalise exclusivement sur LE sujet qui préoccupe visiblement nombreux parmi les députés présents : comment les candidats investis par LREM peuvent-ils gérer efficacement les dissidents qui se sont déclarés dans leur circonscription ? Ce trajet en voiture prend alors une tournure surréaliste. Alors que nous traversons le magnifique *Ponte 25 de Abril*, un majestueux pont suspendu qui rappelle notamment par sa couleur rouge le Golden Gate de San Francisco et offre une vue extraordinaire sur l'estuaire du Tage et la ville de Lisbonne 70 mètres en contrebas, nous écoutons Stan Guérini et Christophe Castaner expliquer en détail toutes les subtilités du « Kit Dissident » qui sera mis au service des candidats estampillés LREM (et donc de mon adversaire…). Dans l'ordre, ce Kit Dissident consistera en :

– Un communiqué de presse qui confirme qu'il y a un seul candidat macroniste dans la circonscription en question,

– Une exclusion du parti pour le candidat rebelle,

– Et une lettre d'avocat qui menace les dissidents de représailles juridiques.

Un Kit Dissident plutôt inutile en ce qui nous concerne car nous savons pertinemment que nous serons exclus, un fait que j'utilise même en ma faveur en l'intégrant à mon discours, ce qui nourrit le sentiment d'injustice dans les cœurs et les têtes de tous ceux que j'espère convaincre de voter pour moi. Soit dit en passant, voilà désormais onze jours que j'ai annoncé ma candidature et je ne suis toujours pas exclu, une constatation qui commence à nourrir chez certains des théories conspirationnistes : et si tout cela était prémédité, une simple mise en scène machiavélique afin de se débarrasser de Manuel Valls en le faisant tomber dans un piège électoral ? C'est une théorie intéressante, mais qui aurait plutôt tendance à me faire sourire : en effet, même si l'idée est séduisante, dans ce cas quelqu'un aurait pu avoir la bonne idée de m'informer du rôle que j'allais jouer, au lieu de me laisser seul dans mon coin à essayer de comprendre et deviner ce qui se passait dans la tête des uns et des autres, et en particulier dans celle du locataire de l'Élysée.

Revenons au Kit Dissident. La lettre d'avocat est un concept nouveau qui pourrait nous préoccuper, mais heureusement Stanislas clarifie immédiatement les choses quand il précise que, « *bien évidemment, on sait tous que juridiquement on ne peut rien faire, mais que cette lettre officielle pourra malgré tout effrayer certains dissidents* ». Merci Stan. À l'évidence, désormais, cela ne serait pas notre cas. Enfin, dernier élément du Kit, le communiqué de presse clarificateur. Là encore, pas d'inquiétude à avoir : d'abord parce que la couverture médiatique de la campagne se chargeait de faire prendre connaissance aux électeurs de la particularité de la situation, et aussi car le camp Valls usait et abusait déjà de ces « clarifications ». La veille, le camp de mon adversaire avait d'ailleurs provoqué les commentaires amusés de la twittosphère en publiant un visuel comportant une photo de mon rival assortie de la mention « *Le candidat d'Emmanuel Macron* », puis quelques heures plus tard ce même visuel assorti cette fois de la mention « *Le* seul *candidat d'Emmanuel Macron* ». En voyant cela, j'avais éclaté de rire. Ils étaient clairement un peu paumés, à mi-chemin entre deux stratégies dont aucune ne semblait fonctionner : celle qui consistait à faire comme si je n'existais pas, alors que le débat public, les médias et les observateurs les ramenaient constamment à notre duel,... et celle qui consistait à attaquer ma légitimité, ce qui ne faisait que remettre le projecteur sur le fait que la propre légitimité de mon rival, dans cette élection, ne tenait qu'à un fil, le prétendu soutien d'Emmanuel Macron… que personne n'a jamais entendu s'exprimer sur le sujet.

Lors de la session de questions-réponses qui a lieu à la fin de la réunion Zoom, de nombreux députés relèvent également une autre difficulté : une grande confusion quant aux mentions de groupe politique à faire figurer sur les bulletins de vote, ainsi que sur les affiches. «ENSEMBLE», «Majorité présidentielle» sont des options disponibles et encouragées, mais il leur sera interdit d'utiliser «LREM», «En Marche» ou «Avec vous», marques qui avaient pourtant été utilisées ces derniers mois et surtout au cours de la campagne présidentielle. À juste titre certains considèrent que le risque de confusion chez les électeurs est important. De notre côté depuis le premier jour nous avons choisi de faire figurer sur notre bulletin de vote la simple mention «En soutien à la majorité présidentielle» en accompagnement de nos noms. Quant à mon affiche, n'y apparaitra aucun logo de partis politiques : elle indiquera simplement «VOTRE DÉPUTÉ» ce qui est à la fois factuel et une déclaration d'intention. Je serais volontiers allé plus loin encore en faisant figurer sur cette affiche le fameux slogan «C'est VOTRE député, c'est VOUS qui décidez». Mais, en ligne avec notre conversation d'hier soir, Nathalie y avait opposé son véto, et j'avais donc renoncé avec une pointe de regret à cette formulation que je trouve pourtant adaptée à la situation. Mais en pensant à un hypothétique second tour et au rassemblement nécessaire derrière ma candidature de ceux qui auront voté Valls au premier tour, il convient ne pas effrayer ces *légitimistes* qui existent à l'évidence au sein de notre électorat macroniste.

Au retour d'Ericeira, nous mettons à nouveau cap vers le sud et retrouvons Bruno pour un déjeuner à Cascais, superbe ville côtière du littoral nord-ouest de Lisbonne. Attablés sur une terrasse qui surplombe l'océan Atlantique et offre un panorama majestueux des falaises de calcaire du sud de la ville, et des vagues qui viennent et reviennent inlassablement se briser à leurs pieds, je peux enfin me relaxer après une matinée passée à prendre la parole et à conduire, encore et encore. Soudain, juste alors que l'on vient de nous servir nos plats principaux, une alerte sur mon smartphone attire mon regard. Je lis à voix haute le tweet du Huffington Post : «*Le député qui défie Valls aux législatives exclu de LREM»*. Cette annonce était si prévisible que je n'ai pas envie d'interrompre ces moments de repos pour lire l'article en entier. Nathalie, assise à côté de moi, propose de nous le lire à voix haute :

«Évincé au profit de Manuel Valls aux législatives, le député sortant des Français de l'étranger Stéphane Vojetta n'en restait pas moins un soutien d'Emmanuel Macron, membre du mouvement présidentiel. Ce qui n'a pas empêché son exclusion de LREM a appris Le HuffPost ce mardi 17 mai, confirmant une information de France Télévisions.

Député sortant de la 5ème circonscription des Français de l'étranger, Stéphane Vojetta a découvert le 5 mai dernier qu'il n'était pas investi par la majorité présidentielle aux élections législatives. À sa place, LREM a choisi Manuel Valls. Stéphane Vojetta a choisi d'être candidat dissident, "toujours en soutien d'Emmanuel Macron". Mais son maintien dans la course lui vaut d'être sanctionné par le parti.

"Stéphane Vojetta et sa suppléante!! ont été exclus hier à la suite du bureau d'En Marche. Il n'y a qu'un seul candidat de la majorité par circonscription", a déclaré au HuffPost l'entourage de Stanislas Guérini, délégué général d'En Marche.»

Nathalie a pratiquement scandé ces mots en les lisant, les yeux écarquillés. Elle vient de s'annoncer à elle-même sa propre exclusion du mouvement! Je suis hilare face à cette scène burlesque, mais je réalise que si Nathalie rit elle aussi aux éclats, une part d'elle rit sans doute jaune. Elle est beaucoup plus attachée que moi à LREM et même si elle s'attendait à cette décision, cette confirmation inattendue doit lui remuer le couteau dans la plaie. C'est d'autant plus probable que sa propre exclusion est mentionnée comme une note de pied de page. Elle n'est même pas nommée par l'article, simplement désignée par sa fonction, alors que sa décision courageuse aurait mérité d'être soulignée et reconnue. Le sujet de l'égalité Femme-Homme lui tient très à cœur, et elle souhaite logiquement être projetée sur un certain pied d'égalité avec moi dans notre communication. Cet article lui nie cette reconnaissance.

Je prends alors le temps d'enregistrer une vidéo que je diffuse immédiatement sur mes réseaux sociaux et qui me permet d'expliquer aussi sereinement que possible que cette expulsion était prévue, que je recevrai tôt ou tard un courrier la confirmant, que cette lettre sera probablement signée par un ami, mais qu'elle ne changera strictement rien à mon soutien à Macron ou à ma détermination de retourner dans la majorité présidentielle après ma réélection. Cette expulsion fait partie de la Comedia dell'Arte de cette campagne, il ne faut pas lui donner trop d'importance… tout en tirant profit de l'effet de sympathie qu'elle peut susciter chez les observateurs.

En fin d'après-midi, la réunion publique dans le centre de Lisbonne est l'un des temps forts de la campagne. Une trentaine de personnes – dont des médias des Français de l'étranger qui ont fait le déplacement – sont au rendez-vous sur la terrasse du restaurant Casa Cabana, qui se cache dans le Jardim d'Embaixada, un oasis de verdure au cœur de la métropole. À nouveau, les questions de l'audience et des médias s'adressent plus régulièrement à moi qu'à Nathalie. Lors de chacune de ces réunions publiques, que ce soient les électeurs ou les médias, les participants sont souvent venus pour me rencontrer en personne. Ils ont quelque part la sensation d'avoir face à eux un personnage de *telenovela* et ils veulent tirer profit de ce moment d'intimité pour comprendre ce qu'il s'est passé au juste entre Valls, LREM, Macron, Samantha, et moi. Ils veulent rouvrir la « séquence émotion », et moi, je veux leur en donner pour leur argent. Mais cela place de facto Nathalie légèrement en arrière-plan, et elle m'en veut un peu pour cela, je le sens bien.

Pour aggraver la situation, en pleine réunion publique, Nathalie reçoit un appel pendant une de mes interventions. Elle est à l'évidence sous le choc quand elle se rassied à mes côtés quelques instants plus tard : j'apprends rapidement que c'était le siège de LREM qui appelait pour lui signifier son exclusion. Et même si elle reprendra du poil de la bête durant la soirée, au cours du diner organisé avec des sympathisants et des personnalités qui comptent dans la communauté française de Lisbonne, Nathalie est à l'évidence affectée. Alors que nous nous dirigeons vers l'hôtel où elle passera la nuit avant de reprendre la direction de Madrid demain à la première heure, je la sens déstabilisée. Pourquoi est-elle la seule de nous deux à avoir été contactée pour lui annoncer son exclusion ? Quant à moi, j'attends toujours depuis ce 17 mai l'appel, le mail ou le courrier qui officialisera mon exclusion, une décision annoncée puis filtrée par le Burex et qui fait pourtant les titres de la presse. Nathalie, elle, est sans aucun doute à nouveau touchée quand elle lit comme moi au moment de tirer le rideau sur cette journée intense un courriel envoyé en soirée par le siège de LREM à tous les adhérents du mouvement :

« Chères adhérentes, chers adhérents de la Péninsule ibérique, de Monaco et d'Andorre,

Le bureau exécutif de la République en Marche a prononcé lundi 16 mai l'exclusion du mouvement d'adhérents déclarés candidats à l'élection législative contre un candidat investi par ENSEMBLE ! Majorité présidentielle.

Sur la cinquième circonscription des Français de l'étranger, les cas de Stéphane VOJETTA de Nathalie COGGIA (suppléante de Stéphane VOJETTA) candidats dissidents contre le candidat soutenu par la majorité présidentielle ont été examinés. Le bureau exécutif a statué sur l'exclusion de ces deux candidats. Cette décision, prise à l'unanimité des présents, a pris effet immédiatement.

Par ailleurs, le bureau exécutif a suspendu de ses fonctions, la référente et membre du BUREX, Nathalie COGGIA.

La République En marche rappelle son entier soutien au candidat investi par ENSEMBLE ! Majorité présidentielle Manuel VALLS, le seul candidat d'Emmanuel MACRON sur cette circonscription. »

Une nouvelle fois, voilà exactement le genre de communication qui ne pouvait que choquer les lecteurs neutres, et encore plus tous ceux qui se sont engagés depuis des années à nos côtés, au sein de notre famille politique. Le genre de communication qui ne pouvait que souder encore plus la communauté qui nous soutient et nous porte durant cette campagne. De fait, ce message circula comme une trainée de poudre au sein des élus consulaires Français de l'étranger de LREM et provoqua de nombreux commentaires outragés dans une boucle Telegram partagée avec le ministre des Français de l'étranger.

Bonsoir à toutes et a tous, je viens d'apprendre une nouvelle qui me bouleverse et que j'espère être fausse ! Merci de me la confirmer ou de me l'infirmer : Nathalie Coggia et Stéphane Vojetta seraient exclus d'En Marche !

Stéphane et Nathalie ont tellement fait pour le parti ces 5 dernières années dans la péninsule ibérique. Des militants en or. Je trouve cette exclusion ignoble. Où était Monsieur Valls ces 5 dernières années ?

Nous espérions un nouveau monde et nous revenons à l'ancien avec ce qu'il avait de plus détestable. Nous avons tous été sur nos terrains les protagonistes de l'élection de notre président. Tout cela pour placer des personnalités sur des circonscriptions qu'ils ont voulu comme Manuel Valls. Nous avons tous le droit de nous poser des questions sur la gestion des investitures et surtout d'être indignés de la manière dont nous sommes traités.

Après avoir pris connaissance de ces messages, et avant de tirer un trait définitif sur cette longue journée, j'adresse à mes compagnons de route une réponse collective un peu avant deux heures du matin :

Chers amis,

C'est effectivement une nouvelle attristante même si elle était attendue.

Cela n'efface pas les batailles que nous avons pu mener ensemble. Cela dit je quitte ma famille politique, momentanément mais peut-être pour toujours. On verra. Quant à Nathalie elle sacrifie sa position de référente et au Burex. Mais nous ne le faisons pas de gaieté de cœur ni pour une candidature de témoignage. Nous voulons gagner. Nous allons gagner. Notamment parce que Valls en est incapable. Alors si nous gagnons puis revenons vers la majorité présidentielle, ce sera nécessairement avec ces deux messages dont les électeurs nous auront chargé : *« on commence à réellement écouter le terrain »* et *« on en termine pour de bon avec les échanges de bons procédés, retours d'ascenseur et autres souvenirs de l'ancien monde »*. Et croyez-moi, tous les jours à l'écoute des électeurs, ces principes sont réclamés à corps et à cri. Alors désormais cette histoire nous transforme, me transforme – un peu à mon corps défendant mais je l'assume quand même – en porteur de ces principes vis-à-vis du grand public. En un dissident certes, mais non pas pour protéger un poste, bien plutôt pour défendre une certaine conception de la manière de faire de la politique. Alors ok, je prends. Et je porterai fermement ce message quand je reviendrai, quand nous reviendrons parmi vous. Au nom des électeurs mais aussi de tous ces Marcheurs des quatre coins de l'hexagone et des deux hémisphères qui me contactent en privé pour me demander de ne pas lâcher, de continuer à défier cette décision, de mener cette bataille… et de la gagner pour eux.

Qu'ils ne craignent rien, notre détermination n'a jamais été aussi forte.

À bientôt,

Stéphane

Mercredi 18 mai – Le fugitif

Portugal – Caldas de Rainha/Leiria/Vila Nova de Gaia/Porto/Braga

La matinée se déroule sans évènement notable jusqu'à ce que je reçoive un appel de France alors que nous sommes sur la route de Leiria, avec Yann à mes côtés dans la voiture. Au bout du fil, c'est Paul, un journaliste de Quotidien.

– Bonjour monsieur le député, est-ce que vous pourriez nous parler dans un petit quart d'heure ?

– D'accord, je me pose sur une aire d'autoroute et je vous rappelle.

Ce n'est pas la première fois que je parle à Paul. Il m'avait contacté il y a une dizaine de jours :

– Je vous appelle de Paris, on souhaiterait faire un reportage sur votre campagne, idéalement pour faire un parallèle entre votre campagne et celle de monsieur Valls.

– Pour moi pas de problème, comment voulez-vous faire cela ?

– J'imagine que vous allez faire des réunions publiques ? On pourrait envoyer une équipe le jour d'une de vos grosses réunions à Madrid ou Barcelone.

– Des réunions publiques, je vais en faire des dizaines.

Je lui expliquais le concept de mon *Road Trip*.

– Mais c'est génial, on adorerait pouvoir envoyer une équipe qui viendrait en voiture avec vous pendant un jour ou deux !

– Pour moi, parfait. Je peux même essayer d'adapter mon programme pour me rapprocher des villes où serait mon concurrent, si c'est faisable.

Effectivement c'était une opportunité unique, car mon équipe de campagne avait bien identifié un défaut de notre campagne : le fait que notre communication et nos messages ne parviennent pas aux jeunes Français de la circonscription. La presse écrite, les médias des Français de l'étranger, les mailings, Facebook… les moins de 25 ans n'utilisent pas ces mediums, et même s'ils votent peu, ceux qui votent font habituellement partie de cette minorité qui a fait sa scolarité dans les Lycées Français d'Espagne ou du Portugal. Ce qui nous place en situation de désavantage quand on sait que sur cette circonscription les candidats de la gauche sont généralement des enseignants de ces lycées. Cette année ne déroge d'ailleurs pas à la tradition avec la candidature de Renaud Le Berre, professeur d'économie au Lycée Français de Barcelone depuis des d'années.

Faire bénéficier ma campagne d'une exposition à travers un media aussi apprécié des jeunes comme peut l'être l'émission Quotidien est donc une opportunité unique. C'est sans doute la seule chance de générer un peu de viralité que je trouverai tout au long de cette campagne. Comme d'habitude, mon équipe est plus prudente que moi : « *c'est vrai, Quotidien veut sans doute "se faire Valls", mais cela peut aussi se retourner contre toi s'ils tombent sur des personnes critiques pendant tes réunions publiques, ou si personne ne vient à ces réunions* ». C'était peut-être un risque, mais cela n'allait pas me faire renoncer à l'opportunité de voir Quotidien diffuser un reportage spécifique sur nos campagnes respectives.

Un quart d'heure plus tard, j'attends l'appel sous un ciel gris et bas, dans un drôle d'endroit, le parking d'une aire d'autoroute, à quelques kilomètres au sud de Nazaré, quelque part entre Lisbonne et Porto. Paul m'appelle en *Facetime* depuis sa voiture.

– Je n'ai pas eu le temps de vous appeler hier. Grosse journée. Nous sommes venus en urgence à Alicante pour rencontrer Valls quand on a vu qu'il y était. On est sur la route du retour en ce moment. Comme c'est compliqué de venir vous voir en termes de tournage, je voulais vous proposer une interview vidéo par Facetime maintenant si vous êtes disponible ? On aimerait vous faire réagir à ce que nous a dit Valls hier. Ce serait intéressant !

Ce n'est pas vraiment conventionnel, mais je n'allais pas dire non. J'interviendrai donc en mode selfie, à travers une vidéo dans laquelle j'explique mon *Road Trip*, et surtout les raisons de ma dissidence :

– Nous avons commis l'erreur d'investir quelqu'un qui n'est pas populaire dans la circonscription. Je ne peux pas accepter cette erreur, alors je prends mon risque : je dis non à cette erreur, je dis non à Macron, mais je le fais pour la bonne cause.

Dix minutes plus tard, je suis à nouveau sur la route, direction Porto. Je dois accélérer pour rattraper cet arrêt non planifié. En fait, dans cette campagne, je passe mon temps à accélérer. Nous ne perdons pas une minute : la réunion suivante est parfois organisée par mon équipe alors que je suis encore dans la précédente. Les moments de conduite (et ils sont nombreux) sont passés au téléphone avec des soutiens, des médias, ou des influenceurs de la communauté française qui doivent être convaincus. Dès que j'ai un moment libre, j'enchaine les prises de décisions. Ce matin c'est Yann qui voyage avec moi, qui compose les numéros de téléphone des personnes à qui je dois parler, qui appelle l'équipe de campagne pour leur transmettre mes dernières décisions, qui prend ma ligne directe WhatsApp pour répondre à quelques messages. Tout cela pendant que je suis au volant. Tout au long de ce *Road Trip*, je vais parcourir près de 5 000 kilomètres, et je serai au volant lors de chaque mètre du trajet. Sur les portions que j'ai réalisé en solitaire, bien sûr (dont l'étape de 300 kilomètres entre La Corogne et Gijón prévue demain après-midi), mais aussi quand j'étais accompagné de Yann, Nathalie, Bruno, Baudouin, Bérénice et tous ceux qui sont monté à bord de la «Vojmobile».

Avant de reprendre la route, je parcours un article paru ce matin dans le *Canard Enchainé* :

«*Fallait pas supprimer*

À quoi tient une carrière politique? Celle de Manuel Valls, à un fil. Et plus précisément, à la non-application d'une idée de... Manuel Valls. Car si l'ancien Premier ministre entend revenir dans la majorité en étant élu député des Français de l'étranger (Espagne, Portugal, Andorre, Monaco), il voulait par le passé... supprimer ces circos. C'est *en tout cas ce que raconte au Canard enchaîné un titulaire d'un de ces sièges expatriés : "J'avais beaucoup de respect et d'admiration pour Valls. Je suis donc allé vers lui pour me présenter. Tout ce qu'il a trouvé à me dire, c'est : 'Tu as de la chance. Moi, je voulais supprimer ces onze circonscriptions des Français de l'étranger. Pour moi, c'est un non-sens. Mais Sarkozy les avait fait inscrire dans la Constitution et je n'ai pas pu les supprimer.'" Les électeurs et les adversaires de cette 5ème des "Français de l'étranger" (notamment le sortant LREM Stéphane Vojetta, exclu du parti pour sa dissidence) apprécieront sans doute à sa juste valeur cette archive, opportunément sortie du placard. »*

Valls dément ces propos et débat (ou plutôt se débat) sur Twitter, mais l'article circule sans aucun doute plus rapidement que ses démentis. Malgré ceux-ci, quelques-uns des parlementaires concernés me confirmeront d'ailleurs ces propos et cette attitude de Valls vis-à-vis de ces soi-disant « faux députés ». Rapidement, l'article me parvient également sur WhatsApp, envoyé par une dizaine de sources différentes : tous des électeurs, et pour la plupart des personnes que je n'ai jamais rencontrées dans la vie réelle. Mon armée des ombres.

Nouvelle réunion en fin de matinée, cette fois à Leiria, ville de l'arrière-pays située à mi-chemin entre Lisbonne et Porto : j'y retrouve avec plaisir Jean-Pierre Flour et son épouse, deux retraités Français installés depuis des années dans la ville voisine de Porto de Mos. Jean-Pierre a pris l'habitude de m'interpeler régulièrement par courriel, sur des sujets d'actualités divers et variés. Il m'envoie également de temps à autres des vidéos satiriques qui égaient parfois les temps morts de ma vie de député. Et un dimanche il y a quelques mois, il décida de m'appeler en vidéo sur Messenger. Si je réponds toujours dans les 24 heures à leurs messages écrits, je ne prends habituellement pas les appels directs des administrés – ce serait trop envahissant et déstructurant pour mon agenda de député… ou pour ma vie personnelle. Mais ce jour-là, je ne sais plus vraiment pourquoi, j'avais répondu et nous avions eu une conversation à bâtons rompus durant laquelle Jean-Pierre avait fini par m'expliquer son goût pour la science Kaballistique. Il m'explique d'ailleurs ce matin avoir interprété mon signe astral d'après la Kaballe :

– Votre Ange gardien est Haheuiah, il vous permet de réussir tout ce que vous entreprenez puisque vous possédez tous les outils pour le faire. Il vous suffit d'avoir confiance en votre potentiel. Si vous priez cet ange, tout vous sera acquis. De plus Haheuiah vous a doté de sa Lumière d'intuition. Écoutez cette voix intérieure qui vous parle constamment. Ce n'est pas le fruit de votre imagination. C'est Haheuiah qui vous envoie des messages. Si vous parvenez à capter ces messages, vous éviterez des ennuis. De plus, cette voix vous conduira vers des chemins glorieux, vers la réussite. Bref, vous allez gagner votre combat contre Valls, sans aucun doute.

Deux heures plus tard, revigoré par cette matinée positive et par ces prophéties favorables, je me détends au cours d'un agréable déjeuner à Porto avec Valérie Barros et l'équipe de son association Vivre à Porto. Soudain, mon téléphone vibre : un appel en provenance de France. C'est un numéro inconnu qui tente de me joindre. Depuis deux semaines, contrairement à mes habitudes, j'ai pris l'habitude de répondre à ce genre d'appel : désormais, ce peut être quelqu'un qui compte à Paris, ou bien un média français en quête d'interview. Pas cette fois.

– Bonjour, je m'appelle Christian X. Vous ne me connaissez pas mais j'ai des informations qui peuvent vous intéresser.

– Effectivement il me semble qu'on ne se connait pas. De quel type d'information parlez-vous au juste ?

– Des informations qui concernent un membre de l'équipe de votre adversaire aux élections législatives. Je connais bien ce personnage et je veux tout faire pour éviter qu'il soit un jour en position d'exercer un rôle important auprès d'un futur député.

– Écoutez, je ne sais pas ce que vous avez en tête mais je préfère ne pas connaitre ces informations. D'abord car je ne les utiliserais pas, mais aussi par principe. Je veux mener une campagne propre et j'ai décidé depuis le début de n'attaquer personnellement aucun de mes concurrents. Ni leur équipe.

– Je vous comprends mais dans ce cas je veux quand même que vous sachiez à qui vous avez à faire. Donnez-moi juste quelques minutes.

S'ensuivirent de trop longues minutes de monologue qui, plutôt que révéler des faits répréhensibles pénalement, attestaient de la profonde rancune vis-à-vis de la personne en question, et même d'une certaine détresse morale de mon interlocuteur. Détresse justifiée si ces accusations avaient été fondées. Les détails en resteront entre nous deux, mais l'histoire que je dois écouter de sa part, même si je tente de l'abréger pour son bien et pour le mien, est bien triste. Un reflet des misères humaines que dissimulent parfois les vitrines bien ordonnées de nos vies.

Je rejoins mes convives à table et tente de reprendre part au fil de la conversation. J'ai déjà assez peu d'appétit ces jours-ci, mais cette conversation me l'a coupé définitivement pour le reste de la journée. Je suis marqué, attristé pour les personnes impliquées bien sûr, mais aussi car cet échange était venu illustrer une des implications de la volonté de ceux d'entre nous qui souhaitent tenir ce genre de rôle public : nous nous mettons en position d'entendre toutes les misères du monde, et, si possible, de tenter d'y apporter des solutions. C'est parfois difficile à gérer émotionnellement.

Une journée qui se poursuit, avec sa litanie d'autoroutes et sa succession de réunions publiques dans des cafétérias faciles d'accès. Après à peine trois jours de campagne, ces rencontres ont déjà tendance à toutes se ressembler. En fin d'après-midi, après une réunion dans le centre de Porto, je fais mes adieux à Yann et Bruno et je continue ma route, dorénavant seul, en chemin vers la dernière rencontre de la journée dans le centre-ville de Braga, à quelques dizaines de kilomètres au nord de Porto. Seules trois personnes y ont répondu présent. C'est peu. Fatigué, un peu déçu, je termine la rencontre vers 20h30 en mode pilotage automatique, avant de quitter Braga et reprendre la route une dernière fois aujourd'hui, vers le Nord et la frontière qui sépare le Portugal de la région de Galice, au nord-ouest de l'Espagne. J'en profite pour écouter France Info quelques instants… et tomber sur une brève qui mentionne que *« après son exclusion par LREM, le député sortant qui se présente face à Manuel Valls dans la péninsule ibérique a décidé de maintenir sa candidature, et ne renie pas son soutien au Président de la République. »*. C'est bien résumé. Puis, un peu avant de passer la frontière, je me connecte à mon deuxième *Space* de la campagne.

La fonctionnalité *Space* permet d'avoir des conversations audio en direct sur Twitter avec de multiples intervenants. J'avais participé à mon premier *Space* il y a une semaine avec *Niki Shey* (ce qui avait déplu à mon concurrent) et j'avais alors découvert comment quelques centaines d'auditeurs – pour la plupart des inconnus cachés derrière des pseudonymes, mais aussi des noms que je reconnaissais, journalistes, collaborateurs parlementaires, soutiens – étaient venus m'écouter expliquer ma démarche et mes intentions. Quelques jours plus tard, je participe en quelque sorte à ce deuxième épisode, organisé cette fois par *Lycrem 2.0*, un macroniste anonyme, et non plus comme le premier par *Gégé la Carabine*, un autre anonyme qui, caché derrière une photo de sanglier, anime des Spaces tout en étant un participant actif à la «ligue du zob». Je découvre, amusé, un monde avec lequel je n'étais pas familier. Ce soir, la conversation dure près de deux heures. Les questions pleuvent et s'enchainent, souvent centrées sur ma relation avec mon illustre rival, mon optimisme (ou pas) quant aux résultats du premier tour, mes intentions quant à la majorité présidentielle, et les intentions de la majorité vis-à-vis de moi. La plupart de mes interlocuteurs, anonymes, expriment leur appui à ma démarche, mais deux ou trois questions sont plus agressives. Je retiens particulièrement l'intervention de *@LaMeuf*, qui comme son pseudo ne l'indique pas est un homme, et qui m'interpelle avec une sévérité à laquelle je ne suis pas habitué depuis le 3 mai :

– Vous ne pensez pas que vous êtes en train de diviser ce que vous appelez votre famille politique, de lui faire prendre le risque d'une élimination au premier tour pour laisser Nupes et RN face à face, mais aussi de créer un effet d'entrainement pour tous les dissidents qui risquent de faire perdre des candidats Renaissance dans de nombreuses circonscriptions ?

Il est minuit passé, je roule désormais sur des petites routes champêtres de Galice et je me soumets volontairement à cette interpellation de la part de quelqu'un que je suis incapable de jauger pour mieux calibrer ma réponse. Je n'ai donc pas d'autre choix que d'être sincère.

– Ce n'est pas moi qui prends le risque de diviser ma famille, ce sont ceux qui ont pris cette décision absurde sans jamais consulter le terrain ou la base du mouvement dans la circonscription. Mais faites-moi confiance : je vais éliminer Manuel Valls au premier tour, une semaine avant la date du premier tour pour le reste de l'hexagone, et cela nous permettra de rassembler la majorité présidentielle de la circonscription dans mon sillage, et ainsi d'acter le retour du principal dissident dans la famille. Franchement, que pourrait-on espérer de mieux comme symbole ?

À minuit passée, je dois mettre fin à ces deux heures d'échanges pour me concentrer sur ma conduite. Mon GPS a bien du mal à me guider sur les petits chemins de Galice et je dois absolument me concentrer pour éviter la sortie de route, et accessoirement arriver à ma destination en trouvant dès que possible Raxó, le village dans lequel je vais passer la nuit. En effet, plutôt que trouver un hôtel à Vigo, la capitale du Sud de la Galice où est programmée ma première réunion publique du lendemain, j'avais accepté l'invitation de mon ami Aymar à passer la nuit chez lui. Aymar est un Français d'Espagne que je connais depuis des années et qui, longtemps avant le Covid, avait décidé avec son épouse et sa fille de quitter Madrid pour s'installer aux confins de la Galice, ce *finisterre* espagnol, afin d'y vivre une existence plus en accord avec leurs goûts et aspirations. Aymar et les siens y vivent désormais au sein d'un environnement dominé par la nature, libérés des contingences de la vie dans les grandes métropoles, et totalement déconnectés de la communauté française. Il n'avait ainsi pas la moindre idée du fait que j'étais devenu député, ni même d'ailleurs du fait que l'on puisse être député français tout en vivant à l'étranger. Sur les coups de minuit quinze, une fois débusquée sa maison sur les hauteurs de Raxó, il m'accueille chaleureusement devant chez lui. Ma fatigue doit se noter, et lui et son épouse insistent pour me préparer un repas simple au cours duquel ils apprennent, interloqués, la teneur de mes aventures politiques du moment. Un peu après une heure trente du matin, Aymar m'indique la chambre où je pourrai m'installer pour tenter de voler à la nuit quelques heures de sommeil. Je sais que je n'en aurai pas besoin, mais je programme quand même un réveil à 5h30 afin de pouvoir notamment préparer les courriers électroniques qui inviteront les électeurs à mes réunions publiques d'après-demain.

Avant d'éteindre la lumière vers deux heures du matin, j'ouvre la porte-fenêtre et je passe sur le balcon de ma chambre pour prendre l'air et tenter de me vider un peu la tête.

Même en pleine nuit, la vue est magnifique. La Ria de Pontevedra, l'une des trois grandes baies de la côte occidentale de Galice, s'étend devant moi à perte de vue, à quelques centaines de mètres à peine en contrebas. Je devine les contours de la ville de Pontevedra sur l'autre rive, au-delà des parcs à moules et de l'île de Tambo qui se dressent au milieu de l'estuaire.

Appuyé sur la rambarde de ce balcon, en plein cœur de la nuit, au milieu d'un village inconnu et endormi, loin des miens, immergé dans ce paysage au sein duquel la lune est seule source de lumière, après des heures de route durant lesquelles j'ai écouté les derniers soubresauts de mon aventure relatés à la radio, puis ai dû me justifier auprès d'inconnus au ton parfois accusateur, désormais seul sur mon chemin pour les deux prochains jours, mais hébergé pour quelques heures par un vieil ami aux confins de la péninsule ibérique, je me sens comme un fugitif.

Je suis épié, mes actes, mes paroles et mes silences disséqués, interprétés, des inconnus essayent d'anticiper mes prochains mouvements et décisions, quand d'autres spéculent sur l'endroit et l'heure de ma reddition qu'ils considèrent inévitable, à moins qu'elle ne soit rendue caduque par ma défaite inéluctable.

Ces dernières heures, pour la première fois depuis le 3 mai et mon «*pas que je sache*», le doute s'est subrepticement installé en moi. Serais-je aveuglé par ma propre détermination? Par ma colère rentrée face à cette décision d'investiture? Mes soutiens seront-ils là au moment où cela comptera réellement? Est-ce que je peux me tromper sur toute la ligne quant à la capacité de Valls à gagner cette élection? Quant à sa capacité à me battre? Et quant à la mienne à le battre? En fin de compte, est-ce uniquement mon orgueil ou ma susceptibilité qui me guident, mon refus inné de la défaite, cet instinct de rébellion qui hiberne en moi depuis mon adolescence pour se réveiller face aux coups du sort que la vie nous réserve périodiquement ? Les questions s'accumulent soudain, dont certaines me renvoient à des épisodes complexes de ma trajectoire personnelle, à des fardeaux que j'ai traînés, souvent seul là encore, pendant des années. Ces moments de doute resurgissent parfois du passé, et je sais que, une nouvelle fois, seule la victoire – une victoire éclatante, lumineuse, incontestable – leur apportera une réponse, les fera taire durablement et renverra mes démons à leur propre hibernation. Jusqu'à la prochaine bataille. D'ici là, durant les longs jours et les courtes nuits qui me séparent du 5 juin, je devrai composer avec ces démons.

La journée du lendemain va être difficile psychologiquement, je le devine, je le pressens alors que j'éteins la lumière pour engranger quelques lambeaux de sommeil.

Jeudi 19 mai – En plein doute

Espagne – Vigo/Saint Jacques de Compostelle/La Corogne

Debout aux aurores, je travaille deux heures dans ma chambre avant de rejoindre mes hôtes au rez-de-chaussée pour le petit-déjeuner. Je suis redevable à Aymar de cet accueil, du simple fait de me permettre d'être là plutôt que seul dans une chambre d'hôtel froide et anonyme de la banlieue de Vigo. Cette compagnie que lui, son épouse et leur petite fille m'offrent pour quelques instants m'évite de ruminer excessivement mes réflexions d'hier soir, et de laisser la solitude m'emmener vers des pensées plus sombres comme elle sait parfois le faire.

Je profite du début relativement tardif de la première réunion du jour pour faire une promenade matinale avec Aymar. Vers huit heures du matin, nous descendons la côte jusqu'à la rive de la baie de Pontevedra. La conversation centrée sur le choix de vie d'Aymar et de sa famille, la lumière matinale qui met en relief chaque élément du paysage, l'odeur de l'océan omniprésente, et l'aspect visuel de ce village qui semble n'avoir pas subi de modification depuis une cinquantaine d'années, ses maisons de pierre et sa végétation luxuriante, tout devrait m'éloigner de Madrid, de Barcelone, de Paris, de Twitter, de cette campagne électorale et de mes préoccupations du moment. Une petite heure pour respirer dans tous les sens du terme, pour reprendre du poil de la bête psychologiquement. J'en ai besoin car je me suis réveillé dans le même état d'esprit qu'au moment de m'endormir, pas franchement à l'aise dans mes baskets. C'est la première fois que je doute – ne serait-ce qu'un peu – depuis que tout a commencé. En ce jeudi matin, après des nuits successives de trois ou quatre heures qui se sont enchainées sans répit, après déjà des milliers de kilomètres parcourus, et soumis à la répétition des réunions qui s'enchainent, je me sens pour la première fois physiquement entamé et je fais deux constats fondamentaux : il reste encore dix-huit jours à tenir jusqu'au premier tour du 5 juin, et je ne peux pas me permettre de flancher. Si je devais craquer psychologiquement, m'effondrer physiquement, tomber malade, avoir un accident de voiture, tout deviendrait compliqué, tout redeviendrait impossible.

Cet état d'esprit est paradoxal car diamétralement opposé à mon ressenti il y a deux jours à peine : au moment de conclure ma première journée de *Road Trip* en Algarve, j'estimais que la dynamique et le contraste d'images entre ma campagne et celle de mon adversaire penchaient tellement en ma faveur que j'avais presque intérêt à ne plus bouger le petit doigt, ne plus rien faire ou dire jusqu'au jour du premier tour, pour éviter qu'une expression malheureuse ou un accident ne viennent tout bouleverser, et remettre en question cette dynamique et mon avantage.

Mais depuis, les échos positifs de la campagne de Valls se font de plus en plus prononcés. Il avait finalement commencé à occuper sérieusement le terrain, en organisant notamment de premières véritables réunions publiques. On sent que lui et ses équipes ont bien compris ne pas pouvoir se contenter de réunions en petits comités avec des audiences conquises d'avance. On note surtout qu'il va employer tous les moyens à sa disposition pour marquer les esprits et faire basculer de son côté les prescripteurs de notre circonscription. D'après nos informations, il met notamment les petits plats dans les grands, et aussi bien à Barcelone qu'à Madrid, invite les VIPs et notables de la communauté à déjeuner ou diner dans de belles tables. Fini les tweets un peu pathétiques d'un candidat seul sur une photo à Minorque ou à Madrid mais affirmant « *aller à la rencontre des Français d'Espagne* ». Les images qui circulent désormais montrent des salles de réunion parfois bien remplies. On a notamment vu passer des photos de salles combles à Valence ou à Andorre-la-Vieille. De Madrid me parvient l'image d'un déjeuner rassemblant une trentaine de personnes : je reconnais quelques visages amis parmi les participants. Tous les Conseillers du Commerce Extérieur avaient d'ailleurs reçu une invitation par courrier électronique. Il s'agit pourtant en principe d'une liste de coordonnées qui n'est pas accessible au commun des mortels, et que moi-même en tant que député, je n'ai pas à ma disposition.

Quelques-uns des proches que j'avais reconnus sur cette photo m'avaient écrit ou appelé en amont pour m'expliquer avoir répondu à l'invitation, «*par courtoisie, ou par curiosité*», d'autres non. Mon ami Bertrand Rigaud m'a même annoncé qu'il avait été spécifiquement invité à diner en tête-à-tête avec mon rival, et qu'il avait accepté la convocation pour «*voir ce que Valls avait dans le ventre*». Il est vrai que c'est ce que j'attends de lui et ce que je lui avais demandé spécifiquement, être cet avocat du diable qui m'aide à voir plus loin que l'horizon de mes certitudes. Et pourtant, la sourde angoisse de perdre quelques-uns de ces soutiens monte en puissance, et participe à mon état d'esprit mitigé. Le syndrome de l'imposteur, qui malgré des apparences trompeuses n'a jamais cessé de me poursuivre au long de ma carrière, revient soudain en force, exacerbé par le fait d'affronter sous le feu des projecteurs un personnage du calibre de Manuel Valls, qui outre son passage à Matignon a aussi l'avantage d'avoir navigué dans les eaux troubles de ce marigot depuis près de quarante ans, et d'en connaitre tous les pièges… et sans doute beaucoup d'échappatoires.

Facteur aggravant, peu après la réunion de Vigo, alors que je me mets en route vers Saint Jacques de Compostelle, je découvre soudain un message posté par Nathalie sur la boucle de l'équipe de campagne :

– Je pense que je vais me mettre en retrait de cette campagne ou j'ai le sentiment d'être plus contre-productive qu'autre chose. Tu t'en sors très bien tout seul. Tiens-moi au courant si tu as besoin de quelque chose.

L'équipe m'appelle immédiatement. Ils sont tous aussi interloqués que moi. J'appelle immédiatement Nathalie pour tenter de comprendre, et je réalise rapidement que ses vingt-quatre heures au Portugal l'ont déstabilisée. D'abord la confirmation de son exclusion de LREM et la manière dont elle l'a appris. Ensuite, son ressenti qu'elle reste aux yeux du public et du monde politique, mais également, à mes yeux, le second rôle dans cette candidature, et ce malgré l'importance de son statut de suppléante et des principes que se démarche symbolise. Tout cela combiné à des difficultés d'ordre privé qui la mettent constamment face au doute cornélien que rencontrent ceux et surtout celles qui cherchent les responsabilités : jusqu'à quand notre famille va-t-elle tenir le coup face à nos absences, physiques ou mentales ? Jusqu'à quel point peut-on tendre l'élastique avant qu'il ne se rompe ? Ce sont des questions que je me pose moi-même fréquemment, et c'est ce questionnement qui avait nourri ma décision de lever le pied professionnellement il y a quelques années… avant de replonger récemment la tête la première dans le grand bain, mais celui de la politique cette fois-ci. Bref, Nathalie est en plein doute et elle semble soudain ne plus trouver son compte dans cette aventure.

Alors que j'en prends conscience, je dois modifier brusquement une liste mentale fondamentale pour mon équilibre psychologique : la liste des risques liés au fait de maintenir ma candidature. Jusque maintenant, je n'envisageais que deux dangers principaux. Le premier, l'ostracisation : gagner, mais devenir un député marginalisé hors de la majorité. Le second, l'erreur de jugement : perdre et contribuer à faire éliminer au premier tour les deux candidats macronistes. Je dois maintenant rajouter un troisième danger à ma liste : le ridicule. Celui auquel je m'exposerais si je me qualifiais pour le second tour mais que Nathalie refuse alors de signer notre déclaration de candidature en tant que suppléante. Dans ce cas, mon éventuelle victoire pourrait être invalidée, ou je pourrais même ne pas être autorisé à concourir pour ce deuxième tour. Au moment même où je parle avec Nathalie, mon cerveau fonctionne à toute vapeur, analysant les scénarios les plus improbables : et si Valls ou LREM avaient finalement et sans que je ne le réalise convaincu Nathalie de me lâcher pour m'éliminer de facto avant le premier tour ? C'est improbable, j'ai totalement confiance en elle, en sa droiture et en sa sincérité, mais je deviens probablement un peu paranoïaque : si jamais cette « mise en retrait » de Nathalie devenait publique, « ils » pourraient saisir l'occasion et tenter de la convaincre d'aller au bout de sa démarche.

Je n'ai pas d'autre choix que celui de la persuader de rester totalement à bord du bateau pirate. Il ne peut pas y avoir de demi-mesure.

Pour cela je dois d'abord m'expliquer auprès d'elle quant au fait de ne pas suffisamment chercher son opinion, ou ne pas systématiquement m'assurer que sa mise en avant soit raccord avec l'importance de son rôle. Il est vrai que j'enchaine les prises où décisions les unes après les autres, que je n'ai plus le temps de peser le pour et le contre de chacun de ces choix qu'en surface : j'ignore délibérément les risques secondaires pour me concentrer sur les seuls désastres potentiels, j'avance de plus en plus à l'instinct plutôt qu'à la réflexion, toujours plus focalisé sur le seul objectif qui vaille : gagner ! Bref, je suis désormais devenu, littéralement et métaphoriquement, *« un rouleau compresseur lancé à 150 kilomètres à l'heure sur l'autoroute »*. L'argument est renforcé par le fait que, au moment où je prononce ces mots, je roule effectivement un peu trop vite sur l'autoroute qui m'emmène de Vigo à Saint Jacques de Compostelle. Je lui présente mes excuses pour lui imposer la coexistence avec ce rouleau compresseur, puis je trouve tant bien que mal des mots suffisamment persuasifs pour convaincre Nathalie que l'équipe et moi saurons désormais assurer qu'elle soit impliquée plus systématiquement dans notre communication et notre organisation. Et surtout, je reconnais explicitement ce qui compte sans doute le plus pour Nathalie, et que, comme cela m'arrive parfois, je néglige de reconnaitre, à elle comme à d'autres : leur importance à mes yeux.

Je peux alors rassurer l'équipe sur la boucle de campagne, sans doute plus que je n'étais en réalité rassuré moi-même face à une situation devenue soudainement instable :

– Nathalie et moi nous sommes parlé et avons clarifié les choses. Je lui ai confirmé que je compte absolument sur elle autant que possible pour la campagne, a fortiori sur Madrid, et que donc il n'est pas question qu'elle me laisse seul en scène ! Ce n'est ni mon ambition ni ne serait une bonne idée. Au contraire il faut jouer sur la complémentarité et réaffirmer notre volonté de parité.

Une fois ce début d'incendie éteint, ou en tout cas circonscrit, cette journée qui avait mal commencé se poursuit tant bien que mal, marquée par des réunions publiques décevantes en termes d'audience. La foule des grands jours n'est pas au rendez-vous à Saint Jacques de Compostelle, ni à la Corogne où pour la première fois de cette campagne je me retrouve même face à une salle vide ! Je savais pertinemment que le Nord-Est de l'Espagne concentrait peu d'expatriés Français, mais j'avais quand même mis un point d'honneur à me rendre dans ces deux villes où les Français d'Espagne n'ont pas l'habitude de voir leurs représentants. Cependant, comme cela arrive parfois, la réalité est encore plus obstinée que moi, et cette quatrième journée sur la route est en train de passer par pertes et profits.

Autant tirer profit de ce moment d'accalmie improvisé à La Corogne pour passer des salves d'instructions à mon équipe quant à la préparation des deux réunions publiques que nous avons tout récemment prévu d'organiser à Madrid ce weekend. En effet, même si la capitale espagnole est mon fief électoral, je ne peux pas considérer cette ville et ses 20 000 électeurs Français comme acquis. Je me dois de marquer le coup en organisant des réunions publiques auxquelles assisterait le plus grand nombre possible, sans pour autant avoir besoin de les inviter à se repaître dans le luxe. Ne serait-ce que parce que mon budget ne m'en donne pas les moyens.

En termes de budget, nous avions évalué à approximativement 25 000 euros le coût total de ma campagne. N'étant investi par aucun mouvement politique, je ne pouvais évidemment pas espérer bénéficier d'un financement de la part d'un parti politique. Je ne bénéficierais pas non plus d'un prêt bancaire car le remboursement par l'État des frais de campagne d'un candidat est conditionné au fait que celui-ci franchisse la barre des 5 % au premier tour. C'est pourquoi aucune banque sensée ne prêterait à un candidat comme moi, préférant financer des candidats soutenus par les grands partis et « assurés » de réaliser un bon score. Une « assurance » théorique qui n'évite cependant pas les accidents éventuels, comme l'a démontré Valérie Pécresse avec ses 4,8 % ruineux obtenus au premier tour de la Présidentielle quelques semaines plus tôt. Mes seules sources de financement externe seront donc les dons de particuliers, qui s'élèveront au total à près de cinq mille euros. Merci à eux ! Le reste, à savoir plus de vingt mille euros, devra sortir de ma poche. Je me prêterai cette somme à moi-même, en l'occurrence à mon compte de campagne, en espérant un remboursement par l'État... remboursement qui ne pourra donc se matérialiser que si je franchis la barre des

5 % au premier tour, et que si la comptabilité de ma campagne est impeccablement tenue. Si j'en cherchais une autre, voici une source de motivation supplémentaire toute trouvée.

Psychologiquement, j'avais donc besoin de retrouver Madrid et la sensation du soutien populaire après une série de réunions plutôt confidentielles dans le nord de l'Espagne. Mais l'organisation de ces réunions madrilènes prête à nouveau le flanc à des divergences au sein de l'équipe de campagne. Après 300 kilomètres d'autoroute depuis La Corogne où je m'étais rendu en vain, je passe donc ce jeudi soir enfermé dans ma chambre d'hôtel à Gijón, principal port industriel des Asturies, à tenter d'éteindre un de ces débuts d'incendie. Au cœur des débats, le lieu de l'organisation de la réunion publique de dimanche midi. Marie, mon ancienne collaboratrice qui travaille désormais à plein temps pour l'équipe de campagne notamment sur les sujets d'organisation logistique, propose de la tenir sur la terrasse d'un « *super restaurant chinois que notre soutien Jean-Michel Béranger s'est décarcassé pour nous trouver en dernière minute* ». Mais Nathalie émet de fortes réserves, insistant que cet endroit présente le désavantage d'être « *un restaurant haut de gamme situé près de l'ambassade chinoise, qui risque d'associer notre réunion publique à la Chine, un régime dictatorial* », ce qui aurait pu nous porter préjudice dans ce contexte sensible. Passé minuit, je fais une dernière proposition :

– Il est déjà tard et je suis en train de finaliser le courriel d'invitation qui doit être envoyé aux électeurs de la région de Madrid demain à 7 heures de matin. On n'a plus le temps de changer d'endroit, et je ne veux pas vexer Jean-Michel après tout ce qu'il a fait pour nous. On le fera donc dans le restaurant en question, mais on parlera simplement d'une réunion publique « *sur une belle terrasse, à telle adresse* ». Nous ne mentionnerons pas le nom du restaurant, ni n'en ferons la publicité.

Nathalie se range à mon avis. Au moment d'éteindre la lumière de ma chambre d'hôtel et de fermer boutique, je croise les doigts pour que la journée du lendemain soit plus simple à gérer.

Vendredi 20 mai – Plein sud

Espagne – Gijón/Oviedo/León/Valladolid/Madrid

La première semaine du *Road Trip* prend fin avec une longue redescente plein sud. Cinq cents kilomètres de route entre Gijón, port industriel des Asturies, et Madrid, interrompus par quatre réunions publiques. À nouveau levé avant le soleil, j'ai hâte de retrouver ma famille, mon lit, et de tenter de récupérer un peu de sommeil. Après les distensions internes de la veille, cette journée de transition sera heureusement moins mouvementée, avec pour sommet émotionnel une panne sèche évitée à quelques hectomètres près, à mi-chemin entre Oviedo et Léon, en plein cœur du Parc National de las Ubiñas, un désert vert et montagneux. Journée notable également du fait d'une réunion publique à Oviedo dans la région des Asturies, marquée par l'omniprésence d'une participante. Cette dame ne cesse de dérouler des arguments anti-Macron et ostensiblement pro-Nupes pendant la plus grande partie de la réunion. Quand je finis par l'interroger, elle reconnait finalement être la représentante locale de Renaud Le Berre, le candidat Nupes. Ainsi démasquée, je me vois obligé de lui signaler qu'il aurait été plus élégant de mentionner son rôle dans l'équipe de campagne de mon adversaire au début de la réunion, plutôt qu'à la fin. Il n'y eut pas d'excuses de sa part, et cela ne l'empêchera d'ailleurs pas d'attendre à la sortie de la cafétéria les Français d'Oviedo venus à ma rencontre afin de prendre leurs contacts. L'élégance jusqu'au bout ! Quel contraste avec la présence lumineuse de Marielle, une autre française installée à Oviedo depuis des années et qui, elle, était venue simplement car elle voulait me rencontrer pour me remercier de mon action du quotidien pour les Français de la circonscription, et me connaitre en personne après tant d'échanges sur WhatsApp.

L'anecdote du jour sera la mention de mon nom au cours de la fameuse émission les Grosses Têtes sur RTL. Au cours du jeu *Qui suis-je*, on demande aux participants de répondre à la question « *Qui est Stéphane Vojetta ?* ». La réponse proposée (« *un cuisinier de top chef* ») étant évidemment erronée, Laurent Ruquier précise que je suis « *le député qui ne veut pas se laisser piquer sa circonscription par Manuel Valls* ». Un autre épisode du cirque médiatique qui s'organise autour de cette campagne.

Vendredi à 18 heures 30, je suis enfin de retour à Madrid, juste à temps pour garer ma voiture à un kilomètre de chez moi, devant le terrain de football du *Club de Fútbol Esperanza*, quelques minutes avant le coup d'envoi du match de mon plus jeune fils. Deux heures plus tard, enfin de retour à la maison, après une semaine de nuits écourtées et de repas sautés, je monte sur la balance : j'ai perdu cinq kilos en cinq jours. Il faut que je mette fin à cette spirale. Dormir, manger, respecter mon corps, pour me donner une chance d'aller jusqu'au bout.

Heureusement, cette première semaine de *Road Trip* prend fin sur une note positive avec la diffusion en soirée du reportage de Quotidien sur la campagne législative dans notre 5ème circonscription des Français de l'étranger. S'il fallait résumer en un mot ce reportage, ce serait « dévastateur »… pour l'image de mon adversaire. Car même si mon intervention via Facetime n'occupe qu'une portion congrue de la séquence, le reste du segment accumule les séquences négatives pour mon rival. Une poignée de Français qui l'attendent pour sa réunion publique à Alicante. Un candidat agressif avec les journalistes alors qu'il pense la caméra éteinte. Un attaché de presse qui défend Valls en expliquant que « *il en prend plein la gueule en ce moment* ». Des Français interrogés dans la rue qui expriment et confirment tout le rejet que provoque son image (« *un retournement de chemise par jour* », « *représentant de la vieille politique* »). Effectivement, Quotidien voulait « se faire Valls ». C'est dur, probablement injuste voire cruel pour mon adversaire, mais de mon point de vue, parfait.

Quelques heures après la diffusion du reportage, la vidéo circule déjà largement sur les réseaux sociaux. Très vite ce soir-là, et dans les jours et semaines qui suivent, je ne compte plus les personnes qui m'interpellent pour évoquer ce reportage, et les rôles respectifs que mon rival et moi y tenons.

Samedi 21 mai – 49.3

Journée de repos, entrecoupée d'une longue conversation avec Sébastien, un ami qui a assisté à la réunion publique de Manuel Valls hier soir, et pour laquelle mon concurrent avait réservé une salle de projection au sein du complexe de cinéma MK2 du Palacio de Hielo, un centre commercial situé au cœur du « quartier français » d'Arturo Soria, à quelques encablures du Lycée Français de Madrid. Une trentaine de personnes, dont Sébastien, avaient répondu à l'appel de « l'ancien Premier ministre investi personnellement par Emmanuel Macron »… deux personnalités dont les portraits étaient projetés sur l'écran géant de cette salle de cinéma pendant l'intervention du candidat, au cas où le moindre doute aurait subsisté quant au soutien revendiqué par l'un des d'eux. Pendant ce temps, le candidat de la Nupes Renaud Le Berre tenait une réunion publique à Malaga. Paolo, mon relais dans la principale ville côtière d'Andalousie, s'y rend en espion. Mais niveau discrétion, on repassera : Paolo s'avère être l'un des deux seuls participants à une rencontre publique qui se transforme donc en un quasi-tête-à-tête que j'imagine plutôt inconfortable. Tout cela est plutôt bon signe.

Ce samedi matin, alors que j'accompagne ma fille ainée qui joue avec son équipe un match de basket sous le soleil déjà brulant du printemps madrilène, Sébastien m'appelle pour revenir sur la réunion de la veille et sur une conversation de quelques minutes qu'il avait pu avoir en aparté avec mon concurrent préféré.

– Avant tout – et tu me connais, tu sais que je t'appuie à fond – mais je dois bien dire que c'était impressionnant. Valls est bon, il a du charisme, tu sens bien qu'il a été ministre, il parle avec une facilité et une autorité impressionnantes quand il évoque la situation internationale, en particulier l'Ukraine et la Russie. C'était passionnant...

– Tu as pu parler avec lui ?

– Oui, mais au-delà de l'Ukraine, sur l'Espagne et les Français de l'étranger, il n'avait pas grand-chose à dire. Et c'est quand j'ai reconnu que je te connaissais et que je comptais voter pour toi qu'il a semblé un peu plus intéressé par la conversation.

– Alors, que pense-t-il de ma candidature ?

– Il a rapidement écarté le sujet en disant qu'il fallait être sérieux, que son adversaire c'est « le mélenchonisme », pas toi. Il est notamment convaincu que ceux qui te soutiennent comme moi sommes de ton côté parce qu'on est de bons copains, qu'on vit tous dans le même quartier, qu'on a nos enfants dans le même lycée. On sent qu'il a beaucoup de mal à adhérer à l'idée du député disponible, de l'élu de terrain qui tente vraiment de se mettre à hauteur des gens, et que cela puisse générer une véritable image porteuse électoralement.

– Tu penses qu'il me voit comme un danger éventuel dans les urnes ? Il pense gagner malgré tout ?

– Bien franchement, je n'ai pas l'impression qu'il te croie capable de lui nuire électoralement. Je crois que pour lui tu es un épiphénomène, tu fais parler le microcosme parisien, tu l'emmerdes un peu au niveau de l'image et dans les médias mais cela ne va pas plus loin. Il est persuadé que in fine les gens voteront pour « *l'ancien Premier ministre soutenu par le Président* ». Il m'a répété deux fois cet argument de ta popularité restreinte à ta « *bande de copains madrilènes* ». Bref, pour lui, il est impossible que tu finisses devant.

– Très bien. On verra le 5 juin...

Ce retour d'expérience est intéressant. Bien sûr, Sébastien ne m'apprend rien quant aux qualités intrinsèques de mon concurrent : c'est un homme d'état, doublé d'un beau parleur, qui sait haranguer les foules quand il le faut. On le savait tous, moi le premier. Son expérience politique et ses connections dans les cercles du pouvoir sont uniques et sans commune mesure avec les miennes. Si le match se jouait là-dessus, il serait plié d'avance, et je ne me serais pas mis dans ce pétrin pour simplement essayer de partir en beauté après une défaite inéluctable. Mais, justement, le match entre nous ne se jouera pas sur ces critères-là, et c'est bien cela qui rend ce feedback intéressant.

Si cette brève conversation reflète effectivement la pensée de mon rival, alors il continue à commettre une erreur d'analyse en me considérant inoffensif et donc en ne jugeant pas utile de faire campagne plus franchement contre moi. Je souhaiterais être dans sa tête ne serait-ce qu'un instant : si j'imagine sans difficulté qu'il a dû répéter pendant des semaines à tous ceux qui devaient l'entendre à quel point sa victoire électorale serait garantie en cas d'investiture, en est-il réellement convaincu au fond de lui ? Est-il à ce point persuadé lui-même par la belle histoire qu'il a servi à son audience parisienne ? Au fond de lui, n'a-t-il pas le moindre doute quant à sa capacité à gagner ces élections, en particulier dans le scénario désormais confirmé où je maintiendrais ma candidature ? J'arrive à comprendre que cet ancien Premier ministre considère quelqu'un comme moi (un amateur, n'ayons pas peur des mots) comme quantité négligeable, mais je n'arrive pas à saisir comment son entourage – son équipe de campagne, les quelques Marcheurs de la circonscription qui se sont ralliés à lui, et même Samantha – n'arrive pas à instiller ne serait-ce qu'un léger doute dans son esprit. A-t-il en tête le score de Samantha au premier tour de la législative partielle de 2018 ? Pense-t-il à ces 35 % qu'elle avait alors recueillis au premier tour malgré un contexte électoral difficile… et face notamment à un Marcheur dissident qui avait quant à lui plafonné à 7 % des voix ?

À plusieurs reprises durant cette campagne j'ai été surpris de voir Valls partager explicitement une des clefs de sa rhétorique : ne jamais répondre aux questions sur les implications d'une défaite possible. À l'occasion de ces élections, il n'a d'ailleurs à aucun moment accepté de rentrer dans mon jeu et de se prononcer quant à une éventuelle consigne de vote en ma faveur dans l'hypothèse de son élimination au 1er tour. Il est également de notoriété publique que mon adversaire ne lit pas les commentaires sur les réseaux sociaux. Mais cela va plus loin : le directeur de son équipe de campagne, que je connais par ailleurs, m'a même avoué que cette équipe s'efforçait de protéger son candidat de tous les retours négatifs, notamment ceux reçus via ces réseaux.

Bref, je fais face à un concurrent qui éprouve de grandes difficultés à prendre du recul sur lui-même, et dont les conseillers ne sont pas en capacité de l'aider à mieux appréhender la réalité de la situation. Difficile de faire une campagne efficace quand on se permet le luxe d'être potentiellement à ce point à côté de la plaque… Je me pose la question : est-ce qu'au fond le petit député indiscipliné que je suis ne lui rappelle pas ces satanés *frondeurs* qui avaient fini par lui compliquer la vie durant son mandat de Premier ministre ?

Malheureusement pour lui, cette fois-ci il n'aura pas d'article 49.3 sous la main pour se débarrasser du frondeur Vojetta. Il faudra passer par les urnes.

Dimanche 22 et lundi 23 mai – À domicile

Espagne – Madrid

Ragaillardi par les derniers développements – le reportage de Quotidien, la confirmation de la myopie de mon adversaire –, par quelques heures de sommeil en plus et par le fait de revoir ma famille, je me sens à nouveau combatif à l'heure d'aborder la longue dernière ligne droite qui nous mènera au premier tour. J'en veux pour preuve la réponse que je poste ce matin sur Twitter à un extrait vidéo de l'interview de Valls posté par Equinox et assorti de cette introduction :

Manuel Valls : «Ma désignation à cette législative par Emmanuel Macron est une démonstration de respect et d'intérêt pour les Français en Espagne. C'est unique qu'un ancien Premier ministre puisse représenter les Français de l'Étranger.»

Ma réaction fuse, également sous forme de tweet :

– Pour ceux qui se posent la question, en espagnol «Le melon» se traduit par «*El melón*».

Un style assez éloigné des codes habituels de la politique et de la langue de bois à laquelle nous sommes censés nous conformer. Equinox en fera même un article durant la semaine, prenant cet «échange» pour preuve d'une tension qui monterait entre les candidats. Et pourtant, chez moi, pas de tension particulière, juste la volonté d'exprimer – toujours avec humour – ma combativité et le refus de l'unique argument qui justifie la supposée légitimité de Valls.

Ce dimanche midi sur la terrasse du restaurant-chinois-que-l'on-ne-peut-pas-nommer dans le quartier français, puis le lendemain en soirée dans le Parque de la Villa de Paris, une oasis de verdure située sur le trottoir d'en face de l'Institut Français et du Consulat Général, à quelques dizaines de mètres de la place de Colon en plein cœur de Madrid, nos deux réunions publiques se déroulent devant un public venu en nombre, mais surtout, qui n'est pas composé exclusivement de ces amis et amis d'amis que mon rival imagine constituer l'essentiel de mes sympathisants. Au contraire, l'audience est nourrie de visages inconnus, attirés par la chose politique, par les échos du combat de ce candidat dissident, ou dans certains cas par la volonté de connaitre celui qui se cache derrière le compte Twitter à la mode.

Ces réunions, comme celles qui suivront, se déroulent désormais en suivant une routine désormais bien huilée.

D'abord, il faut parler de l'investiture, des déloyautés perçues ou ressenties par notre audience, et de notre démarche. Les gens sont venus en partie pour cela, pour l'aspect émotionnel et *people* de cette saga. Je leur sers donc sur un plateau les anecdotes, je rejoue les conversations, et surtout – une grande nouveauté pour moi – je parle de mes émotions.

Après un quart d'heure de cette *Séquence Émotion*, Nathalie enchaine et fait rentrer la réunion dans une phase plus rationnelle. Elle nous explique qui elle est, pourquoi elle décide d'être à mes côtés, et revient sur le processus de cette décision : une question de principes et de valeur, et une conviction quant à notre capacité à gagner.

Puis Nathalie poursuit en déroulant notre programme, dans une partie qui se transforme en un match de ping-pong entre ses sujets (égalité, fiscalité, Europe) et les miens (procédures administratives, éducation, citoyenneté).

Enfin vient le moment de l'échange, des questions, des interpellations, des réponses, des retrouvailles, et souvent des rencontres. Ce sont les moments les moins répétitifs, et donc ceux que j'attends et savoure le plus.

Les retrouvailles sont un élément fondamental de cette campagne. Car si au long de ce *Road Trip* et de la soixantaine de réunions publiques au cours desquelles je rencontrerai largement plus d'un millier de Françaises et de Français, dans la majorité des cas, il s'avère qu'il s'agit de personnes avec qui j'avais déjà établi une relation à distance… Il y a quelques décennies, on aurait encore parlé de relations épistolaires. Il s'agit simplement désormais de dialogues avec des personnes avec lesquelles je suis en contact sur les réseaux sociaux, et avec qui d'une manière ou d'une autre une « relation » s'est établie. C'est particulièrement vrai de ces personnes avec qui je suis en contact à travers ma « *ligne directe WhatsApp* ». Ce système WhatsApp, c'est mon invention, mon intuition depuis le tout début, en tout cas depuis que j'ai été élu conseiller consulaire. J'avais alors créé ce système à travers lequel les Français de la circonscription peuvent rentrer en contact avec moi en m'écrivant simplement « *Bonjour* » dans un message. Je les inscris alors sur une liste de distribution, ce qui me permet de leur faire parvenir des actualités dignes d'intérêt pour ces citoyens français établis hors de France. Sur le Covid, la vaccination, le passage des frontières, sur les problématiques démarches administratives, sur la fiscalité, nos lycées, etc. Et, miracle, non seulement ils reçoivent ces informations, mais un lien informel est établi entre nous, et nombreux parmi ces « abonnés » décident chaque jour de répondre au dernier message reçu pour m'interpeler, me poser une question, voire simplement me saluer. De mon côté, je m'engage à répondre dans les vingt-quatre heures. Ce système habilite ainsi des interactions qui seraient autrement inenvisageables entre un élu et ses administrés. Inenvisageable tout simplement car le modus operandi habituel consiste à trouver l'adresse de la permanence ou l'adresse électronique du député, de sortir une feuille blanche et de commencer à aligner les formules de politesse… « *Monsieur le député je vous écris afin de vous prier par la présente de bien vouloir prendre connaissance etc. etc…* ». Résultat : personne ou presque n'écrit à son député, ou alors uniquement dans le cas de demandes d'intervention spécifiques et lourdes. Notre lien WhatsApp élimine cette distance, retire l'inhibition et permet à un véritable dialogue de s'établir entre deux personnes placées sur un pied d'égalité. Si les réseaux sociaux ont un aspect positif, c'est bien celui de permettre ce nivellement des hiérarchies… pour celles et ceux qui le souhaitent.

Au moment de la passation de pouvoir définitive entre Samantha et moi, alors que je devenais député, nous n'avions eu qu'une brève conversation. Je lui avais parlé de mes priorités et, en passant, j'avais évoqué avec elle mon intention de maintenir cette Ligne Directe WhatsApp que j'utilisais jusqu'alors dans le cadre de mon mandat de conseiller consulaire, et de l'appliquer à mon mandat de député. Vint alors la seule et unique recommandation que me fit Samantha au moment où je reprenais son rôle :

– Stéphane, je te le dis franchement, ne le fais pas. Si tu le fais, tu vas désacraliser le rôle du député.

C'est sans aucun doute le meilleur conseil que j'aie reçu à cette période, ou en tout cas la recommandation la plus utile, puisque je considérai alors cette désacralisation comme quelque chose de tellement nécessaire que je n'avais soudain plus aucun doute quant à ma décision.

Huit mois plus tard, sur la route de ma campagne, je constate qu'en moyenne une personne sur deux qui assistent à mes réunions électorale est connectée à ma ligne directe WhatsApp. Un calcul simple me permet de conclure qu'environ 10 % des inscrits à la ligne directe sont venus à ma rencontre durant la campagne malgré la distance, et les horaires difficiles.

Pendant ce temps-là, mon concurrent continue sa campagne, et c'est au Portugal, sur les terres de son suppléant lisboète, qu'il tente de rattraper le temps perdu. Mais ces cinq journées qu'il passe au Portugal ne constituent-elles pas une erreur stratégique? Car c'est plutôt en Espagne que Valls devrait rencontrer et convaincre les électeurs. En effet c'est bel et bien en Espagne que mon rival souffre d'un déficit d'image tout particulier, et c'est aussi en Espagne que se trouvent 75 à 80 % des électeurs qui mettront un bulletin dans l'urne au premier tour. Valls fait donc fausse route en consacrant une semaine entière au Portugal où, quoi qu'il fasse, les réseaux de son suppléant ainsi que les légitimistes, plus nombreux qu'en Espagne, voteront pour lui, le candidat officiel. Puis il prend le chemin de Monaco, un autre pays «légitimiste» où j'ai décidé depuis longtemps que je ne mettrai pas les pieds avant le second tour, au grand dam de mon équipe pour qui l'orthodoxie suggère un passage obligé par chacun des 4 pays de la circonscription avant le premier tour. Mais il faut faire des choix, et je sens que mon passage physique par la Principauté avant le 5 juin n'y modifierait qu'une poignée de votes. Je préfère me concentrer sur d'autres terrains de bataille, là où il y a plus à gagner, ou à perdre. Demain, je mettrai le cap sur Marbella, et j'y croiserai Laurent Goater.

Mardi 24 mai – Rendez-vous sur la Costa del Sol

Espagne – Marbella/Torremolinos/Alhaurín de la Torre/Málaga

Dès l'aube, en route vers Malaga à bord de mon train à grande vitesse, et alors que je traverse à plus de 300 kilomètre-heure les paysages de Castilla La Mancha et d'Andalousie, je fais un point d'étape. Nous avons finalement bouleversé le programme de cette journée car je souhaitais inclure un passage en Andalousie durant cette semaine de transition. J'avais pourtant initialement prévu de parcourir la région durant la première des deux semaines d'entre-deux-tours, et pas avant. Mais au fur et à mesure que le temps passait, je réalisais que ne pas passer par l'Andalousie avant le premier tour serait une erreur. Car même si je ne rencontrerai probablement qu'une poignée de Français au cours de cette journée, ce qui compte réellement est le courrier électronique que j'ai envoyé dimanche soir à plus de six mille Français établis dans la région, pour leur annoncer ma venue et les inviter à me rejoindre à l'occasion de l'une de mes trois réunions publiques sur la côte. C'est ce message, cette marque d'attention qui fera peut-être basculer quelques centaines de voix en ma faveur, et cela va bien au-delà des quelques dizaines de voix des personnes qui viendront à ma rencontre… voix qui me sont sans aucun doute par ailleurs déjà acquises.

La première réunion du jour consiste en un débat contradictoire avec le candidat Républicain Laurent Goater, actuellement élu des Français de l'étranger et président actif et apprécié du Conseil Consulaire de Lisbonne. Bien implanté au Portugal et où il est largement connu de la communauté française locale, Laurent Goater tente de pallier son manque de notoriété en Espagne en organisant son propre *road trip* à travers le pays. Malheureusement pour lui, lors de cette odyssée espagnole, sa voix résonne souvent dans un vide relatif. Il est bien difficile de motiver les Français de l'étranger à se bouger pour écouter parler de politique locale ou nationale, d'autant plus quand on reste dans l'esprit des gens le représentant dans la péninsule ibérique de Valérie Pécresse, quelques semaines à peine après son échec cuisant au premier tour de l'élection présidentielle.

Cette réunion commune avec Laurent a pris forme alors que j'évoquais la semaine dernière ma prochaine visite à Marbella avec Évelyne Ramelet, star des émissions culinaires sur le petit écran et omniprésente égérie de la communauté française à Marbella. Elle mentionna la présence concomitante de Laurent Goater sur la *Costa del Sol* et j'avais alors immédiatement appelé Laurent pour lui proposer d'organiser une réunion commune. Je l'envisageais avant tout comme une préparation de bon aloi avant le second tour. Dans ma tête, l'ordonnancement des choses était limpide : une fois Valls éliminé et moi qualifié face à la Nupes, il faudra que je bénéficie des meilleurs reports de voix possibles, non seulement de la part des électeurs qui auront voté Valls au premier tour, ce qui semblerait plutôt naturel, mais surtout de la part de l'électorat des Républicains, un électorat particulièrement représenté au Portugal et à Monaco. Ce rapprochement visible avec Laurent Goater est ainsi pour moi l'occasion de démontrer une volonté de travailler avec les élus locaux (en l'occurrence, le président apprécié du Conseil Consulaire de Lisbonne), mais aussi d'offrir une image de cordialité entre deux concurrents qui se respectent malgré leurs divergences évidentes. Mais surtout entre deux candidats qui s'élèvent contre le modèle de représentation proposé par notre adversaire commun.

Nous débattons pendant une bonne heure et demie, à l'ombre des palmiers qui agrémentent la terrasse de l'hôtel légèrement désuet où nous avons organisé la rencontre. Les séquences suivantes, notamment dans un restaurant de plage à Torremolinos, sont l'occasion de voir anciens et nouveaux supporteurs afficher leur volonté de me voir rempiler à l'Assemblée. C'est ainsi le cas d'Anne, une Française de la Costa del Sol, farouche défenseuse des animaux et de l'environnement en général, qui fait le déplacement depuis la localité voisine de Benalmádena pour venir à ma rencontre. Elle en profite pour me sensibiliser à la situation des ânes de la ville de Mijas, splendide village perché sur les reliefs de la Costa del Sol, mais où les malheureux animaux sont traditionnellement utilisés comme de véritable taxis pour transporter les touristes vers les hauteurs du village.

Après deux autres réunions publiques, j'attrape de justesse le dernier train pour Madrid. Le lendemain matin à la première heure, je m'envolerai vers Ibiza et les îles Baléares.

Mercredi 24 et jeudi 25 mai – Let's go to Ibiza

Espagne – Ibiza/Minorque/Majorque

Être député des Français de l'étranger est synonyme de représenter à Paris des Français installés dans des territoires parfois éloignés de l'hexagone, parfois inhospitaliers, et parfois les deux à la fois. Ainsi, Amelia Lakrafi, ma collègue députée de la 10ème circonscription représente notamment les Français établis en Somalie, en Angola ou en Irak, des pays qui ne sont pas connus pour être des havres de paix. Anne Genetet, la députée de la 11ème circonscription, représente quant à elle les Français établis dans 59 pays, par exemple en Australie, au Tadjikistan ou en Corée du Nord. Là encore, des destinations lointaines, exotiques et parfois ingrates.

Pour ma part, j'ai souvent l'habitude de dire que le député de la 5ème circonscription des Français de l'étranger est le député des Français de Tenerife, de Vilamoura, de Gran Canaria, de Comporta, de Marbella, d'Andorre, de Sitges, de Monaco… ou encore d'Ibiza, de Minorque, de Formentera et de Majorque. Le contraste avec les exemples précédents est frappant : ce sont des endroits magnifiques, paisibles, accueillants, privilégiés, situés à une ou deux heures de vol de la France. Nos compatriotes qui ont choisi ces lieux de résidence ont avant tout fait le choix de la qualité de leur cadre de vie, souvent pour y passer leurs vieux jours. Pour ceux d'entre eux qui exercent une activité professionnelle, c'est plutôt la perspective d'exercer celle-ci sous un climat ensoleillé, et de vivre sa vie au sein d'une population locale accueillante, en profitant de l'esprit allègre et même festif qui caractérise ces endroits, le tout à une distance raisonnable de la France, qui a guidé leurs pas jusqu'à ces recoins de la péninsule ibérique. Afin de se pouvoir réveiller chaque matin et se dire que l'on vit au quotidien dans ces endroits où de nombreux Français de la métropole rêvent de venir passer quelques jours de vacances chaque année.

Pour moi, organiser un déplacement dans ces endroits, même si cela ressort du domaine professionnel, c'est aussi un plaisir. Pourquoi ne pas le reconnaitre ? Me rendre à Monaco pour une audience avec le Prince Albert II, me déplacer à Marbella pour inaugurer une nouvelle école française, me réunir avec les autorités de Tenerife pour évoquer le futur Musée Rodin de l'île, ce n'est clairement pas la mine.

Alors, faire campagne durant quarante-huit heures à Ibiza, Minorque et Majorque, soit trois des quatre îles Baléares (malgré la beauté des lieux, Formentera héberge trop peu de Français pour mériter une visite au sein d'un calendrier de campagne déjà surchargé), c'est une étape obligée de ma campagne électorale, mais c'est aussi un rayon de soleil dans mon itinéraire. Étrangement, à l'exception de Manuel Valls qui passe régulièrement à Minorque pour des raisons personnelles, je serai le seul parmi les douze candidats en lice à me déplacer dans les îles Baléares. J'en suis conscient, et je me ferai un devoir de faire remarquer cette exception aux Français et Françaises qui ont choisi de vivre dans ce cadre idyllique. D'autant plus que l'une de ces Françaises est Samantha Cazebonne, établie à Palma de Majorque depuis 2014. Une autre raison pour soigner ce passage par l'archipel.

Après une escale matinale à Ibiza et une réunion publique organisée dans un *Beach Club* à deux kilomètres de l'aéroport, je rencontre mercredi à Sant Lluís sur l'île de Minorque les membres de l'association des Français de l'île pour la seconde fois en quelques mois. Alors que j'appréhendais légèrement ces retrouvailles, craignant que la proximité géographique avec Valls n'ait généré chez eux un coup de cœur, je suis surpris de constater l'amertume avec laquelle ils évoquent un candidat qui « *n'est pas venu une seule fois à la rencontre des Français de l'île alors que cela fait trois ans qu'il y passe ses weekends, et après qu'il y ait passé l'intégralité du confinement en 2020* ».

En atterrissant le lendemain à huit heures du matin à l'aéroport de Palma de Majorque, je sais déjà que cette journée sera plus intense que la veille. Outre ma prise de parole en ouverture d'un Séminaire

Franco-Espagnol organisé à la Maison de l'Ordre des Avocats du Barreau des Baléares, nous avons prévu trois réunions publiques dans trois villes différentes, en plus de la visite du Lycée Français de Palma, ainsi que des rencontres avec des commerçants et restaurateurs français. Je serai accompagné sur l'île par le conseiller Consulaire de Catalogne et des Baléares, Baudouin de Marcellus, un type extrêmement sympathique avec qui j'avais eu le plaisir de travailler au moment des élections consulaires de 2021, dans nos rôles de têtes de liste respectives de LREM sur les deux circonscriptions espagnoles : la Catalogne et les Baléares pour Baudouin, Madrid et tout le reste de l'Espagne pour moi. Je retrouve donc Baudouin à l'aéroport, puis nous prenons ensemble la direction du centre de Palma en voiture de location. Avant de commencer ce qui sera une longue journée, nous retrouvons également Charlène dans le centre de Palma de Majorque. Charlène est une jeune Française qui réside à Majorque et qui m'avait contacté il y a quelques semaines afin de me proposer son aide, et notamment de m'assister sur les étapes de ma campagne à Majorque. J'avais sauté sur l'occasion et Charlène allait donc passer les douze prochaines heures avec nous à bord du bateau pirate.

Cette journée se déroule intégralement au sprint. Où que nous allions, nous sommes systématiquement en retard de dix minutes : il est difficile de garer la voiture à proximité des lieux de rencontre dans des lieux touristiques, et avec une heure pour chaque rencontre publique nous avons vu trop juste. Nous parcourons donc les rues piétonnes du centre-ville de Palma de haut en bas au pas de course pour honorer une réunion organisée avec un entrepreneur local… qui réalise durant la conversation qu'il ne s'est pas inscrit à temps sur la liste électorale pour pouvoir voter dans notre circonscription. Un peu comme Manuel Valls en somme. La réunion prévue sur la promenade de Port de Soller, station balnéaire située au nord-ouest de l'île, est l'occasion d'une autre course le long de la plage après un mauvais choix de parking, bien trop éloigné de l'endroit de la rencontre! Entre temps, notre visite du Lycée Français de Palma prend un tour inattendu quand une situation conflictuelle que le proviseur de l'établissement nous révèle durant notre entretien nous oblige à évacuer l'établissement en grande discrétion, par la porte de derrière, et là encore au pas de course. Alors que nous nous éclipsons discrètement, je dois expliquer la situation à Baudouin et Charlène, interloqués de nous voir mettre fin à la visite abruptement en catimini. Mais la fin précipitée de notre passage au Lycée Français présente un avantage : pris par le temps, nous avions dû interrompre notre déjeuner chez Les Artistes, un restaurant français du centre de Palma pour aller honorer notre rendez-vous au lycée sur les chapeaux de roue… et nous retraversons donc la ville au même rythme afin de retourner prendre le dessert dans ce même restaurant. Le cuisinier et ses promesses de profiteroles nous avaient convaincus.

À la fin de la journée, après plus de dix heures de rebondissements et d'ajustements au programme en temps réel, le tout à un rythme trépidant, et alors que je dépose Baudouin à l'aéroport, celui-ci m'avoue trembler à l'idée de remettre le couvert pendant les soixante-douze heures de mon *Road Trip* catalan la semaine suivante, d'Andorre à Sitges en passant par Cadaques et Barcelone. Je suis sûr que Charlène, quant à elle, n'oubliera pas de sitôt ce baptême du feu politique. En ce qui me concerne, ce jeudi soir, je suis à nouveau sur les rotules. La navigation sur le bateau pirate est une expérience intense, psychologiquement et physiquement.

Heureusement, un élément nouveau vient soutenir mon effort et ragaillardir toute mon équipe. Le média en ligne lesfrancais.press avait il y a quelques jours, comme ils en ont l'habitude à l'approche des élections des Français de l'étranger, lancé une enquête d'opinion afin de connaitre les intentions de vote des électeurs de chacune de nos onze circonscriptions. C'est bien sûr notamment le cas de ma 5ème circonscription, et j'ai moi-même reçu il y a quelques jours le courriel qui m'invitait notamment à indiquer si je comptais voter, et le cas échéant pour lequel des douze candidats en lice je le ferais. En l'absence de sondages officiels ou financés par les partis impliqués, cette enquête serait enfin l'occasion d'avoir une indication objective des intentions de notre électorat. Et même si sa méthodologie n'en fait certainement pas un sondage fiable du point de vue scientifique, j'avais été surpris que cette même enquête ait prédit – à 1 % près – le score de ma liste aux élections consulaires du printemps 2021. Cette fois-ci, ce résultat serait beaucoup plus scruté et, surtout, pourrait m'aider à convaincre ceux qui doivent l'être que ma démarche n'est ni fantaisiste, ni vaine. D'ailleurs, pour ma propre analyse de la situation, j'ai besoin de résultats les plus objectifs possible, et j'attends donc leur publication d'ici quelques jours avec attention, et même une certaine impatience.

Cependant, ce jeudi soir, mes plans sont bouleversés quand je reçois un message d'une connaissance qui travaille au sein de l'équipe de lesfrancais.press :

Résultat partiel de l'enquête sur les 500 premières réponses : Vojetta 30 %, Le Berre 23 %, Chamoux (Reconquête) 19 %, Valls 12 %, Goater 7 %, RN 5 %

Bingo! J'ai donc – enfin! – une indication objective de ma capacité à gagner cette élection! Ces résultats intermédiaires me paraissent réalistes, et notamment le fait que la somme du résultat de Valls et du mien s'établisse autour de 40 %, le score de Macron au premier tour de l'élection présidentielle. Ainsi conforté dans mes certitudes, et en possession d'un résultat intermédiaire que je suis probablement l'un des seuls à connaitre, je décide finalement de tirer parti de cet avantage. Je partage alors avec les personnes inscrites sur ma Ligne Directe *WhatsApp* le lien vers l'enquête en ligne, en leur proposant de « *s'entrainer avant le vrai vote du 5 juin* », sans leur demander pour autant de voter pour moi. Cela me permettra non seulement de marquer le coup en faisant sans doute pencher encore un peu plus le résultat de l'enquête en ma faveur, mais aussi de mesurer la capacité de mobilisation de mes « *followers* ».

Il ne reste plus alors qu'à attendre les résultats finaux de l'enquête qui seront publiés ce dimanche 29 mai, à une semaine tout juste du premier tour.

Vendredi 27 mai – Vote électronique

Espagne – Barcelone

Voici enfin arrivé le premier jour J de ces élections. La période de cinq jours durant laquelle sera ouverte la modalité de vote électronique commence aujourd'hui vendredi 27 mai à midi et se prolongera jusqu'au mercredi 1er juin à la même heure. Cette possibilité de voter en ligne (sur un ordinateur ou un téléphone) est exclusivement réservée aux élections législatives et consulaires des Français de l'étranger, et a pour objectif de palier la distance entre les électeurs et leur bureau de vote physique le plus proche. On parle en effet souvent de plusieurs centaines de kilomètres dans nos circonscriptions de l'étranger. Cette modalité de vote électronique est en revanche inédite en France métropolitaine pour des élections législatives, même si elle a été régulièrement utilisée depuis une dizaine d'années à l'occasion des récentes primaires des grands partis politiques.

Ce vote électronique devient de ce fait un aspect absolument fondamental et stratégique de cette élection. En effet, si l'expérience des élections consulaires du printemps 2021 se confirme, plus de 80 % des votes qui seront exprimés lors de ces élections législatives devraient l'être par le biais du vote électronique plutôt que par celui du vote à l'urne. Par ailleurs, on sait aussi que c'est dans les premières heures de la période de vote en ligne que la grande majorité des électeurs se connecte afin d'accomplir leur devoir citoyen. Bref, la grande majorité (65 %, 70 %, 75 %?) des votes qui seront exprimés durant cette élection devrait l'être d'ici dimanche soir, 29 mai. En d'autres termes, l'élection sera sans doute jouée dès ce weekend, soit une semaine avant l'ouverture du vote à l'urne le dimanche 5 juin. Et pourtant, personne ne connaitra les résultats du vote électronique avant le dépouillement du vote à l'urne, le dimanche 5 juin à 20h.

C'est pour cela que nous mettons en œuvre deux actions spécifiques tôt ce matin. Tout d'abord, un exercice de mobilisation de nos sympathisants afin notamment de rendre virale la désormais célèbre vidéo du reportage du Quotidien. Pour cela, nous demandons à nos « troupes » sur les boucles Telegram de nos soutiens d'aller poster le lien vers la vidéo de Quotidien sur chaque groupe Facebook de Français de Barcelone, de Madrid, de Lisbonne, de Porto, d'Algarve, de Valence, d'Alicante, des Canaries, des Baléares, de Séville, etc. en y ajoutant en introduction un commentaire du genre : « *Regardez cette vidéo! On parle des Français d'Espagne [ou du Portugal] dans Quotidien!* »

Je peux maintenant me consacrer à cette nouvelle journée de transition, et à ce nouveau séjour à Barcelone (le troisième depuis le 5 mai) sur le chemin du retour vers Madrid. Mon passage du jour par la capitale catalane sera l'occasion de participer à deux réunions avec des représentants de la communauté française de *Barna* : une rencontre avec une demi-douzaine d'entrepreneuses françaises de la ville, mais aussi une participation au déjeuner mensuel de la Peña dans le quartier de l'Eixample à l'hôtel-restaurant Villa Emilia, géré de main de maître par un des milliers de Français de Barcelone.

La Peña est un club d'entrepreneurs et de managers, créé il y a une quinzaine d'années à Barcelone par un groupe d'entrepreneurs Français qui ne trouvaient pas la structure idéale au sein de laquelle partager leur solitude d'entreprendre. Désormais, la Peña s'étend sur trois pays (Espagne, Portugal et France) et dans une quinzaine de villes en Europe. Je connais bien la Peña qui a su créer un bel écosystème français et francophone, particulièrement à Barcelone et Lisbonne. J'entretiens des relations cordiales avec le président et fondateur de ce club, Emmanuel Deleau, qui même si je ne suis pas naturellement de son bord politique, reconnait mon engagement dans la circonscription, mon parcours professionnel… et le fait que nous ayons de nombreux amis en commun, dont certains sont d'ailleurs membres de la section barcelonaise de la Peña. Nous échangeons encore plus régulièrement depuis que je suis devenu député, et il a souhaité me donner l'opportunité de participer à leur déjeuner mensuel qui a lieu aujourd'hui. En ces temps de campagne électorale, cela constitue un privilège car ce club est une plateforme essentielle pour se faire connaitre ou reconnaitre par la communauté barcelonaise.

Le déjeuner, et l'apéritif qui le précède, se transforment rapidement en une succession de marques de respect, de sympathie, voire d'affection de la part de la cinquantaine de participants. Je connaissais déjà en personne une petite moitié des convives, mais ils sont bien plus nombreux à venir à ma rencontre pour échanger et m'encourager. On me tend notamment des écrans de téléphones pour que je puisse voir de mes propres yeux que, alors que la période de vote électronique vient de s'ouvrir, les groupes WhatsApp des Français de Barcelone crépitent de messages sur le sujet. Et surtout, que les rares participants qui n'ont pas d'opinion tranchée sur le sujet et demandent comment se positionner entre Valls et moi se voient répondre « *Fais ce que tu veux, mais vote Vojetta* ». On me montre donc ces messages, je reconnais les noms de certains de ces prescripteurs, mais d'autres sont pour moi de parfaits inconnus. Je mesure la force de ce signal : c'est une chose que mes « *copains de quartier et du Lycée Français de Madrid* » me soutiennent, c'en est une autre que des inconnus, à Barcelone et probablement ailleurs dans la circonscription, sortent de la neutralité politique dans laquelle les Français de l'étranger ont souvent tendance à se conforter et s'exposent en recommandant de voter pour moi plutôt que pour le candidat officiel du « système ». Au milieu de l'incertitude et de la fatigue qui s'accumule, voilà un nouveau signal encourageant, après tant d'autres. En fin d'après-midi je rentre à Madrid. Sur les rotules, mais à nouveau gonflé à bloc. Sept jours après ma nuit de cavale en Galice, cette dernière semaine m'a remis en selle psychologiquement.

En fin de journée, nous rendons publique une liste de nos soutiens, en réponse à une publication similaire réalisée par le camp Valls. Il s'agit d'une simple déclaration d'une page, signée par une centaine de personnes, une liste qu'Equinox résumera ainsi :

« Stéphane Vojetta, député sortant, dissident d'en Marche, et candidat à sa propre succession sur la circonscription d'Espagne publie une liste de ses soutiens. On y retrouve beaucoup de

Marcheurs de la première heure et Guillaume Rostand, le président de la French Tech de Barcelone.

La semaine dernière, Manuel Valls publiait une liste de soutiens de sa candidature à l'élection législative. Majoritairement des people de la circonscription couvrant l'Espagne, le Portugal, Andorre et Monaco. A Barcelone, le restaurateur étoilé Romain Fornell était l'une des personnalités les plus importantes à rejoindre l'ancien Premier ministre. Le député sortant, Stéphane Vojetta, exclu du parti présidentiel pour maintenir sa candidature face à Manuel Valls, présente à son tour ses soutiens, dont Guillaume Rostand, le président de la French Tech de Barcelone.

Par ailleurs, un certain nombre de représentants de la République en Marche annoncent suivre Stéphane Vojetta dans sa dissidence plutôt que de rejoindre le candidat officiel Manuel Valls. Ainsi les conseillers consulaires LREM Baudouin de Marcellus, Julien Letartre, Stéphanie Le Vaillant restent aux côtés de Vojetta. De même qu'Ugo Lopez, qui fut attaché parlementaire de l'actuelle sénatrice LREM Samantha Cazebonne et désormais soutien de Manuel Valls. L'ancien allié historique des Républicains, Francis Huss, conseiller des Français de l'étranger pour la circonscription de Madrid depuis 30 ans, soutient également Stéphane Vojetta.»

Cette semaine positive se termine cependant sur une légère fausse note. Je reçois en soirée de nombreux retours outrés de compatriotes à la suite d'un courrier électronique envoyé dans la matinée par le media en ligne francaisaletranger.fr à l'ensemble des électeurs de notre circonscription. La cause de cet outrage : la teneur de l'article diffusé par ce biais, qui s'ouvre notamment comme suit :

*« C'est sans conteste la tête d'affiche de ces élections législatives des Français de l'étranger : Manuel Valls est candidat sur la 5ème circonscription. Parachuté et opportuniste pour les uns, homme de réseau précieux pour les autres, l'ancien Premier ministre de François Hollande ne laisse personne indifférent. **Selon nous, il devrait largement l'emporter et ne faire qu'une bouchée du député sortant qui (pour l'instant !) se maintient.»***

Les électeurs ont perçu à juste titre cet envoi, le jour même de l'ouverture du vote électronique, comme une tentative d'influer sur le résultat. La volonté de me nuire est effectivement évidente, sans que je puisse en comprendre les raisons. Je fais de mon mieux pour juguler la colère que je ressens. Y laisser de l'énergie ne changerait rien à la situation.

Samedi 28 mai et dimanche 29 mai – Le baptême du feu

France – Saint Jean de Luz

En route vers Andorre et la reprise de mon *Road Trip* en voiture ce lundi, je vais faire une pause relative de trente-six heures en France, à Saint Jean de Luz, pour participer en famille au baptême de ma nièce Clara dont je serai le parrain. Cette date était donc logiquement marquée au fer rouge sur mon calendrier depuis des mois, et le trajet du *Road Trip* avait notamment été ajusté pour en tenir compte.

Ce samedi en fin de matinée, j'adresse par courrier électronique à tous les électeurs de la circonscription un texte que je considère fondamental, qui constituera à la fois ma présentation formelle en tant que candidat, mais aussi ma réponse à une communication envoyée par mon rival il y a quelques jours pour se présenter lui-même aux électeurs, et dans laquelle il revenait surtout sur son impressionnant curriculum, en concluant «*Aujourd'hui, le Président de la République m'a proposé de porter les couleurs de toute la majorité présidentielle dans notre belle circonscription. J'ai accepté*».

Courriel envoyé aux électeurs le 28 mai à 12h

« Chères Français et Françaises qui résidez en Espagne,

Je suis actuellement le député des Français de la 5ème *circonscription des Français de l'étranger.*

VOTRE député.

Après un mandat mené tambour battant, j'allais naturellement me présenter à ma propre succession à l'occasion de ces élections législatives. Cependant un autre candidat a été investi par ma famille politique. Une décision qui a surpris, voire choqué, nombreux d'entre vous. Je le sais car vous avez été des milliers à me l'écrire, puis à me le répéter lors de nos rencontres.

La vie est parfois surprenante, et un coup dur peut devenir l'occasion de réaffirmer à la face du monde non seulement son caractère, mais surtout les principes et valeurs auxquels on croit. C'est cette grande opportunité qui m'est offerte aujourd'hui : je vous serai donc fidèle, à vous et à mes principes, en maintenant ma candidature à ma propre succession lors des élections législatives.

En effet, ma légitimité pour vous représenter, elle vient de là. De vos innombrables messages de soutien depuis cette annonce. De cette proximité à vos côtés depuis des années. De cette vie quotidienne partagée avec vous dans nos pays de la 5ème circonscription.

Croyez-moi, ce n'est pas une investiture qui fait la légitimité : c'est la légitimité qui devrait faire une investiture.

Alors, je vous le demande, lisez bien ce message aujourd'hui, car je vais vous parler franchement, et que c'est peut-être une des dernières occasions pour moi de le faire : en effet, avec votre soutien je compte bien et je vais remporter cette élection.

Pour vous, et grâce à vous.

QUI SUIS-JE ?

Je suis un entrepreneur, né à Toul (petite ville de Lorraine) il y a 47 ans, où j'ai grandi avant de partir étudier à Paris puis de devenir Français de l'étranger à partir de 1997.

À l'exception de quelques retours ponctuels en France, j'ai depuis vécu à Turin, à Londres, puis en Espagne, à Madrid, où j'ai posé mes valises pour la première fois en 2005.

Marié à une espagno-allemande, je suis totalement intégré dans mon pays d'accueil, j'ai trois jeunes enfants bi-nationaux que j'aime plus que tout et à qui je veux montrer l'exemple d'un "papa qui se tient droit".

Vous me connaissez sans doute surtout depuis l'année dernière comme votre député des Français de l'étranger, membre de la Majorité Présidentielle.

Élu député suppléant en 2017 puis ré-élu en 2018 lors de l'élection législative partielle, j'ai remplacé Samantha Cazebonne en tant que votre député lorsqu'elle est devenue Sénatrice. Avant cela, vous m'aviez déjà élu Conseiller Consulaire des Français d'Espagne en 2021 (mandat dont j'ai démissionné quand je suis devenu député).

Auparavant j'ai été un membre actif de notre vie associative des Français de l'Étranger. Car j'ai toujours aimé contribuer activement à la vie de notre communauté, préserver ou améliorer ce qui fonctionne déjà, et trouver des solutions et changer ce qui ne marche pas. Les Français de Madrid en particulier connaissent mon engagement passé en tant que président de l'association des parents d'élèves du Lycée (APA).

Que ce soit pour négocier les calendriers scolaires, pour me battre contre les augmentations tarifaires, pour remettre en ordre le service de transport scolaire, ou encore pour organiser tous ensemble un samedi le déblayement de notre lycée paralysé par la tempête de neige Filomena, j'ai toujours répondu présent.

Vous me connaissez peut-être aussi pour mes communications durant la crise Covid. Mobilité, passage des frontières, vaccination en France pour les Français de l'étranger…

J'ai toujours utilisé les réseaux sociaux pour tenter d'en tirer le meilleur, à savoir en faire outil de proximité malgré la distance, pour vous aider à anticiper les difficultés de la vie quotidienne.

C'était aussi l'objectif de la "ligne directe WhatsApp" que j'ai mise en place il y a plus d'un an et qui me donne avec des milliers d'entre vous un lien personnel unique. Vous le savez, si vous m'écrivez sur le +34638560984, je réponds en personne à toutes vos questions et interpellations. À ma connaissance, aucun autre député ne le fait. Et aucun autre candidat ne le fera.

Cette "ligne directe" incarne pourtant parfaitement ma façon de concevoir la mission républicaine qui m'a été confiée : être proche des Français de l'étranger, sur le terrain, à votre écoute.

À votre service.

ET MAINTENANT ?

Le premier tour des élections législatives aura lieu le 5 juin dans vos bureaux de vote habituels. Ce premier tour sera notamment pour chacun d'entre vous d'exprimer dans les urnes lequel des deux modèles de député "majorité présidentielle" vous souhaitez choisir. Le bulletin qui portera mon nom et celui de ma suppléante Nathalie Coggia correspondra au modèle que vous connaissez : proches de vous, solidement ancrés dans la circonscription, actifs sur les sujets qui VOUS intéressent, fidèles à nos principes, et transparents. Le modèle alternatif qui vous sera proposé est respectable, mais radicalement différent.

Maintenant, c'est à VOUS de choisir : c'est VOTRE député, c'est VOUS qui décidez.

Avec toute notre affection,

Stéphane VOJETTA   *Nathalie COGGIA »*

La cérémonie du baptême de Clara a lieu dimanche midi, dans l'église au sein de laquelle Louis XIV avait épousé l'Infante d'Espagne Marie-Thérèse le 9 juin 1660. À cette occasion, la cour tout entière avait déserté Paris pour descendre sur la côte basque et ce jour-là des centaines de calèches parcouraient le petit port et la rue de l'église qui selon toute vraisemblance n'avait pas encore été nommée rue Gambetta. La porte principale de l'église fut murée à la suite de la cérémonie afin que le couple royal reste pour toujours le dernier à l'emprunter. 362 ans plus tard, le dimanche 29 mai 2022, le baptême de Clara est moins pompeux, mais m'offre l'occasion de vérifier ma nouvelle notoriété en France : les proches d'un enfant qui se fait également baptiser ce matin m'ont reconnu et le commentent en chuchotant autour de la vasque baptismale.

La journée avance, avec notamment un repas de célébration dans un salon du Grand Hôtel de Saint Jean de Luz qui nous permet de profiter d'un temps splendide et d'une vue non moins superbe sur la baie. De mon côté, même si je suis entouré de ma famille et de ma nouvelle filleule, mes pensées se perdent régulièrement, distraites par l'enquête dont les résultats doivent être publiés cet après-midi. Je ne suis pas aidé par la présence visuelle constante de l'Espagne : en effet, depuis la terrasse de l'hôtel où nous célébrons le baptême, on observe parfaitement le massif espagnol des *Peñas de Haya*, aussi surnommé *les Trois Couronnes,* et plus loin vers l'ouest les reliefs de la baie qui abrite la ville de San Sébastian et sa fameuse *Playa de la Concha*. C'est au moment du café pris sur la terrasse de l'hôtel que lesfrancais.press publie l'article qui accompagne les résultats de leur enquête.

«Valls : un parachutage qui tourne au crash

Candidat surprise de la majorité présidentielle, l'ancien Premier ministre espère bien faire son retour à l'Assemblée nationale comme député des Français de la péninsule ibérique et de Monaco. Mais son parachutage ne passe pas. Les militants En Marche comme les Français de la circonscription semblent ne pas être convaincus par sa candidature.

(…)

Un sentiment que semble confirmer notre consultation réalisée du 25 mai au 28 mai auprès des électeurs de la circonscription à laquelle 889 électeurs ont répondu. En effet, 46 % d'entre eux déclarent voter pour le député sortant. Manuel Valls arrive lui à la troisième place avec 8 % des intentions de vote.

Ce résultat reste une consultation et ne permet pas d'assurer que ce sont ces scores qui seront ceux publiés le 05 juin au soir.

(…)

Comme Ségolène Royal, candidate malheureuse aux sénatoriales des expatriés, l'ancien éléphant du PS, Manuel Valls, risque une humiliante défaite avec les Français établis hors de France.»

Le résultat final de l'enquête est désormais public et ne laisse pas de place à l'ambiguïté : le reste de l'article précise que je suis crédité de 46 % d'intentions de vote, contre 27 % pour Renaud Le Berre (Nupes), 8 % pour Manuel Valls, 5 % pour Laurent Goater (LR), et 4 % pour Nicolas Chamoux de Reconquête.

À l'évidence, le partage de l'enquête avec les abonnés de ma *Ligne Directe WhatsApp* a eu un impact notable sur les résultats : au cours des dernières 24 heures de l'enquête, mon score était donc passé de 30 % à 46 %, et un calcul sommaire m'indique donc que, à partir du moment où j'avais mobilisé mes *followers*, plus de 70 % des intentions de vote s'étaient portées sur mon nom. Du coup j'en viens même à me demander si je n'y suis pas allé un peu fort…

En revanche, même si le résultat final penche de manière écrasante en ma faveur, l'importance de cette enquête ne réside pas dans de possibles répercussions médiatiques ou dans une éventuelle influence sur le scrutin. En effet, peu d'électeurs auront connaissance de ce sondage avant d'aller voter et la publication des résultats de cette enquête ne modifiera que peu de votes. Par ailleurs, en ce dimanche soir, plus de quarante-huit heures après l'ouverture du vote électronique, le résultat du premier tour est sans doute déjà joué. En revanche, cette publication fournit enfin un pronostic objectif sur la base duquel chaque camp pourrait ajuster sa stratégie avant d'aborder la dernière semaine de campagne avant le premier tour. J'espère notamment que la publication de cette enquête rendra nerveux le camp d'en face, au point de leur faire commettre des erreurs. Sun Tzu l'a dit longtemps avant moi : *si ton ennemi te semble colérique, cherche à l'irriter encore davantage.*

Quelques minutes après la diffusion de l'article, Yohan Castro, le directeur de campagne de Valls que je connais bien par ailleurs, m'appelle :

– Salut Stéphane, on vient de voir l'article publié par lesfrancais. press. Sache que c'est très grave et que l'on va saisir la commission des sondages contre vous.

– Contre eux tu veux dire ? Ni moi ni Valls d'ailleurs n'avons quoi que ce soit à voir avec l'organisation de cette enquête. C'est un exercice que ce média répète à l'occasion de chaque élection, et d'ailleurs j'imagine que les résultats viennent d'être publiés dans les onze circonscriptions en même temps. Mais bon, après tout rien ne vous empêche de saisir la commission si cela vous chante.

J'étais d'autant plus serein que quelques minutes plus tôt, au vu des résultats, j'avais échangé avec un des responsables du média en question :

– A votre connaissance, pas de restriction à la circulation de ce genre d'article jusqu'à la journée de silence électoral le samedi 4 juin ?

– Non, la période de vote électronique n'est pas prise en compte, on a bien vérifié, donc jusqu'au 4 juin pas de souci.

Je lui écris donc à la suite de ma conversation avec Castro :

– Le directeur de campagne de Valls vient de m'annoncer qu'ils vont saisir la commission des sondages contre vous.

– Ce n'est pas un sondage, c'est une consultation ! On les connait ces menaces, on les a à chaque fois… et cela finit toujours au même endroit.

Pas de raison de s'inquiéter donc. Mais j'ai maintenant une excuse parfaite pour rétablir le contact avec l'Élysée. C'est d'autant plus important que j'ai eu vent que certains, et en particulier une collègue députée, membre influente du Burex de LREM, avaient proposé de prendre des mesures supplémentaires vis-à-vis des dissidents afin de leur couper les ailes. La députée en question avait insisté à ce sujet en ce début de semaine dans la boucle dédiée aux membres de cette instance fondamentale du mouvement :

> Je réitère qu'il serait bon d'ajouter qu'en plus de ces exclusions, aucune possibilité de siéger dans un groupe de la majorité ne pourra être accordé aux dissidents.

Voilà exactement le genre de décision qui me mettrait de facto dans un *no man's land* pour les cinq prochaines années. Et même si, d'après ce que je comprends de la situation, la suggestion de ma collègue n'avait pas soulevé un enthousiasme délirant au sein du Burex, il devient urgent que le siège de LREM et surtout l'Élysée comprennent l'importance de ne pas insulter l'avenir dans le cas

– désormais plausible – de ma qualification aux dépends de leur candidat. J'écris à nouveau à Paul Desforges dimanche vers 18h.

Bonsoir Paul,

Tu trouveras ci-dessous l'article publié par lesfrancais.press en parallèle à la diffusion (comme à l'occasion de chaque élection) de leur enquête pré-électorale sur nos circonscriptions des Français de l'étranger. Même si ce n'est qu'une enquête, ces pronostics réalisés par lesfrancais.press ont été plutôt précis dans le passé.

Comme tu le verras dans l'article, l'écart qui s'annonce est conséquent. Et même si je prends ce pronostic avec prudence, cela confirme nos sensations de terrain depuis le début de cette saga.

Nous devrions donc sans doute commencer à préparer l'avenir et notamment le rassemblement de notre famille politique dans la 5ème circo des Français de l'étranger dès le dimanche 5 juin au soir. Et surtout ne rien faire en cette dernière semaine de campagne qui hypothèquerait ce futur rassemblement. Je suis à ta disposition pour en parler.

Une bonne chose de faite. Je peux désormais rejoindre mes enfants, ma toute récente filleule et le reste de ma famille sur la plage et profiter sans arrière-pensées de quelques derniers instants avec eux avant d'emmener ma petite famille vers Hondarribia et les abandonner dans cet aéroport qui fait face à Hendaye dans la baie de Txingudi, d'où ils prendront sans moi leur vol de retour vers Madrid. Pour ma part je repartirai sur la route, à nouveau seul, dans la direction opposée, direction plein Est, vers Andorre.

Après quelques minutes de route, mon téléphone vibre. La réponse de Paul Desforges :

Bonsoir, Convenons d'en
parler demain.
Cordialement

Mission accomplie. À une semaine exactement de la publication des résultats du premier tour, tout parait réglé comme du papier à musique. Plus grand chose ne semble pouvoir arrêter notre marche en avant, mettre en danger ma qualification, ou remettre en cause ma future réintégration à la majorité présidentielle. Je continue ma route vers les pentes des Pyrénées, l'Ariège et la ville de Foix où je passerai la nuit. À la radio, en ce dimanche soir, les commentateurs analysent les derniers sondages qui laissent entrevoir une poussée de la Nupes, particulièrement aux dépends de la majorité. Par ailleurs les violences de la veille en Seine-Saint-Denis autour du Stade de France, en marge de la finale de la Ligue des Champions entre le Real Madrid et Liverpool (remportée par mon Real Madrid, *por supuesto*), sont du pain béni pour l'extrême droite et laissent augurer une dernière ligne droite difficile pour le gouvernement. Mais pour l'instant rien de tout cela ne me préoccupe. Je suis uniquement focalisé sur ma campagne. Je n'ai ni à me préoccuper de quémander une vidéo de soutien à tel ou tel ministre, ni à composer avec des instructions venant de Paris, ni à assumer les éventuelles boulettes gouvernementales. Il faut bien qu'être indépendant ait les avantages de ses inconvénients.

Lundi 30 mai – Le choc

Andorre – Le Pas de la Case/Andorre la Vieille

À peine plus d'une heure de route sépare la ville de Foix en Ariège du village andorran de Canilo, situé juste après la frontière, où j'ai prévu de rendre visite à un commerçant français, Julien. J'y retrouve également Baudouin et Bérénice, les deux membres de l'équipe de campagne qui m'accompagneront sur les trois prochains jours du *Road Trip*. Cette étape andorrane est nécessaire (Andorre est l'un des quatre pays de la circonscription), mais elle ne fera pas pencher la bascule car seuls 2 500 électeurs Français sont inscrits dans le pays, et quelques centaines d'entre eux à peine prendront la peine de participer au scrutin. Un passage obligé de la campagne, donc, qui est aussi une manière de se remettre dans le bain avant la séquence ô combien plus importante prévue pour le lendemain dans la ville Barcelone, capitale officieuse de la circonscription avec ses près de 30 000 inscrits sur la liste électorale.

Andorre est cependant un pays que je connais bien, non pas pour avoir fréquenté ses célèbres pistes de ski ou l'avoir visité pour acheter son tabac ou son alcool bon marché, mais plutôt car j'y ai travaillé et vécu par intermittence durant une période de dix-huit mois. En effet, entre 2015 et 2016, ma société a conseillé le gouvernement andorran sur le sauvetage de Banca Privada d'Andorra, une des principales banques du pays, qui avait été mise abruptement en position de défaut par une fermeture administrative imposée par une intervention du FinCEN, l'autorité anti-blanchiment américaines. Après avoir participé à la restructuration, et parfois au sauvetage d'une myriade de caisses d'épargnes et de banques espagnoles entre 2007 et 2015, cette mission andorrane avait été l'opportunité de mettre à profit cette expérience dans un environnement et un contexte radicalement différents. C'est d'ailleurs la Banque Centrale d'Espagne elle-même qui, consultée par le gouvernement andorran, avait glissé mon nom dans la liste des cabinets et banques conseils recommandés pour ce type de situations complexes qui combinent finance, régulation, et politique.

Andorre, plus qu'une simple vallée pyrénéenne engoncée entre deux massifs montagneux, est un pays que je connais donc sans aucun doute mieux que n'importe lequel des candidats en lice, et je suis serein au moment d'aborder cette journée. La première séquence à Canilo, cette visite à un restaurateur français, se déroule normalement quand, au milieu de notre conversation avec le patron qui est assis face à moi aux cotés de Baudouin, autour d'une table garnie de cafés et de viennoiseries, mon téléphone sonne. Sur l'écran, le nom d'Émilie, ma collaboratrice madrilène, apparait. Je m'excuse et décroche en me détournant de la table.

Je réalise immédiatement que quelque chose ne va pas. Pas du tout. Émilie me parle à tout vitesse, sur un ton nerveux et très agité.

– Stéphane je suis avec Marie au téléphone son père est inconscient elle n'arrive pas à le ranimer elle ne sait pas quoi faire moi non plus et…

– Comment !? Mais où est Marie ?

– Elle est encore chez elle vient de trouver son père elle croit qu'il ne respire plus qu'est-ce qu'on peut faire ?!

– Appelle vite le 112 ! Tu as son adresse ? Où est sa mère ?

– Je ne sais pas mais je dois te laisser je suis avec elle au téléphone depuis 5 minutes elle m'a appelé dès qu'elle l'a trouvé je te laisse je crois que les secours viennent de sonner à sa porte !

La conversation a duré une vingtaine de secondes mais je vois à l'expression de Baudouin qui m'observait que ma surprise et mon désarroi se lisent sur mon visage. Alors que notre hôte continue sa phrase, Baudouin me regarde intensément et sa bouche forme des mots sans exprimer de son : « *Que se passe-t-il ?* »

Quelques minutes plus tard je profite d'une pause pour relater en quelques mots à Baudouin et Bérénice ma conversation avec Émilie. Je demande à Bérénice de s'isoler et d'appeler dès que possible Émilie et voir ce que l'on peut faire malgré la distance.

Quelques minutes passent encore. Deux ? Cinq ? Dix ? Il est impossible de se concentrer sur la conversation qui touchait heureusement à sa fin. Avant de remonter dans nos voitures pour repartir vers la ville-frontière du Pas de la Case et notre première réunion publique du jour, je m'enquiers des dernières nouvelles.

– C'est horrible, nous dit Bérénice, bouleversée et les larmes aux yeux. Il est mort, ils n'ont rien pu faire pour le réanimer.

Malgré le choc qu'avait provoqué le premier appel d'Émilie, je n'arrive pas à croire ce que j'entends. J'appelle Marie immédiatement. Elle est incohérente, en larmes, et n'arrive à me dire qu'une chose, d'une voix déchirante, avant de raccrocher : il faut nous aider !

Marie travaille dans mon équipe depuis moins d'un an mais je la connais depuis bien plus longtemps. Sa mère Teresa et elle gèrent une association qui vient en aide aux familles confrontées au handicap des enfants, afin de donner à ces familles à la fois de l'assistance et une structure à laquelle confier ces enfants afin de pouvoir se reposer ou respirer pendant quelques heures. Cette vocation leur est venue par la force des choses : la jeune sœur de Marie souffrait d'un handicap grave et dégénératif et était décédée il y a quelques années. Cela avait bien sûr marqué au fer rouge cette famille et renforcé cette vocation solidaire chez ces deux femmes. Elles étaient soutenues moralement et financièrement par José (alias Pépé), le père de famille qui était moins présent dans les activités associatives de son épouse et sa fille, mais dont nous connaissions tous la présence souriante, solide et rassurante en arrière-plan. Pépé avait été l'un des premiers donateurs de ma campagne dissidente et je savais de la bouche de Marie et de sa mère que c'était un de nos supporteurs les plus enthousiastes. Il encourageait sa fille constamment, lui remontait le moral si nécessaire face à cette dissidence imprévue qui menaçait, dans l'hypothèse de ma défaite, de lui faire perdre ce premier emploi qu'elle avait tant lutté pour décrocher. Sans le connaitre, il détestait

Manuel Valls et ce qu'il représentait. Il avait été le tout premier à faire un don pour financer notre campagne. Ses instructions étaient claires : nous devions tout faire pour gagner.

Dès ma prise de fonction comme député en octobre dernier, j'avais décidé d'embaucher Marie pour gérer notamment mes réseaux sociaux et ma communication. C'est d'ailleurs Samantha qui m'avait suggéré de le faire alors que la transition n'avait pas encore eu lieu. Elle arguait alors qu'avec le budget moindre dont elle disposerait au Sénat, elle ne pourrait pas répondre aux sollicitations d'embauche de Marie même si elle le souhaitait. Marie avait donc rejoint Émilie au sein de ce qui serait notre « permanence parlementaire » madrilène. Émilie avait pour sa part collaboré dans des cabinets ministériels puis avait été assistante parlementaire d'un député des Français de l'étranger jusqu'en 2017. Elle vit dorénavant à Madrid avec sa famille où on nous avait mis en relation alors qu'elle souhaitait justement remettre le pied à l'étrier du monde politique. Elle m'avait beaucoup aidé bénévolement durant la campagne des élections consulaires et elle avait naturellement constitué ma première embauche comme collaboratrice parlementaire à la suite de ma prise de fonction comme député. Elle et Marie avaient déniché un bureau dans un espace de travail partagé dans le centre de Madrid, un espace dont le concept ouvert et dynamique m'avait plu. Elles y passent depuis leurs journées ensemble à travailler à mon service, mais aussi à parler de tout et de rien.

Elles ont immédiatement été rejointes dans l'équipe par Yann à Lisbonne et Bérénice à Barcelone. Ces deux collaborateurs travaillaient déjà dans l'équipe de Samantha, qui ne pouvait ou ne voulait plus les accommoder dans son équipe sénatoriale. Samantha me demanda comme un service personnel de reprendre à mon compte les emplois à temps partiel de Yann et Bérénice. J'avais donc accepté de bonne grâce car cela faisait partie des options évidentes que je considérais, et ce même si je n'avais jamais parlé à Bérénice auparavant. Je me consolais en me disant que cela m'évitait des recherches fastidieuses, et me permettrait également de maintenir une certaine continuité dans le travail et la représentation en circonscription. Il est vrai qu'à l'époque, en cet automne 2021, à six mois des élections et des investitures, j'avais plutôt intérêt à ne pas contrarier Samantha. J'avais ensuite complété mon équipe en novembre avec l'embauche de Gautier, ancien collaborateur de Laetitia Avia, qui serait le seul membre de l'équipe basé à plein temps à Paris, et qui travaillerait essentiellement sur les aspects législatifs et administratifs internes à l'Assemblée nationale. L'équipe ainsi configurée était restée stable jusqu'à l'approche de l'élection, et malgré la distance, une forte cohésion s'était installée entre eux.

Il y avait évidemment certaines inefficiences dans l'organisation d'une équipe de cinq personnes réparties entre quatre villes dans trois pays différents, avec moi à la tête sans domicile fixe. Mais j'étais globalement satisfait de cette structure d'équipe et je pensais repartir sur la même base en cas de réélection. Mon style de communication et mon humour étaient parfois problématiques, et l'ensemble de l'équipe, encore peu accoutumée à mon style, tentait régulièrement de me faire accepter l'élimination ou la modification de telle ou telle communication sur les réseaux sociaux, en prenant parfois la liberté d'en supprimer dans mon dos. J'avais donc commencé à passer une trop grande partie de mon temps à résister à leurs tentatives de me faire paraitre plus conventionnel. C'était souvent frustrant pour moi, mais ces problèmes se voyaient compensés par l'esprit de corps qui s'était installé entre eux. Ils appréciaient tous l'ambiance de travail, les missions confiées, et même si nous avions parfois des désaccords sur la manière de faire les choses, ils désiraient ardemment que l'on ne modifie pas l'équipe. En cas de réélection, j'accèderais à ce souhait.

Cet esprit de corps au sein de mon équipe de collaborateurs parlementaires explique à quel point chacun d'entre eux, chacun d'entre nous, est marqué au fer rouge par le nouveau drame que vivent Marie et sa mère. De mon côté, je suis empêtré dans le déroulement de ma journée andorrane, et dans l'enchevêtrement d'évènements et de séquences que je ne peux pas interrompre durablement. Car aujourd'hui est une journée particulière, une de plus : un reporter de France Info a fait le déplacement depuis Paris pour me suivre durant cette journée de campagne andorrane. Il est de chaque réunion publique, de chaque visite de commerce, de chaque apéritif avec les entrepreneurs du cru. Il est par ailleurs extrêmement sympathique et finit par figurer sur l'intégralité ou presque des traditionnelles photos souvenirs qui marquent la fin de chacune de ces séquences. Mais, face à lui et face à tous les autres membres de mon audience, nous devons faire bonne figure et éviter de laisser transparaitre notre désarroi collectif face au décès soudain et inattendu d'un proche de l'équipe, et face à la question qui commence à s'imposer à nous tous : dois-je interrompre ma campagne, et annuler la journée du lendemain à Barcelone pour rentrer à Madrid et assister aux funérailles de Pépé demain à la mi-journée dans l'église de Cobeña, le village où il vivait, heureux, insouciant et entouré de sa famille, il y a encore quelques heures à peine ?

Si j'avais été le seul à devoir répondre à cette question, sans témoin, sans devoir m'en expliquer à quiconque, la réponse se serait imposée d'elle-même : je ne me rendrais pas à ces funérailles. Pas en signe de défiance ou de manque de respect vis-à-vis de Pépé, ni de manque d'affection vis-à-vis de son épouse ou de sa fille, mais simplement en écho à ma propre histoire.

Ce dilemme apparent me ramène en effet à l'expérience vécue dans ma chair, à une vie vécue en l'absence continue d'une figure paternelle, au point que cette figure elle-même avait fini par disparaitre pour y laisser la place à une sorte d'indifférence, voire de méfiance ou parfois même de mépris – et plus rarement, d'envie – face aux apparitions fugaces des pères des autres (amis, collègues, compagnes…). Cette relation particulière à ce père qui avait fini par s'évaporer de ma vie avait ressurgi il y a un peu plus d'un an, lorsque j'avais appris son décès de la bouche d'un de mes frères qui, lui, avait tenté de raviver ce lien, pour réparer sur la fin ce qui pouvait encore l'être. Je ne m'étais alors pas ému particulièrement de la nouvelle de ce décès, et, pris dans l'intensité de la campagne des élections consulaires et de mes autres activités de l'époque, j'étais immédiatement passé à autre chose. À ce moment-là, *la mort de mon père* n'avait finalement été qu'une information parmi d'autres, parmi ces dizaines de chiffres, de données, de recommandations reçus ou échangés en ce jour de février 2021. À l'époque, mes rares éclairs de conscience sur le sujet m'avaient uniquement permis de constater que j'étais moins attristé

– et encore, le mot est trop fort – par la nouvelle en elle-même, que par le fait de ne rien ressentir face à ce genre de nouvelle.

Quelques mois plus tard, au cours d'un diner, un ami vint à me demander :

– Au fait, tu ne parles jamais de ton père. Que fait-il ? Il est encore là ?

– Non, il n'est plus là. D'ailleurs il n'a jamais été réellement « là », ni vraiment important dans ma vie. Je ne l'avais pas vu depuis le début des années 90 et il est mort en début d'année.

– (Air interloqué) Ah oui… c'est particulier. Donc il est décédé il y a quelques mois !? Je ne me rappelle pas que tu ne l'aies jamais mentionné à l'époque.

– Effectivement, je ne pense pas l'avoir dit à qui que ce soit, mais je t'assure, ce n'est vraiment pas quelque chose qui m'a impacté.

– Et tu es allé à son enterrement ?

Ce n'est qu'à ce moment précis, attablé dans un restaurant de Minorque, quatre mois après l'annonce de ce décès, que je réalise que je ne m'étais même pas posé la question d'assister aux funérailles. La possibilité de retourner en Lorraine pour me rendre ou pas à l'enterrement de mon père ne m'était venue à l'esprit ni de près, ni de loin. J'en prenais alors conscience à voix haute face à mon ami et à ceux qui nous entouraient. J'ai alors noté ostensiblement dans les regards autour de la table l'incongruité choquante de ce que je venais d'exprimer.

En Andorre, en milieu d'après-midi, nous parcourons les quelques dizaines de kilomètres qui séparent le Pas de la Case, à la frontière française, et Andorre-la-Vieille, la capitale toute proche de l'Espagne. Le trajet se déroule sous les trombes d'eau d'un orage d'altitude : nous avançons dans une ambiance de cataclysme, sur des routes transformées en torrents sous un ciel noir corbeau, au diapason avec notre humeur du moment. C'est alors qu'une conversation téléphonique vient dissiper mes doutes. Au bout du fil, Fabrice, mon directeur de campagne, mais aussi – surtout – un ami de la famille de Marie. Il vient de passer quelques heures avec elle et sa mère Teresa, pour les accompagner au milieu de la catastrophe.

Et c'est Teresa elle-même qui, par l'intermédiaire de Fabrice, me fait passer ce message :

« *Continue la campagne, bats-toi demain à Barcelone, c'est ce que Pépé aurait voulu, pour toi et pour Marie. De là-haut il vous regardera dimanche soir et on ne peut pas le décevoir, il faut gagner malgré tout.* »

Mardi 31 mai – Barcelone, malgré tout

Nathalie et Fabrice ont pris le premier train depuis Madrid pour nous rejoindre à Barcelone et prendre part à cette journée cruciale. Barcelone, cette ville qui regroupe le plus de Français inscrits sur les listes électorales, le plus d'associations culturelles ou caritatives françaises, le plus d'établissements scolaires français, le plus d'entreprises françaises, cette ville qui a son propre Consulat, sa propre Chambre de Commerce franco-espagnole, et jusqu'alors la seule organisation French Tech d'Espagne. Barcelone, cette ville considérée comme leur fief par deux de mes principaux concurrents, Manuel Valls le natif barcelonais, exilé en France mais avec ses envies de énième retour en Catalogne, et Renaud Le Berre l'enseignant fonctionnaire expatrié et implanté depuis une quinzaine d'années dans cette ville et dans son Lycée français. Barcelone, capitale officieuse des Français d'Espagne, mais une capitale qui n'avait encore jamais donné de député à la circonscription, puisqu'en 2012 c'est le lisboète socialiste Arnaud Leroy qui avait battu la barcelonaise Laurence Sailliet, puisqu'en 2017 c'est Samantha, installée dans les Baléares, qui lui avait succédé, et puisque c'est désormais moi, « Le Réel de Madrid », comme m'avait surnommé le media Politico dans un article récent, qui représente désormais les Français de Barcelone au parlement français. Barcelone, donc, la ville où va sans doute se jouer une grande partie de ces élections.

Aujourd'hui, c'est par ailleurs le tour d'un envoyé spécial du Huffington Post de nous suivre sur le chemin de la campagne afin de réaliser un reportage qui sortira avant le premier tour. Voilà à nouveau une opportunité immanquable de diffuser notre histoire, d'atteindre les électeurs au-delà du cercle de nos *followers* et de la minorité de ceux qui ouvrent mes courriers électroniques, et de mobiliser cette nouvelle audience à temps pour influer sur leur vote de dimanche. Les trois moments culminants de cette journée décisives sont les deux réunions publiques, ainsi que le déjeuner avec une vingtaine de représentants de la FrenchTech Barcelone, ce réseau labellisé qui anime et structure un écosystème de plus de 250 entreprises technologiques barcelonaises fondées par des Français. La première réunion publique a quant à elle lieu avant l'heure du déjeuner, sur la terrasse intérieure d'une vinothèque du quartier de l'Eixample, la seconde en soirée dans le local du commerce de Baudouin, au cœur d'une des zones résidentielles favorites des Français de Barcelone, à la limite des quartiers de Sarriá et de Pedralbes, sur les plus hautes pentes du Tibidabo, la colline qui domine la ville à l'ouest et offre un point de vue unique sur la ville toute entière, et sur la mer Méditerranée.

Ces réunions publiques ne sont qu'un succès relatif. Avec une vingtaine de participants à chaque fois, les foules ne se sont pas déplacées en masse pour participer aux deux rencontres. En revanche, la proportion de visages inconnus dans l'audience, le mix des générations qu'on y retrouve m'encouragent à nouveau à penser que la campagne atteint son objectif primordial, celui de rendre visible ma candidature au-delà du cercle des prescripteurs et de mes soutiens fidèles.

Parmi l'audience de la première réunion, je retrouve notamment Philippe Saman. Philippe est la définition même du notable (sans aucune connotation péjorative) de notre communauté française en Catalogne. Il a notamment présidé avec brio durant plus de quarante ans la Chambre de Commerce Franco-Espagnole de Barcelone, période durant laquelle il a construit un solide réseau chez les Français de Barcelone mais aussi chez leurs hôtes catalans. Un petit oiseau m'a confirmé il y a quelques semaines que Philippe roulait pour Valls, et faisait activement campagne pour lui à Barcelone. Cela rentrait dans la logique des choses puisqu'il s'était déjà engagé derrière notre ancien Premier ministre trois ans plus tôt, à l'époque de la campagne pour les élections municipales. Ce matin, Philippe est donc venu jeter un œil à la campagne du concurrent. J'avais ouï dire que l'argument principal de Philippe était qu'une victoire de Valls apporterait plus d'influence aux Français de Barcelone que mon élection. C'est un argument logique de la part de la figure de proue des légitimistes, et d'une personne pour qui les relations institutionnelles avec les autorités, françaises ou locales, ont charpenté la carrière tout entière.

Mon argumentation face à ces objections «légitimistes» est désormais rodée : même si je reconnais volontiers que le député Vojetta serait probablement moins à même que le député Valls de tirer les ficelles parisiennes en faveur de la circonscription (rien ne sert de nier l'évidence), cette évidence s'évapore dans le fait que Valls, élu, s'envolerait tôt ou tard vers d'autres horizons. C'est son suppléant qui serait notre député et c'est donc bien sa capacité d'influence qui doit être comparée à la mienne. Pour simplifier, «*Je suis candidat à la législative pour devenir député, pas ministre*» et «*Les Français de la 5ème circonscription ne devraient pas être un marchepied pour les carrières personnelles des uns et des autres*».

Je reviens sur ces points au cours de la première réunion publique du jour. Le journaliste du HuffPost n'en perd pas une miette. Philippe Saman non plus. Nathalie, quant à elle, est combative. Après les expériences de Lisbonne puis de Madrid elle prend de plus en plus d'espace d'expression, un espace qu'elle utilise à bon escient. Seul bémol, je trouve que le public réagit tièdement à tout discours indulgent de notre part vis-à-vis de LREM. L'audience n'est pas venue pour nous écouter confesser notre péché de dissidence, pour être témoins de nos volontés de repentance ou de raccommoder les morceaux, ou pour nous entendre dire que jamais ô grand jamais nous ne considérerions nous engager auprès d'un parti qui ne soit pas LREM/Renaissance. En fin de compte, c'est la seule nuance entre le discours de Nathalie et le mien, et ce matin je n'hésite pas à marquer cette différence. Quitte à forcer le trait, je mets en scène mes doutes quant à la possibilité de retourner dans le giron de LREM en cas de victoire, et ma volonté de comprendre l'espace de liberté qu'Édouard Philippe et son mouvement Horizons pourraient m'offrir au sein de la Majorité présidentielle.

C'est en plein déjeuner avec les entrepreneurs de la French Tech Barcelone, sous l'égide de leur président Guillaume Rostand qui figurait en bonne place dans la liste des soutiens que nous avions publiée en fin de semaine dernière, que je reçois l'appel attendu de Paul Desforges.

Nous allons droit au but.

– Paul, vous avez vu le sondage. Il est sans doute imprécis, mais vous avez désormais pour la première fois une indication objective que les résultats vont probablement pencher dans le sens que je vous ai toujours anticipé.

– Oui, je l'ai vu et c'est bien pour cela que je vous rappelle. Je tiens d'abord à vous dire qu'à l'Élysée nous trouvons que vous agissez avec une rare élégance étant donné les circonstances, et que le respect que vous avez démontré à chaque instant, notamment envers le Président, aidera grandement à la réconciliation si celle-ci a lieu d'être.

– Oui, c'est ce que je souhaite. Mais maintenant que vous touchez du doigt cette possibilité, je crois qu'il est important de ne rien faire publiquement qui puisse empêcher ce rapprochement après le premier tour.

– À quoi pensez-vous ?

– Je sais notamment qu'un membre du Burex a suggéré qu'au-delà de leur exclusion, aucune possibilité de siéger à l'avenir dans un groupe de la majorité ne puisse être accordé aux dissidents. Je crois que ce serait insulter l'avenir que d'annoncer publiquement ce genre de décision.

– Effectivement. Nous ne le ferons pas.

– Par ailleurs, tôt ou tard nous devrons parler des conditions du soutien de la Majorité présidentielle à ma candidature si je suis effectivement qualifié pour le second tour, ainsi que des conditions de mon retour dans cette majorité.

– Raisonnons par étape. Si effectivement vous vous qualifiez ce dimanche, voyons-nous rapidement pour parler de votre retour. Quant au soutien de la majorité au second tour en cas de qualification, il ne fait aucun doute, et nous allons préparer un message dans ce sens.

C'est tout ce que j'avais besoin d'entendre. Le sondage avait fait son œuvre, et l'Élysée prenait maintenant très au sérieux l'hypothèse de ma possible qualification. Rien dans le ton de Paul Desforges ne m'indiquait que la situation le contrariait fortement… tout comme rien ne permettait non plus de déceler chez lui une réjouissance particulière à l'idée que je puisse éliminer Valls. L'hypothèse que j'avais faite jusqu'à présent selon laquelle l'Élysée n'avait rien contre moi, et prendrait stoïquement mon éventuelle qualification, corollaire de l'élimination de mon adversaire, se confirme. Alors que Nathalie, en pleine conversation avec sa tablée de start-uppers bronzés, m'avait vu prendre l'appel de Desforges, un clin d'œil et un pouce levé me suffisent pour lui résumer la conversation. Elle sourit franchement. En plein milieu d'un déjeuner au cours duquel nous recevons le support tangible d'un segment prépondérant de la communauté française de Barcelone, l'horizon est désormais dégagé et le ciel sans nuage ou presque.

Cependant, il est impossible d'exulter car le seul bémol à cette situation d'ensemble est de taille : en ce moment même, à 600 kilomètres de là, dans l'église puis au cimetière de Cobeña, on dit adieu à l'un des nôtres.

En fin d'après-midi, la seconde réunion publique de la journée parachève une séquence barcelonaise plutôt réussie avec notamment une audience impliquée, curieuse, qui propose voire impose un débat plus contradictoire que ce à quoi m'ont habitué nos réunions publiques. Les Marcheurs de Barcelone sont notamment venus en masse et eux éprouvent le besoin d'être rassurés quant à notre rapprochement à venir avec LREM/Renaissance. Je laisse donc Nathalie s'exprimer pour nous sur le sujet, et, sans renier mes idées, je mets la pédale douce sur mon absence d'apriori et ma volonté d'indépendance.

Quant au journaliste du HuffPost, il poursuit son reportage au cours duquel il interroge quelques membres du public. Il me propose également de rebondir sur la petite musique qui émane du camp Valls et qui conjure notamment les Français de l'étranger de ne pas laisser passer l'opportunité de se faire représenter par un ancien Premier ministre. Ma réponse est instinctive et incisive.

– Ils n'ont pas besoin d'un ancien premier ministre, d'un ancien président ou d'un ancien pape pour les représenter. Je crois qu'ils ont plutôt besoin de quelqu'un qui les comprenne, et dans une certaine mesure qui leur ressemble.

La journée prend fin vers 23 heures. Le moment de se dire au revoir, et même adieu dans le cas du journaliste du HuffPost. Quelques jours plus tard, ce média publiera un reportage de six minutes sur « *Ce dissident qui met des bâtons dans les roues de Manuel Valls* », un reportage qui me donne le beau rôle et constitue un bel espace publicitaire à quelques heures de la fin de la campagne. En moins d'une journée, cette vidéo accumulera plus de 40 000 visionnages sur YouTube, un chiffre écrasant si je le compare à mes messages vidéo habituels qui sont généralement vus par quelques centaines de personnes… dans le meilleur des cas.

Mercredi 1ᵉʳ juin – Ivo le *hater*

Espagne – Costa Brava : Figueras/Cadaques/Rosas/Empuriabrava

Depuis que j'ai assumé un rôle public, que ce soit en tant que député, que suppléant ou qu'élu local des Français de l'étranger, j'ai toujours tenté de tirer la quintessence de ma présence nécessaire sur les réseaux sociaux, en particulier sur Facebook. Bien sûr, comme pour tout homme politique, ces réseaux constituent un moyen de me rapprocher de personnes éloignées géographiquement, ce qui me permet de communiquer et de construire une communauté de *followers* qui, en se familiarisant avec mon travail, aura tendance à devenir mon premier cercle de soutiens «apolitiques». Mais j'ai aussi trouvé une autre utilité à ces réseaux : un apprentissage du débat face à l'adversité radicale. En effet, les réseaux sociaux sont des endroits où l'on doit être prêt à recevoir de véritables volées de bois verts sous la forme de commentaires agressifs, voire carrément d'injures, insultes, et même des menaces. Et plutôt que d'appliquer la doctrine habituelle du politicien face aux réseaux (on communique et on ignore les commentaires haineux, la «méthode Valls»), j'ai pris le parti de toujours répondre à tous les commentaires, en particulier les plus agressifs. Pourquoi? Je me suis lancé un défi : à chaque fois, trouver les mots pour faire repartir la conversation, ne jamais la laisser finir sur ces injures et lui permettre de se terminer sur de meilleurs termes qu'elle n'avait commencé. Bien sûr cela demande une certaine imperméabilité face aux attaques, qui la plupart du temps sont plutôt dirigées à Macron ou à l'ensemble de la classe politique qu'à ma personne en particulier. Cependant cela aura été une véritable formation accélérée de tempérance et de négociation, des qualités que j'ai ainsi appris à mieux maitriser et à appliquer dans le «monde réel», dans lequel cela m'a aussi permis d'établir de véritables rapports humains avec des personnes avec qui cela avait objectivement plutôt mal commencé.

C'est ainsi le cas d'Ivo, un Français d'Espagne avec qui nous étions devenus des «amis Facebook» un peu par hasard, et qui s'était rapidement transformé en un *«hater»*, une de ces personnes qui viennent systématiquement intervenir dans un commentaire sous mes posts pour critiquer ou attaquer, généralement d'une manière assez agressive voire outrancière. Au fil des semaines et de mes réponses constructives à ses attaques, j'avais vu comment Ivo évoluait vers moins de radicalité. Puis un beau jour nous avons commencé à échanger sur le sujet du commerce du vin français en Espagne et en particulier du Vin Gris de Toul, non plus en public mais via message privé, et cela fut le pas décisif dans notre relation. Celle-ci est peu à peu devenue carrément cordiale, même si je savais bien que politiquement je ne serais jamais la tasse de thé d'Ivo, et qu'il savait que je le savais.

Au fil de nos conversations j'avais promis à Ivo que je lui rendrais visite pendant ma campagne électorale… et c'est finalement aujourd'hui que cela se passe, sur la terrasse – protégée du soleil par une pergola couverte de clématites – d'un petit restaurant français situé dans les entrailles du mythique village côtier de Cadaques, lieu de naissance de Salvador Dali. Plusieurs amis d'Ivo sont au rendez-vous, il a lui-même amené une bouteille de l'excellent cava qu'il produit dans la région. La rencontre est cordiale, nous conversons à bâton rompu : les passants pourraient penser assister aux retrouvailles de vieux amis, et non pas à la continuité d'un dialogue qui avait commencé par beaucoup d'incompréhension et de tension. Il faut dire que cela fait un moment qu'Ivo a décidé de me pardonner mon macronisme éhonté, et est désormais devenu un de mes plus fervents défenseurs sur Facebook! J'en veux pour preuve ce message qui ne laisse pas de place au doute quant à son positionnement dans la bataille à venir. Un message publié sur son mur Facebook au moment de l'annonce de l'investiture de mon rival, et bien sûr toujours rédigé dans le style particulier et fleuri d'Ivo, mais qui a le bon goût de terminer sur une formule de politesse :

LÉGISLATIVES ... le verdict est tombé et ce *[nom d'oiseau particulièrement chatoyant]* de VALLS a été adoubé par LREM. C'est À GERBER...

Stéphane Vojetta a été un député à l'écoute, accessible et efficace dans bien des cas.

VALLS cherche juste un strapontin pour être écouté... MONTRONS LUI que la Démocratie ne s'achète pas et aidons Stéphane à GARDER son poste de Député !

F**K VALLS 4 EVER

Merci

Ce même jour, Manuel Valls est en campagne à Monaco, très ostensiblement accompagné par Christian Estrosi. Estrosi est le maire de Nice mais surtout un baron de la droite en PACA, et une personnalité qui monte au sein de la majorité. Un soutien certes beaucoup plus connu et un peu plus policé qu'Ivo, mais dont la présence à Monaco fera dire à certains que « *dans le camp Valls, même les soutiens sont parachutés !* ». Je découvre ce commentaire au moment où je ressors de ces retrouvailles avec Ivo, alors que je longe le *paseo maritimo* dominé par l'église Santa Maria et les maisons blanches qui, à l'instar de l'omniprésence de Dali, contribuent à la réputation internationale de cet ancien village de pêcheurs. Un trait d'humour qui me laissera le sourire aux lèvres alors que nous reprenons notre route, pour laisser derrière nous la baie de Cadaques et le Cap Creus et mettre le cap plein sud, le long de la Costa Brava.

Jeudi 2 juin – Tous les chemins mènent à Valls

Espagne – Castelldefells/Sitges/Tarragone/Cambrils

Au terme de ma quatrième et dernière réunion publique de cette ultime journée de campagne le long de la côte catalane, je quitte la station balnéaire de Cambrils un peu après 20h30. Une dizaine de personnes avait répondu à l'appel pour cette dernière rencontre de la journée. Un couple de retraités d'origine bretonne aura même parcouru près de 100 kilomètres pour se joindre à nous et venir ré-affirmer en personne tout leur soutien. La conversation fut cordiale et les marques de sympathie s'ajoutèrent aux centaines déjà reçues durant cette campagne. Je me mets en route vers Lerida où je passe-rai la nuit, à 150 kilomètres de là. La première étape de mon trajet de retour vers Madrid. Alors que je roule sur l'autoroute A27 depuis une vingtaine de minutes, une apparition soudaine me fait sortir de ma torpeur : un panneau de direction indiquant « **Valls, 25 km** ».

Passé le sourire initial, une idée commence rapidement à germer. Il y a donc une ville en Catalogne appelée Valls. Dans quelques mi-nutes je vais passer devant la sortie d'autoroute qui y mène. La ville en question sera alors à moins de 15 kilomètres. Un peu à court de nouvelles idées de communication à soixante-douze heures du premier tour, je sens qu'il y a peut-être quelque chose à faire. Il reste une grosse demi-heure avant la tombée de la nuit, je suis fourbu et j'ai hâte d'arriver dans mon hôtel de Lerida, prendre une douche et m'écrouler sur un lit frais, mais avant cela une bonne heure de route minimum m'attend encore. Cependant l'intuition fait rapidement son chemin parmi mes neurones fatigués : il y a un coup à jouer. Après 4 500 kilomètres de route, après quatre semaines de campagne ininterrompue, je décide donc d'investir une demi-heure de mon temps de repos pour effectuer ce détour de 30 kilomètres et jouer ce coup à fond. Je prends la sortie d'autoroute et un quart d'heure plus tard, je visualise les faubourgs de la ville de Valls. Je m'arrête quelques instants sur le bas-côté pour analyser ce que me dit Google : « *Valls est une ville espagnole de la province de Tarragone, en Catalogne. Capitale de la région d'Alto Campo, elle compte 24 553 habitants, qui représentent plus de la moitié de la population de la région. Elle est située à côté de la rivière Francolí. On y trouve l'église romano-gothique de Sant Joan, dont la construction remonte au XVIe siècle, et la Capella del Roser, avec une mosaïque d'azulejos de la bataille de Lépante du XVIe siècle. Dans la ville, on mange une délicatesse catalane typique de saison appelée calçot, des oignons doux et longs avec lesquels la calçotada est célébrée.* »

Malgré mon affection pour les mosaïque et les oignons, tout cela ne m'inspire pas grand-chose, et à mesure que je me rapproche de la ville, je réalise qu'elle a peu d'attrait visuel. J'ai peut-être fait le détour pour rien.

C'est en passant devant le traditionnel panneau d'entrée en ville « VALLS » que surgit l'étincelle. Un coup d'œil dans le rétroviseur suffit pour valider l'idée. Je me gare quelques dizaines de mètres plus loin, je mets la camera de mon téléphone en mode selfie vidéo puis je commençais l'enregistrement en avançant vers le panneau en question.

– Alors que je termine ma dernière semaine de *Road Trip* avant le premier tour, et que je quitte demain la Catalogne pour retourner à Madrid en passant par Saragosse, je voulais vous remercier pour toutes les expressions de soutien reçues au cours de ces dernières semaines.

Alors que je continue à avancer, le panneau de sortie de ville figurant VALLS barré d'une grande ligne diagonale rouge apparait derrière moi dans le champ visuel de la camera.

– … Et puis, comme toujours, je ne suis pas superstitieux mais j'aime bien les signes du destin et j'ai trouvé qu'on était dans un bel endroit, ici en Catalogne, pour vous remercier et pour vous souhaiter tout simplement un bon vote dimanche.

Ce sera mon dernier coup de communication sur Twitter avant le scrutin. À nouveau, je laisse libre court à mon humour parfois un peu absurde, souvent pince-sans-rire. Une nouvelle fois, je choisis d'ignorer les codes habituels de la communication politique, pour mieux laisser transparaitre une personnalité. Là aussi, face au rejet qu'engendre mon rival, je dois proposer et mettre en scène une personnalité totalement opposée à la perception publique de la sienne : sincère, sans calculs, éloignée des codes traditionnels de la politique. L'humour est le plus court chemin d'un homme à un autre, comme l'a dit un jour le regretté Georges Wolinski, avant de tomber sous les balles d'assassins qui, eux, manquaient singulièrement d'humour. Alors j'offre à tous les hommes et les femmes (en tout cas ceux et celles qui me suivent sur Twitter) ce chemin qui les aidera à mieux comprendre, et peut être même à aimer, ce que je suis.

Au même moment, mon adversaire préféré tient sa dernière réunion publique, à Barcelone, dans les salons d'un grand hôtel de la ville. Son invitée d'honneur est Samantha, désormais totalement habitée par son rôle de soutien-en-chef de mon principal concurrent. À quelques heures de l'ouverture des bureaux de vote, de nombreuses personnes se revendiquant comme mes partisans sont dans l'assistance, et parmi eux de nombreux membres du comité LREM de Barcelone. Ces *vojettistes* sont venus pour écouter, pour dialoguer, et aussi pour tenter de comprendre comment on avait pu en arriver là. C'est également la dernière opportunité pour mon rival d'annoncer une intention réciproque à la mienne, à cet engagement que j'avais déjà exprimé à plusieurs reprises, celui d'appeler à voter pour mon concurrent macroniste au second tour s'il devait me devancer dans les urnes ce dimanche. La question lui est donc posée, il a l'occasion d'annoncer enfin cette réciprocité, mais il choisit de ne pas le faire. À la question : si c'est Vojetta qui passe au 2ème tour face à la Nupes, appellerez-vous à voter pour lui? Sa réponse reste un « *non* » ferme et sans équivoque.

Au moment où l'on me rapporte cette réponse, malgré tout, je cherche à comprendre, et je trouve même des excuses. J'essaye notamment d'imaginer la pression qui pèse à ce moment-là sur les épaules de mon ancienne titulaire. Une pression qui doit être intense, lourde. J'imagine sans effort les reproches de mon adversaire quant à l'incapacité à juguler cet ancien suppléant, ce subalterne qui aurait dû se coucher sans plus de cérémonie face à la supposée décision présidentielle, ou aux alléchantes propositions compensatoires que l'on ne manquerait pas de lui faire. J'imagine l'état de tension de la Sénatrice face à la réaction de « ses » anciens électeurs, dont nombreux s'interrogent aujourd'hui ouvertement face à une décision d'investiture qui propose de faucher en plein vol l'ascension de l'un des leurs, un citoyen lambda devenu élu local devenu élu national et dont l'investiture pour ces législatives aurait démontré la foi du mouvement en sa capacité à faire naitre des personnalités ayant un véritable ancrage local, une vraie légitimité de terrain, bref aux antipodes des reproches faits au macronisme depuis 2017. Mais en lui cherchant ces excuses, est-ce vraiment elle que je veux protéger, réflexe pavlovien, ou n'est-ce finalement que ma manière à moi d'atténuer le coup que j'encaisse?

Vendredi 3 juin – Comme un bulldozer

Après une dernière nuit sur la route de mon *Road Trip*, je suis désormais en chemin vers Madrid et le premier tour, trajet ponctué par deux dernières étapes à Lérida et Saragosse où je n'attends pas de grosses audiences pour mes réunion publiques. Je profite de l'arrêt à Lérida pour croiser Fabien, le référent du MODEM pour l'Espagne. Le choix électoral de Fabien est déjà fait, et bien fait, et je ne perds donc pas de temps à tenter de le convaincre. Nous passons plutôt une heure agréable à échanger sous le soleil matinal, à parler de nos vies respectives dans ce pays si attachant, mais aussi à parler politique, et avenir. Je retiens particulièrement de cette conversation l'annonce qui m'est faite que, en cas de victoire, le MODEM serait ravi de me voir rejoindre son groupe parlementaire. Je n'en doutais pas vraiment, mais la confirmation est utile, un nouveau signal qui passe au vert comme d'autres avant lui.

Je me remets rapidement en route vers Saragosse où j'arrive avec une demi-heure de marge avant la dernière réunion publique de cette campagne de premier tour. Je mets à profit ce moment de pause pour mettre la dernière touche à l'ultime courrier électronique que j'adresserai aux électeurs de la circonscription avant que ne débute la période de silence électoral, ce soir à minuit.

Ce courriel sera l'occasion de revenir sur les moments forts de la campagne, et notamment sur la quarantaine de réunions qui ont émaillé ce *Road Trip*. Les impressions laissées par ces rencontres renforcent l'image de proximité que j'ai ressenti, et j'ai souhaité installer, et nourrit le contraste avec mon rival principal du premier tour, dont je n'ai même pas besoin de mentionner l'existence pour que mon audience le devine en creux au sein de ma communication qui insiste sur l'authenticité, la proximité, la fidélité, la capacité à ne pas se prendre excessivement au sérieux, et la légitimité du terrain. Mais surtout, je compte profiter de ce message pour diffuser une vidéo importante : le reportage complet publié par le Huffington Post à la suite de ma journée de campagne à Barcelone mardi dernier.

Le HuffPost a en effet diffusé un documentaire éloquent, positif, favorable, déjà viral, bref un support idéal pour ma communication de fin de campagne. En revanche, je ne comptais initialement pas diffuser à grande échelle mon « *résumé médiatique de la campagne* », une vidéo humoristique que j'avais préparé moi-même ces derniers jours, et qui, en reprenant les codes visuels du traditionnel zapping quotidien de Canal+, juxtapose quelques moments marquants de ces cinq dernières semaines. L'objectif de ce montage consistait, encore une fois, à faire sourire mais aussi à faire réfléchir. Ainsi, le montage juxtapose par exemple un extrait d'entretien du suppléant de Manuel Valls qui m'accuse en filigrane de « *m'attribuer le travail de Samantha Cazebonne* » avec un segment du discours de Jean Castex à Madrid dans lequel le Premier ministre mentionnait « *Stéphane, votre député, qui insiste tant pour que nous vous facilitions la vie* ». Ou encore en faisant s'enchainer une vidéo de mon rival qui revendique le soutien d'Emmanuel Macron, avec une autre vidéo de cet Emmanuel anonyme, Français de Madrid qui déclarait avec enthousiasme me soutenir à la descente d'un avion. Ou encore une autre vidéo de mon adversaire évoquant l'appui de « *la Sénatrice* »… qui s'enchaine sur un extrait d'interview dans lequel je ris de bon cœur en répondant « *Vous allez les poser à tout le monde ces questions ?* ». Bref, de l'humour bon enfant, pas agressif, mais qui offre certaines pistes de réponse aux questions que les électeurs peuvent se poser sur mon compte.

Hier après-midi, j'avais posté ce zapping fait maison sur Twitter, où il avait été visualisé par une audience assez confidentielle, quelques centaines de personnes à peine, parmi lesquelles probablement quelques dizaines d'électeurs de la circonscription, la plupart sans doute déjà ralliés à ma cause. En limitant la diffusion à Twitter, je m'étais rallié à l'opinion de mon équipe de campagne qui était en principe opposée à une diffusion plus large qui aurait visé spécifiquement les électeurs. Opposition justifiée notamment car personne dans l'équipe et au-delà n'était capable de me dire avec certitude si ce montage enfreignait ou pas certaines règles de propriété intellectuelle, à commencer par la séquence qui ouvrait la vidéo, une version burlesque de la célèbre fanfare de 20 th Century Fox, jouée à la flûte de pan d'une main peu assurée. Je pensais que c'était probablement le cas, mais que tout cela restait dans une zone suffisamment grise pour ne pas nous faire courir de risque excessif. Nous avions par ailleurs chacun reçu des retours courroucés de la part du camp de mon rival au sujet de ce *zapping*. Un mois après notre dernier échange, je reçois d'ailleurs moi-même ce matin un message de Samantha qui ne dissimule pas sa colère quant à cette vidéo. Alors que le moment de la réunion se rapproche, je lui réponds brièvement :

– Samantha, quand tout cela sera fini, et pas avant, on aura l'occasion de revenir sur l'ensemble de ce qui s'est passé. Et on ne se contentera certainement pas de parler de quelques secondes d'une vidéo humoristique. On mettra tout sur la table.

Assis à la terrasse du bar où j'attends les participants à ce qui sera peut-être la dernière réunion publique de ma campagne… et de ma carrière politique, je décide finalement – mi – bravache, mi-inconscient – de modifier la *newsletter* et d'y inclure la vidéo en question. Trois minutes plus tard, j'envoie le mail, et donc cette fameuse vidéo, à 71 119 électeurs de la 5ème circonscription, puis je la poste sur mon compte Facebook.

Une heure plus tard, la réunion publique terminée, je reprends la route une dernière fois. Ces 280 kilomètres vers Madrid constitueront mon ultime trajet d'avant-premier tour, en route vers les miens, et vers mon destin. En guise de fond sonore pour cette dernière étape, j'active la *playlist* que je me suis constitué au fil de ces semaines de campagne.

On dit que la musique active notre système nerveux sympathique, qu'elle prépare notre corps à l'action. Qu'en écoutant le bon morceau au bon moment, en le laissant faire écho à un vécu particulier, source d'émotions, on retrouve plus facilement la motivation intérieure.

Nous l'avons tous déjà ressenti et pour ma part, cela marche à chaque fois, notamment ces dernières semaines. Un véritable chien de Pavlov mélomane sur la route de sa campagne électorale.

Depuis quelques semaines, ce sont donc quelques morceaux bien précis qui me permettent de refaire le plein d'énergie et de motivation à intervalles réguliers. «*Juramento eterno de sal*», qui évoque fort à propos «*estas noches locas recorriendo Portugal [ces nuits folles à parcourir le Portugal]*», la bande originale de Gladiator (sans surprise), la musique de mes éternels favoris de U2 «*Light my way*», «*Still haven't found what I'm looking for*», ou encore du rap français avec Orelsan ou «*Au DD*» de PNL.

Mais sans que je l'anticipe, presque à mon corps défendant, c'est un autre titre qui est devenu l'hymne intérieur qui a accompagné mon odyssée personnelle lors des moments de solitude : « *Wrecking Ball*», une chanson de Miley Cyrus dont je ne suis pas habituellement un fan. Mais un titre sur lequel sa voix puissante est porteuse d'une émotion intense. Et surtout un morceau dont les paroles résonnent particulièrement en moi.

I never meant to start a war *I just wanted you to let me in* *And instead of using force* *I guess I should've let you win*	*Je ne voulais pas déclarer la guerre* *Je voulais juste que tu m'acceptes* *Et plutôt qu'utiliser la force* *J'aurais sans doute mieux fait de te laisser gagner*
Don't you ever say I just walked away *I will always want you*	*Ne dis jamais que j'ai renoncé* *Je t'aimerai toujours*
I came in like a wrecking ball *I never hit so hard in love* *All I wanted was to break your walls* *All you ever did was wreck me*	*J'ai foncé comme un bulldozer* *Je n'ai jamais cogné si fort en amour* *Tout ce que je voulais c'est briser tes murs* *Tout ce que tu en as fait c'est me détruire*
I came in like a wrecking ball *Yeah, I just closed my eyes and swung*	*Alors j'ai foncé comme un bulldozer* *Oui, j'ai juste fermé les yeux et j'ai cogné fort*

Le cap mis sur Madrid, je me laisse donc une nouvelle fois porter par cette musique, cette voix, ces paroles, et comme à chaque fois, j'en ressors revigoré. La foi du charbonnier s'empare à nouveau de moi.

Sans que je n'aie besoin de le lui demander, mon pied droit appuie un peu plus fort sur l'accélérateur.

Dimanche 5 juin – Premier tour

Jour fatidique.

Après un footing matinal je me remets mécaniquement au travail sur la table de la cuisine en attendant le réveil du reste de la famille. Mon épouse émerge vers neuf heures, relativement tôt pour un dimanche, et s'étonne à peine de me trouver en train de préparer le deuxième tour alors que nous sommes au matin du premier. Mais si j'attendais les résultats de ce soir pour commencer à préparer la suite, alors il est clair que je ne gagnerai pas ces élections.

L'heure avance, je me mets en mouvement rapidement. Le bureau de vote se trouve à moins d'un kilomètre de chez moi et restera ouvert jusqu'à 19 heures, cependant je dois m'y rendre relativement tôt. En effet un caméraman de l'Agence France Presse (AFP) m'a contacté cette semaine : il souhaite me suivre caméra en main au moment de mon vote à l'urne puis lors du dépouillement en soirée afin de capter ces images traditionnelles qui reviennent lors de chaque journée électorale. Je lui ai donc proposé, ainsi qu'à Nathalie et aux Marcheurs madrilènes, de nous retrouver vers 10h30 ce matin-là pour passer ce moment ensemble.

En arrivant devant le centre de vote, qui se trouve être le lycée français dans lequel j'ai passé tant d'heures, tant de soirées de réunion en tant que président de l'association des parents d'élèves, je retrouve le journaliste de l'AFP plutôt contrarié. Contre toute attente, il m'annonce qu'il ne pourra sans doute pas pénétrer dans l'enceinte du centre de vote : le ministère des Affaires étrangères n'a pas répondu à la demande d'autorisation de l'AFP. Il est abasourdi : en quinze ans de métier, c'est la première fois que cela lui arrive. Encore plus fort, à sa connaissance jamais l'AFP ne s'était vu interdire d'aller filmer un candidat en train de voter lors d'élections françaises. Des cameramen de l'agence ont d'ailleurs filmé les candidats de la 1ère circonscription des Français de l'étranger en train de voter hier dans les centres de vote de Montréal et de Washington.

J'ai du mal à accepter ce qui est en train de se passer et je lui demande de marcher avec moi vers l'entrée du lycée. Nous allons tenter de rentrer ensemble. L'agent de la sécurité, qui me connait depuis des années, me salue par mon prénom, puis indique sans aucune équivoque au caméraman qu'il ne peut pas passer avec son matériel. Je demande alors à parler à un responsable du Consulat Général de France à Madrid – l'organisateur de cette journée électorale – alors que Nathalie et quelques Marcheurs sont déjà arrivés et qu'un petit attroupement commence à se créer autour de nous. Quelques minutes plus tard, un représentant du Consulat arrive. Légèrement penaud, il nous explique effectivement que l'autorisation du ministère n'est jamais arrivée. Alors que la moutarde commence à me monter sérieusement au nez, il m'explique ne pas être responsable d'une décision qui correspond au responsable de la communication de l'Ambassade de France à Madrid. Marie, qui est arrivée entre temps et s'est jointe à nous, me dit connaitre le fonctionnaire en question et avoir son numéro. Je me lance :

– Parfait. Marie s'il te plait appelle-le maintenant et mets-le sur haut-parleur.

Marie s'exécute, et l'interlocuteur décroche rapidement. C'est moi qui prends le combiné.

– Bonjour, c'est Stéphane Vojetta, le candidat aux élections, et accessoirement le député de la circonscription. J'ai un problème à Madrid où l'AFP se voit empêchée d'accéder au centre de vote pour me filmer en train de déposer mon bulletin dans l'urne. C'est sans précédent et il nous faut une explication.

– Je suis désolé monsieur le député mais en l'absence de réponse du ministère nous ne pouvons pas faire autrement.

– Comment expliquez-vous l'absence de réponse du ministère ? D'après ce que je comprends, ce n'est jamais arrivé.

– Je ne saurais pas vous dire.

– Eh bien moi je vais vous dire comment les observateurs pourraient se l'expliquer quand ils seront au courant : ils penseront peut-être comme moi que, face à une situation où le candidat du système ne peut pas être filmé en train de voter car il n'est pas inscrit sur les listes électorales de la circonscription, l'administration se plie en quatre pour limiter les dégâts en empêchant son concurrent principal d'être filmé en train de voter, ce qui évitera les comparaisons embarrassantes !

J'essaye de contenir la rage qui monte en moi mais ma détermination est totale. Je ne laisserai pas passer cette manœuvre.

– Monsieur le député, je suis sûr qu'il y a une autre explication.

– Je veux bien l'entendre.

Le ton mi-glacial, mi-ironique de ma réponse trahit ma détermination, si besoin en était.

– [long silence]… Mais en tout cas si le reporter de l'AFP le souhaite, et même s'il ne pourra pas vous filmer en train de voter si ce n'est pas autorisé explicitement par le Ministère ou le président de votre bureau de vote, il pourra quand même pénétrer dans l'enceinte du lycée pour enregistrer des images, notamment autour de la zone des affiches à l'entrée du bâtiment principal.

On progresse. Je distingue un embarras évident dans le regard du représentant du consulat. Je reformule ce qui vient d'être dit en les prenant à témoins, lui et l'agent de sécurité.

– Très bien, dans ce cas nous sommes bien d'accord sur le fait que le journaliste de l'AFP pourra dans tous les cas pénétrer dans l'enceinte du lycée pour enregistrer des images, notamment de la zone où sont placardées les affiches électorales, et qu'il pourrait même me filmer en train de voter si c'est autorisé explicitement par le président de mon bureau de vote. On est bien d'accord ?

Le représentant du consulat ne sait plus où se mettre… puis soudain il sait, et s'éloigne rapidement pour passer un coup de fil discrètement.

Ai-je alors l'esprit mal tourné si je l'imagine en train d'appeler le président de mon bureau de vote afin de s'assurer que celui-ci ne fasse pas bêtement l'erreur d'accepter la présence du caméraman ?

La tension redescend d'un cran une fois que je passe les grilles du lycée accompagné du reporter, de Nathalie et de Marie. Le reporter me glisse qu'il a bien saisi la situation :

– Je pense que pour ne pas envenimer les choses on va simplement se contenter de faire quelques images de vous et votre suppléante devant les affiches électorales…

J'acquiesce et il poursuit.

– Sincèrement, je n'ai jamais vu cela. Cela donne vraiment l'impression d'un système qui s'arque boute pour protéger son candidat, au mépris de toutes nos règles habituelles. Mais je ne veux pas provoquer plus d'esclandre : je vous propose que vous demandiez à un de vos proches de vous filmer en train de voter, puis que vous m'envoyez les images. Je les reprendrai à notre compte en citant la source.

Vingt minutes plus tard, j'avais placé mon bulletin dans l'urne, au milieu d'un bureau de vote désert, le tout filmé par Marie qui tenait le coup malgré cette semaine terrible et les tensions de ce nouvel épisode.

Quelques instants plus tard, au sein du centre électoral, une couche est remise à l'ambiance électrique de la matinée à l'occasion de l'esclandre public monté par une représentante des Républicains qui s'insurge de me voir saluer les membres des bureaux de vote (alors que, là encore, il s'agit d'une tradition républicaine de la part d'un député). Elle menace ensuite de déposer un recours en me voyant m'attarder dans le centre de vote et converser avec les uns et les autres. Ayant déjà eu ma dose de batailles futiles pour la journée, je prends congé de mes troupes et je pars vaquer à d'autres occupations.

Le caméraman de l'AFP me rappelle en début d'après-midi.

– Je voulais vous remercier pour les images que vous m'avez envoyées, et pour votre intervention de ce matin. Mais c'est à mon tour de vous avouer quelque chose dont je ne suis pas fier : ma hiérarchie m'a demandé d'attendre la clôture des bureaux de vote pour diffuser les images que j'ai prises ce matin, sans plus d'explication. Pour tout vous dire, je suis un peu écœuré. En tout cas je vous souhaite bonne chance et j'espère pouvoir venir vous filmer au second tour.

– Merci et ne vous en faites pas, je vous ai vu faire tout votre possible pour faire votre métier. Quant au second tour, ne vous inquiétez pas pour moi : j'y serai bel et bien. Mais malheureusement, après l'élimination de Valls, les images de moi en train de voter vous intéresseront beaucoup moins…

L'après-midi est rythmée par les messages de mes relais dans les bureaux de vote de la circonscription. Ils me font parvenir les informations parcellaires dont ils disposent. Le plus assidu d'entre eux est sans aucun doute mon parachutiste barcelonais, le Lieutenant-Colonel Zielinger, qui a la charge du bureau de vote de Figueres et qui m'envoie régulièrement ses « nouvelles du front » :

– Photo de l'équipe de choc, premier tour des législatives

– 10h, 20 votants

– 11h30, 36 votants

– 12h15, 52…

– 16h, 90

– Ne pas oublier les votes par Internet. 150 chez nous…

En fin d'après-midi, je retourne au centre de vote de Madrid pour retrouver mon équipe et assister au dépouillement. Le moment de vérité s'approche, même si une incertitude demeure quant à l'heure précise de la publication des résultats du vote électronique. En effet, les bureaux de vote physique fermant à 19 heures, le décompte des bulletins déposés dans les urnes sera sans doute finalisé vers 20 heures, puis les résultats à l'urne consolidés pour l'ensemble de la circonscription connus vers 20h30. Mais à ce moment-là il manquera encore dans le décompte plus de 80 % des votes émis, à savoir ceux soumis via le vote en ligne. Ce n'est que plus tard, au cours de la soirée, à un horaire qui reste indéterminé, que nous aurions accès au résultat de ce vote électronique.

À Madrid, le dépouillement des bureaux de vote de la capitale commence dès 19 heures et confirme au fil des minutes, bulletin après bulletin, que j'y suis au coude à coude avec Renaud Le Berre de la Nupes, mais largement devant Manuel Valls. Les résultats définitifs du vote à l'urne ailleurs en Espagne commencent à tomber à partir de 19h30 : outre Madrid, je suis notamment en tête à Malaga ou à Palma de Majorque. Et même dans les bureaux de vote où je suis devancé par Le Berre, je reste devant Valls. C'est notamment le cas à Séville, mais surtout à Barcelone, ce qui est encourageant. En revanche, comme je le prévoyais, si nous sommes en tête à quasi-égalité en Andorre, Valls est légèrement devant moi au Portugal et à Monaco (d'une centaine de voix à chaque fois). Vers 20h30, alors que je rentre chez moi pour préparer la suite de la soirée, je ne suis pas totalement rassuré : sur le vote à l'urne désormais consolidé, Le Berre est en tête avec plus de 29 % des voix sur l'ensemble de la circonscription, et je ne devance Valls que de quelques centaines de votes (avec un score de 21 %, contre 16 % pour mon rival macroniste). Le résultat du vote par internet sera donc décisif. S'il confirme cette tendance, je serai qualifié. Mais le résultat apparait plus serré que je ne l'avais prévu.

Un peu plus tôt ce weekend j'avais décidé d'inviter de nombreux proches, soutiens, Marcheurs et amis à me rejoindre et m'accompagner ce dimanche soir à partir de 21 heures. Sans vouloir anticiper ou porter malheur, je leur avais annoncé qu'en principe, à cette heure-là on devrait avoir une bonne idée des tendances et que quel que soit le résultat, ce serait l'occasion de remémorer un verre à la main ces dernières semaines plutôt mémorables. Et aussi l'occasion de célébrer ensemble soit notre qualification pour le second tour, soit la fin de ma « carrière politique »… Dans tous les cas ce serait un moment joyeux ! Les invités commencent à affluer à partir de 21h. Avec chaque nouveau venu, la même question surgit, encore et encore : à quelle heure aura-t-on les résultats définitifs ? La réponse est toujours la même : on espère les obtenir entre 21h30 et 22 heures. Tout le monde est tendu, moi le premier, même si la température agréable et les résultats rassurants à l'urne fournissent les ingrédients pour une bonne ambiance, malgré la tension de l'attente.

Marie et Teresa sont là aussi. Marie ne voulait pas manquer ce moment et elle a convaincu sa mère de se joindre à nous malgré le choc qu'elles viennent de vivre. Elles parviennent à faire bonne figure au milieu d'une foule dont la plus grande partie ne soupçonne pas le drame qu'elles ont traversé au cours des cinq derniers jours. Avec l'envie de faire tomber légèrement la pression, je propose aux invités de se rapprocher du bar improvisé où je commence à faire le service. Nerveux et distrait, je m'abime la main sur la première bière que je décapsule. La plaie au pouce gauche commence à saigner abondamment. J'essaye de colmater la brèche tant bien que mal avec une serviette en papier, tout en tentant de répondre aux multiples sollicitations des invités sans les couvrir de mon sang. De nouveaux visage continuent à affluer et finissent par remplir mon jardin. Les conversations sont rendues inaudibles par le brouhaha général, mais pas besoin de les entendre pour savoir quelle question est sur toutes les lèvres.

Soudain, vers 21h40, Stéphanie Le Vaillant, conseillère consulaire de la circonscription de Madrid (elle était numéro deux sur ma liste lors des élections du printemps 2021) s'approche et me prend par le bras :

– Stéphane… je crois qu'on a le résultat du vote électronique.

Elle me tend son téléphone. Sur son écran apparait la photo d'un autre écran, à un millier de kilomètres d'ici, et sur lequel on distingue une série de noms et de chiffres organisés en colonnes. Parmi cette information je recherche immédiatement les trois seules lignes qui comptent.

Le Berre : 5 376 voix

Vojetta : 5 012 voix

Valls : 3 129 voix.

J'ai près de 2 000 voix d'avance sur Manuel Valls sur le vote électronique. À rajouter aux quelques centaines de voix d'écart en ma faveur à l'urne.

Je suis très nettement qualifié pour le second tour, face à Renaud le Berre.

Vamos!

Encerclé par une quinzaine de personnes qui exultent déjà en comprenant ce qui est en train de se passer, je fais un rapide calcul mental. J'ai rassemblé plus de 25 % des suffrages, contre 15 % pour Manuel Valls. Le verdict de notre primaire macroniste est donc sans équivoque : plus de 60 % des votes Macron-compatibles ont choisi le bulletin Vojetta, et moins de 40 % celui de Valls.

Ma qualification est claire et nette. Je n'ai pas besoin de l'annoncer, la nouvelle se répand déjà dans mon jardin plus vite qu'une trainée de poudre. Les accolades commencent, puis s'enchainent sans fin, les bouchons de champagne sautent, entre deux embrassades je sers nos invités à droite, à gauche, ma main continue de saigner, Nathalie me rejoint, puis Marie, puis mes enfants me trouvent dans la foule et me sautent dans les bras. Soutiens et amis se succèdent pour venir nous féliciter, je crois deviner des larmes d'émotion sur certains visages, pendant que le flux d'arrivants s'accélère, de même que les sollicitations. Chacun veut son accolade, chacun aura sa photo avec le héros du jour. Pendant ce temps mes deux téléphones ne cessent de sonner et de vibrer dans les poches arrière de mon jean. Des quatre coins de la circonscription, de Paris et tout autour du monde, on me demande des nouvelles du résultat. Je sors de la foule et m'éloigne pour commencer à prendre les appels que j'identifie comme émanant des médias, presse traditionnelle ou des médias en ligne : d'abord l'Indépendant, puis Equinox, puis *Le Petit Journal*, *le Parisien*, le *Figaro*, *BFM*, tout s'enchaine. Pendant ce temps les invités célèbrent joyeusement, et Twitter croule sous les articles qui annoncent la défaite de Valls… et ma qualification.

Rapidement, mon adversaire lui-même reconnait sa défaite sur Twitter :

Pendant ce temps, je reste collé au téléphone pour répondre aux médias, délaissant mes invités. Puis j'interromps quelques instants ces conversations afin que Nathalie et moi puissions prendre la parole pour un bref discours de victoire interrompu par les acclamations, les interpellations joyeuses… et les enfants qui jouent au ballon au milieu des adultes. C'est un dimanche à la campagne, un beau moment de communion. Soudain c'est Gautier qui appelle depuis Paris. Plus d'une heure a passé depuis l'annonce du résultat et le message de Valls qui reconnait son élimination : il est temps que je m'exprime publiquement moi aussi. Gautier a raison. Je m'exécute, en reprenant l'essentiel du discours que je viens de prononcer :

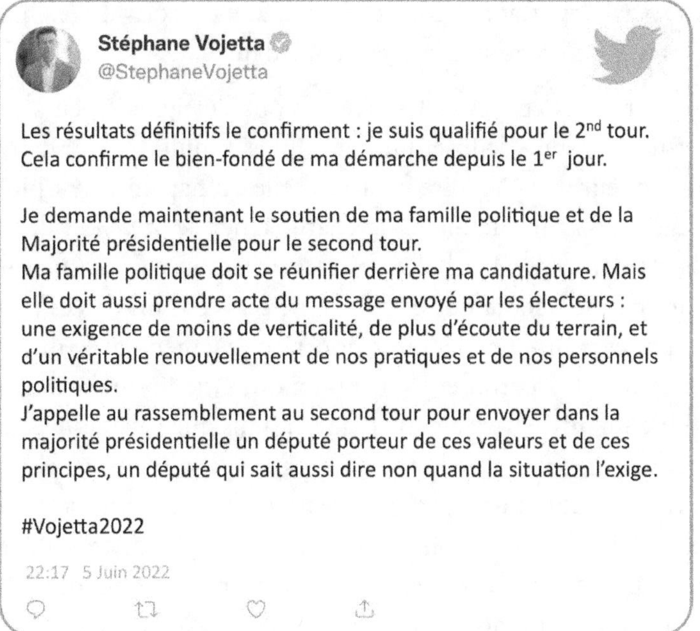

Ce message tant attendu sera pourtant presque éclipsé par un autre tweet, celui-là publié à nouveau par Manuel Valls, porteur d'un message bref, complémentaire et définitif :

Quelques minutes plus tard, il désactive son compte. Plusieurs membres de la France Insoumise se réjouissent immédiatement de la nouvelle, relayant sur ce même réseau une image choc : celle de Jean-Luc Mélenchon et d'autres parlementaires insoumis brandissant des pancartes «BON DÉBARRAS» dans l'hémicycle. Une photo prise à l'Assemblée nationale le jour de la démission de Valls en octobre 2018, démission qui officialisait son départ pour Barcelone. Sur le réseau social, les attaques contre mon malheureux rival s'enchainent, des torrents de haine se déversent contre lui.

À Madrid, les agapes et les célébrations s'éteignent peu à peu, et les derniers invités s'éclipsent un peu après minuit. Ce soir dans mon jardin, l'odeur de la victoire n'est pas celle du napalm, c'est plutôt ce mélange de parfum de bière, de champagne, de *jamon* et de *tortilla* qui flotte dans l'air. J'ai bel et bien gagné mon pari un peu fou. Il n'y aura pas de défaite honorable, je ne serai pas un de ces perdants magnifiques comme on les aime pourtant tellement en France. Alors que je remets la maison et le jardin en ordre, je flotte dans une allégresse bien nourrie par l'alcool, d'autant plus que j'ai à nouveau omis de manger quelque chose, accaparé par tout le reste. Mais demain sera un autre jour et déjà je dois tirer un trait sur l'euphorie collective et les célébrations pour remettre tout le monde au travail, moi le premier, puis partir vers Paris. Y reconstruire les ponts qui peuvent l'être, avant de reprendre le chemin de la campagne.

Je prends quelques instants pour l'exprimer à mes soutiens sur notre boucle :

– Merci à tous ! Quelle joie et quel soulagement d'avoir eu raison depuis le début et d'en avoir été suffisamment convaincus pour ne pas lâcher.

Maintenant on oublie Valls et on se recentre sur l'objectif numéro 1 : on réunifie notre famille politique derrière la candidature Vojetta/ Coggia, on défie la Nupes sur le terrain des idées et des programmes, puis on gagne et on rejoint la majorité présidentielle en la nourrissant des principes que porte notre démarche.

Ça commence demain !

Vers deux heures du matin, je peux enfin me diriger vers mon lit. Fatigué physiquement, vidé émotionnellement, mais soulagé. Sur les rotules, mais avec une sensation d'invulnérabilité. Pourtant, les défis à venir seront différents. Je devine notamment que les médias nationaux disparaitront de cette campagne après y avoir été omniprésents. Je sais aussi que les questions sérieuses vont commencer à se poser quant à ma future compatibilité avec la macronie après cette histoire un peu folle.

Ces questions, nous allons, je vais devoir y répondre. Je devrai le faire sans me renier. Il faudra rentrer dans le rang, mais pas trop.

En Espagne, comme là-bas au Connemara, on dit que la vie est une folie. Et que la folie, ça se danse…

ACTE 4 – PASSER AU SUIVANT

Lundi 6 juin – Le premier jour du reste de la campagne

Espagne – Madrid

Ces quatre dernières semaines, concurrents et détracteurs m'ont opposé un argument principal : j'avais beau être le député sortant, j'étais désormais répudié par mon parti qui m'avait d'abord tourné le dos en choisissant un autre candidat, et qui m'avait ensuite exclu publiquement pour clarifier les choses si besoin en était. Selon ces détracteurs, même dans le scénario invraisemblable selon lequel je parviendrais à me faire élire député, je serais voué à exercer mon mandat dans l'isolement, sans accès au Gouvernement, sans aucun appui haut placé pour faire avancer mes dossiers. Bref, un député isolé, inefficace, et très probablement inutile.

Cet argument, ce questionnement légitime était souvent relayé lors de mes réunions par des observateurs qui se demandaient sincèrement comment je pourrais retrouver ma place dans la majorité présidentielle après ce qui s'était passé. À tous sans exception j'opposais la même réponse : *je vous garantis que, une fois que j'aurai remporté la primaire Valls-Vojetta au soir du premier tour, il ne passera pas douze heures avant que la majorité ne me rouvre ses portes.* Ils verraient alors tous comment ma qualification et la perspective d'un second tour face à la Nupes confirmeraient l'adage selon lequel les vainqueurs ont toujours raison.

Christophe Castaner met fin au suspense très tôt en ce lundi matin :

Interview de Christophe Castaner aux 4 Vérités sur France 2, lundi 6 juin à 06h45

« Dans neuf des onze circonscriptions des Français de l'étranger, nous sommes en tête. Et puis, il y a effectivement l'échec de Manuel Valls, qui est révélateur du travail engagé par Stéphane Vojetta, qui était député de la majorité sortant, et qui reste dans la majorité présidentielle. J'appelle évidemment à son élection parce qu'il soutient le Président de la République et sans aucun état d'âme. »

Entre 21h40, heure de la confirmation de ma qualification, et 6h45 ce lundi matin, ce ne sont pas douze heures mais en fait exactement 9 heures et 5 minutes qui se sont écoulées avant que je ne me retrouve, comme par enchantement, à nouveau désigné comme candidat de la Majorité Présidentielle. Et 10 heures et 55 minutes n'avaient pas passé que ce soutien était confirmé, cette fois de la bouche du directeur général de LREM en personne.

Interview de Stanislas Guérini sur France Info, lundi 6 juin à 08h35

« Maintenant il faut évidemment gagner. On doit se rassembler face au cartel mélenchoniste, nous avons un candidat pour cela, Stéphane Vojetta, il faudra le soutenir, évidemment.

Au deuxième tour, il faut le rassemblement, et ce rassemblement, il se fait derrière Stéphane Vojetta, je suis convaincu qu'il pourra gagner. »

Mission accomplie. Voilà donc Valls éliminé, moi qualifié pour le second tour face à la Nupes, et ma famille politique rassemblée derrière ma candidature pour ce deuxième tour.

Oh, j'adooore quand un plan se déroule sans accroc.

Je note quand même qu'une fois de plus, tout cela se fait sans que ni Castaner ni Guérini ni aucun autre représentant du mouvement n'ait échangé avec moi depuis l'annonce de ma qualification. Que ce soit pour les mauvaises ou pour les bonnes nouvelles, j'aurai donc dû tout apprendre en direct, en même temps que les observateurs. Cette fois, cependant, je mets cela sur le compte d'une bonne préparation en amont, notamment lors de mes conversations de ces derniers jours avec Paul Desforges sur le téléphone rouge.

Au milieu des messages de félicitations qui continuent à affluer, ainsi que des demandes d'interview avec «le Tombeur de Manuel Valls» (marque que je devrais sans doute déposer), un nom familier réapparait sur mon écran à 9h25.

> Parce que je crois en
> une discipline de
> mouvement, alors
> comme depuis le début
> je me rangerai une
> nouvelle fois derrière les
> décisions prises et les
> orientations données.
> Bonne chance ainsi qu'à
> ton équipe. Samantha

Je repense à Valls. Son «soutien» de la veille, cet «*appel à faire barrage contre le candidat de la Nupes*» qui semblait sortir du même tonneau que le «*au second tour, pas une voix pour Marine le Pen*» d'un Jean-Luc Mélenchon fraichement éliminé au 1ᵉʳ tour de l'élection présidentielle le 10 avril dernier. Un soutien à contrecœur, sans doute prononcé en croisant les doigts sous le pupitre tel ces faux serments d'écoliers. Un soutien écrit qui a d'ailleurs disparu corps et âme une vingtaine de minutes après sa publication, au moment même où mon ex-rival l'avait effacé en clôturant son compte Twitter.

Il nous reste désormais douze jours pour parachever notre œuvre, et cela implique d'ajuster le plan initial de campagne en fonction des résultats du premier tour. Ainsi, il faudra notamment passer par Monaco, mais aussi repasser par le Portugal, ces pays où Manuel Valls a réalisé de bons scores au premier tour et où il faudra donc s'assurer d'un bon report de voix en ma faveur de la part des Vallseurs et des macronistes «légitimistes», ainsi que de la part des électeurs qui avaient plutôt opté pour le candidat des Républicains. Je tiens également à tenir mon engagement de réaliser une tournée dans un deuxième archipel espagnol après les Baléares, cette fois-ci les Îles Canaries. En ce qui concerne l'Andalousie et la côte sud-est de l'Espagne, il faudra raccourcir le programme prévu : je n'ai plus ni la force ni le temps de conduire 3 000 kilomètres de plus pour m'arrêter dans une dizaine de villes moyennes. On passera donc d'une grande tournée de cinq jours à un recentrage de 48 heures sur la région du Levante (Valence et Alicante) et sur Séville.

Et, priorité parmi les priorités, je dois aussi caser un passage par Paris le plus tôt possible. Afin de déposer ma candidature pour le second tour, mais aussi pour parler d'avenir et acter mon retour dans la majorité au-delà des déclarations de Castaner et Guérini ce matin. Demain mardi est la seule date compatible avec mon agenda. Paul Desforges me confirme immédiatement sa disponibilité pour me recevoir à l'Elysée en début d'après-midi. Par ailleurs, de premiers débats se calent avec Renaud Le Berre, notamment sur la Radio Nationale Espagnole, ainsi qu'un débat vidéo en présentiel qu'Equinox veut organiser, et auquel je tiens absolument : je suis convaincu qu'un véritable débat me permettra de mettre à nu le discours simpliste et réducteur de mon adversaire, qui ramène tous les problèmes de nos électeurs à une supposée rigueur budgétaire qui n'existe que dans sa propagande électorale.

Mardi 7 juin – passage par le Palais

France – Paris

Après un passage par le ministère de l'intérieur vers onze heures pour y déposer ma candidature, direction l'Assemblée nationale où j'ai prévu de déjeuner avec mon collaborateur Gautier. Plutôt que choisir le restaurant réservé aux députés où il n'y aura probablement personne en cette période électorale, nous prenons ce repas dans la cafétéria des employés de l'Assemblée, au 7ème étage de l'immeuble Chaban-Delmas, une cantine fréquentée essentiellement par les collaborateurs parlementaires et les agents de sécurité du Palais Bourbon. La confirmation de l'impact de ma performance électorale à Paris est sans ambiguïté. De nombreux regards complices et surtout, au moment de m'asseoir, des applaudissements provenant de plusieurs tables dont les occupants s'approchent ensuite pour me saluer et me féliciter en personne. Tout me confirme ce que Gautier et tant d'autres m'indiquaient depuis des semaines : l'écosystème des Marcheurs, et au-delà le landerneau politique parisien, et notamment le petit monde des collaborateurs parlementaires, un concentré de l'opinion de « ceux qui comptent », est massivement en appui de notre démarche. Je l'avais déjà ressenti lors des Spaces auxquels j'avais participé sur Twitter. Aujourd'hui à Paris, ce soutien, je le touche du doigt.

Au moment où je quitte la table, le nom de Stanislas Guérini flashe sur l'écran de mon téléphone. Outre le fait qu'il reste le directeur général de LREM, Stan est également depuis quelques jours le ministre de la Transformation et de la Fonction Publique au sein du tout nouveau gouvernement d'Élisabeth Borne. Un poste stratégique, que je devrai particulièrement mettre à contribution afin de faire avancer les évolutions que j'ai en tête pour l'administration de nos consulats à l'étranger. Après les salutations et félicitations d'usage, Stan rentre dans le vif du sujet. Cela commence par une tirade sur le traitement réservé à Valls dans les médias et sur les réseaux sociaux. Je dois donc à nouveau écouter patiemment un refrain sur le sort du pauvre Manuel Valls martyrisé par le public. Comme je m'y suis désormais habitué au cours de cette campagne, je réitère une nouvelle fois mon respect pour l'homme politique, et j'insiste sur le fait que ma campagne n'a fait que surfer sur la vague de l'animosité existante envers le franco-catalan, sans la provoquer ni trop en rajouter.

– En d'autres termes, c'est Manuel Valls lui-même et ceux qui ont pris ou permis cette décision d'investiture qui auraient dû réaliser avant moi que son impopularité et ses problèmes d'image en feraient un candidat incompatible avec le suffrage universel, particulièrement en Espagne. Je vous l'avais dit, mais en le laissant forcer cette investiture, vous avez collectivement laissé le piège se refermer sur lui.

Stanislas préfère orienter la conversation sur ma campagne.

– J'étais en colère quand on m'a parlé de ta vidéo avec le panneau VALLS barré. Mais Casta nous a expliqué en Burex que cette vidéo datait d'avant les élections de dimanche. Franchement cela a fait retomber la tension car ce genre de vidéo aurait été inacceptable dans le contexte des réactions violentes qui ont suivi la défaite de Valls

– Comme tu l'as effectivement bien compris, c'était une vidéo de campagne tournée et diffusée trois jours avant le premier tour. Donc je comprends que le malentendu est clos.

– Oui, effectivement. En tout cas tu as bien joué le coup sur ta campagne, et à partir de maintenant je crois que celle-ci doit vraiment se centrer sur la lutte contre la Nupes et qu'il faut désormais que l'on oublie Valls et ta dissidence.

– Oui, je ne te cache pas que c'est ce que j'aurais préféré faire depuis le début. Quant à vous tous, Stan, il faut que vous réalisiez l'opportunité que présente le fait que le principal dissident revienne dans la famille. Après vous avoir infligé une défaite certes, mais quand même ! Je crois que cette volonté d'ouverture de la part du mouvement, cette volonté d'accepter les opinions différentes pourrait être un symbole puissant quant à la volonté d'appliquer une méthode de gouvernance différente pour le deuxième quinquennat.

– Oui, je vois ce que tu veux dire… Je dois monter dans mon train donc je vais te laisser, on aura l'occasion de se reparler.

– Merci pour ton appel. Et je te souhaite de gagner ta propre législative et de rester ministre car j'ai bien l'intention de revenir te voir dans ton ministère avec ma liste des doléances pour les Français de l'étranger!

Stan rit bruyamment.

– Promis, je vais gagner mon élection pour que tu puisses venir me harceler! Au fait Stéphane, une dernière chose, as-tu parlé ou écrit à Manuel?

– Non, mais je le ferai volontiers si tu penses que c'est important. Cela dit, je n'ai pas son numéro. Si tu me le transmets je le ferai. Quant à toi, n'hésite pas à appeler Nathalie Coggia qui mérite bien elle aussi des marques de considération!

Quelques minutes plus tard, je tiens parole :

Durant un certain temps, j'ai attendu une réponse.

J'attends encore.

En début d'après-midi, je mets le cap sur l'Élysée pour ma réunion avec Paul Desforges. En dépit de nos nombreux échanges virtuels, je n'avais croisé Paul qu'une seule fois, en décembre dernier. Il y six mois, il y a un siècle, il y a une éternité… Les retrouvailles sont cordiales, l'objectif de la conversation n'est évidemment pas de faire l'autopsie de la décision d'investiture, et du rôle qu'y ont joué les uns et les autres – et in fine Emmanuel Macron. Cependant ce passage obligé de la conversation, même s'il n'offre aucune conclusion claire, semble confirmer ma thèse : celle d'une décision contre laquelle de nombreux dirigeants de la majorité s'étaient initialement positionnés, mais finalement concédée collectivement de guerre lasse, probablement validée en bout de course par Emmanuel Macron lui-même, à un candidat dont l'insistance et les appuis médiatiques ont fini par lui permettre de s'auto-investir. J'avoue à Paul que si j'ai fait de mon mieux pour maintenir les formes, il n'avait pas toujours été simple de trouver le juste milieu entre mon soutien revendiqué à Emmanuel Macron et ma riposte face à une décision incomprise par tous sur le terrain, et par beaucoup à Paris. Paul me rassure : j'ai été suivi de près, au plus haut niveau, et ma communication avait été impeccable de ce point de vue-là.

Plus important, nous devons parler d'avenir. Et notamment du fait qu'il ne sera pas envisageable que je revienne dans la majorité comme si de rien n'était. Je me le dois à moi-même, mais aussi aux nombreux électeurs qui me demandent, et parfois m'ordonnent, de « *ne pas retourner chez Macron après ce qu'il vous a fait* ». Pour mon interlocuteur, c'est bien compréhensible et le Président de la République lui-même se serait enquit de la situation et tiendrait à être tenu au courant de l'avancée de notre dialogue. Cependant, il est encore trop tôt pour parler des conditions de ma réintégration dans la majorité, car les capacités des uns et des autres à faire valoir leurs importances respectives dépendront des équilibres qui sortiront des urnes le dimanche 19 juin. Une majorité présidentielle étriquée ne pourra pas faire l'économie d'un député en plus. Et pour ma part je dois d'abord gagner cette élection avant de faire valoir mes attentes si je devais rejoindre la majorité et en particulier le Groupe Renaissance, attente notamment en termes d'influence et de liberté.

Avant de mettre le cap sur Monaco pour un diner ce soir puis une série de séquences de campagne demain, je ressors de cette réunion à l'Élysée avec une intuition renforcée : si j'avais été initialement un pion que l'on sacrifie sans trop d'états d'âme, ma résistance, la réaction médiatique et la vague de sympathie autour de ma candidature et de cette « primaire » ont rapidement fait germer dans les esprits élyséens la possibilité d'une défaite de Valls. À l'approche du premier tour, cette défaite a-t-elle été redoutée ou souhaitée ? Nombreux sont ceux qui ont évoqué une possible machination, le scénario d'un coup monté contre Valls, d'un piège tendu par Macron pour se débarrasser d'un soutien difficile à gérer et exigeant. Je ne le saurai sans doute jamais avec certitude, mais si tel était le cas, si j'étais effectivement investi de la mission secrète de débarrasser l'Élysée de Valls une fois pour toutes... eh bien on aurait quand même pu me transmettre des consignes un peu plus claires ! Car même les instructions autodétruites au début de chaque épisode de Mission Impossible sont plus explicites et revendiquées que ma supposée mission anti-Valls : même pas de « *Si vous ou l'un de vos collaborateurs étiez capturés ou tués, le Département d'État nierait avoir eu connaissance de vos agissements* » qui disparaitrait en auto-combustion pour l'agent Vojetta. Il m'avait incombé à moi et à moi seul de deviner si j'avais ou pas la bénédiction venue de tout en haut, si ma résistance aux instructions officielles était tolérée, acceptée, voire même souhaitée.

Dorénavant, c'était évident, je n'aurai jamais de réponse claire, et si j'avais fini par former une intime conviction, ce fut uniquement du fait de mon instinct couplé à une conjonction d'indices. Notamment le fait de n'avoir pas reçu de pressions excessives exigeant mon retrait. Mais en même temps, qui aurait pu « exiger » quoi que ce soit quand j'avais annoncé à qui voulait l'entendre, et particulièrement à Samantha, à Guérini, à Peyrat et à Desforges, que rien ni personne – pas même le grand chef – ne pourrait me faire renoncer ?

Tout cela était bien mince, et je réalise avec le recul que ce faisceau d'indices tenait plus de l'ami imaginaire que d'un soutien réel. Cependant, cet ami imaginaire m'a aidé psychologiquement à mener ce combat à son terme, et c'était bien cela le plus important. Par ailleurs, mon illustre rival ne pourrait rien reprocher à l'Élysée. Ils ont fait ce qu'ils pouvaient pour m'arrêter au départ. Ce qu'ils pouvaient, c'est-à-dire pas grand-chose. C'est le problème quand on fait face à quelqu'un qui n'a rien à perdre au moment de choisir la rébellion plutôt que la soumission.

Mercredi 8 juin – Marche ou crève sur la riviera

Monaco

Cette première journée de campagne commence mal. Certes, je me réveille dans un charmant hôtel sur la charmante rue de la Turbie dans la non moins charmante Principauté de Monaco. Mais je m'y réveille seul, avec une migraine d'enfer, et la gorge en feu. Je suis pratiquement aphone. Le diner de la veille n'ayant pas été particulièrement festif, je pense plutôt immédiatement au Covid. Deux ans et trois mois après l'irruption du satané virus dans nos vies, je ne l'ai toujours pas attrapé. Et pourtant, j'en ai serré des mains, j'en ai fait des réunions en espace clos, et je ne compte plus les occasions où l'on m'a déclaré cas contact. Mon épouse a quant à elle contracté le virus deux fois. Mais pas moi. A croire que je suis auto-immune. En revanche ce matin j'ai tous les symptômes. Ce n'est vraiment pas le bon moment. Avec mon premier rendez-vous dans moins d'une heure, que faire ? Pas le choix, direction la pharmacie la plus proche. Et après un énième frottis nasal, le verdict. Négatif. Décidément…

Je suis donc apparemment condamné à trainer une bonne crève pendant mes prochains jours de campagne. Cela tombe vraiment au meilleur moment possible ! Une brève éclaircie vient cependant améliorer mon humeur quand je découvre un article de l'Indépendant qui titre : « *Stéphane Vojetta, tombeur de Manuel Valls, en route vers un second mandat* ». Le *tombeur de Manuel Valls*. Cela fait donc désormais partie de mon identité, mais combien de temps cela durera-t-il ? Quand je croise Falorni dans les couloirs de l'Assemblée nationale, je pense toujours « *tiens, le tombeur de Ségolène Royal (… et le récipiendaire du tweet de soutien de Valérie Trierweiler)* ». Et je m'attriste qu'il en soit souvent réduit pour tant parmi nous à cette identité rétrécie, malgré tout ce qu'il a pu faire depuis ces élections de 2012, et malgré ses réélections en 2017 puis en 2022. J'en fais une note mentale : il faudra que j'essaye d'éviter de rester uniquement *le Tombeur de Manuel Valls* trop longtemps. Entre temps, une autre alerte sur mon téléphone : France Info notifie ses abonnés de la parution d'un article intitulé « *Législatives 2022 : le cas Vojetta, désormais soutenu par En Marche, redonne de la voix aux dissidents*». On y explique que mon retour express dans la majorité redonne à la fois de l'espoir et de l'énergie aux autres candidats marcheurs dissidents, et devient un argument de campagne pour ces autres rebelles à quelques jours du premier tour en France. Voilà qui est un peu plus embêtant qu'être devenu *le Tombeur de Valls*. En effet je ne voudrais pas qu'une armée de petits gladiateurs revigorés par ma victoire mais sur le chemin d'une défaite inévitable accumulent suffisamment de suffrages pour faire éliminer les candidats de la majorité au premier tour. Surtout que nombreux de ces candidats officiels sont des députés sortants avec qui j'ai apprécié travailler depuis septembre 2021. C'est ce que voulait Stan Guérini hier quand il évoquait la nécessité de tourner la page de ma dissidence. Idéalement, il faudrait que tout le monde, Valls compris, oublie le plus rapidement possible ces quatre semaines en enfer (surtout pour lui), entre le 5 mai, date de son investiture, et le 5 juin, celle de son élimination. Mais l'image de rébellion combative que j'ai créée est prégnante, je ne peux pas l'éliminer pour rentrer dans le rang d'un claquement de doigts, et d'ailleurs je ne le souhaite pas. Nous allons tous devoir vivre avec cette image durant un certain temps, et il faudra faire avec. Au mieux.

D'ici là, j'aborde les premières réunions de ce matin, sur une terrasse de café à proximité du port de plaisance, avec en bruit de fond le démontage des éléments du circuit de Formule 1 quelques jours après la tenue du Grand Prix. C'est un calvaire. Je suis aphone et m'exprimer avec ce bruit de fond est un défi qui demande un réel effort physique. Après une heure en compagnie des élus consulaires représentant les Français de la Principauté, puis une autre avec le directeur de la Gazette de Monaco, je pourrais presque obtenir un diplôme de ventriloquisme. Mais il faut bien continuer.

À la mi-journée le déjeuner-réunion publique, dans une brasserie située sur le quai, est étonnamment animé. Quelques Français de la Principauté se sont joints à moi pour l'occasion. Parmi eux, le jeune Robin Fontaine, candidat malheureux au premier tour sous les couleurs de Volt, le parti européo-écologiste. J'ai également l'insigne honneur de la présence de Kenza, sémillante représentante de la Nupes dans les Alpes-Maritimes et soutien fervente de Renaud Le Berre, ainsi que de Julien, représentant officiel d'Éric Zemmour et de son parti Reconquête dans la Principauté. Les débats entre ces deux-là sont vifs, et vu mon état je suis ravi de laisser ces deux protagonistes s'écharper, tout en leur rappelant de temps en temps que nous ne sommes pas là pour refaire le premier tour de l'élection présidentielle. Julien interrompt régulièrement ses diatribes anti-Macron et anti-immigrants pour signaler qu'il a appelé tous les zemmouriens de Monaco à voter pour moi contre Mélenchon au second tour. Ça a le don de faire s'étrangler Kenza qui tente à nouveau – en vain – de nous expliquer les différences entre Jean-Luc Mélenchon et Renaud Le Berre. De mon côté, je perds ce qui me reste de voix à expliquer à Julien que je ne veux pas le soutien ni du RN, ni de Reconquête, ni de Zemmour himself. En revanche, oui, je serai ravi que des Français qui ont un jour décidé de voter pour des candidats d'extrême droite choisissent le bulletin de vote portant mon nom pour revenir vers des propositions politiques plus républicaines.

Après deux heures de ce débat agité, exténué et de plus en plus malade, je mets fin à cette réunion publique qui s'éternisait, puis je remets le cap sur Madrid afin de pouvoir redécoller demain matin vers Lisbonne et le Portugal. Arrivé à l'aéroport de Nice, je trouve un endroit où m'allonger. J'y comate une petite heure avant l'embarquement, assommé par une solide dose d'Ibuprofène. Je règle d'ailleurs une alarme pour ne pas manquer mon vol. J'atterris à Madrid vers 21 heures et une fois chez moi j'imprime la carte d'embarquement de mon vol pour Lisbonne qui décolle demain matin à 6 heures. Je vais vraiment avoir besoin d'un petit miracle pour tenir encore dix jours.

Jour 18 – Une lettre ouverte, faute de mieux

Portugal – Lisbonne
Espagne – Barcelone

Je passe la journée entre Lisbonne et Cascais alors que Nathalie sera la protagoniste exclusive de deux réunions publiques à Barcelone. Après quatre visites en un mois, je n'ai plus le temps matériel de retourner dans la capitale catalane avant la date fatidique du début de la période de vote en ligne pour le deuxième tour. Voici donc l'occasion idéale de nous permettre de démontrer la réalité de notre binôme, et aussi pour Nathalie de faire preuve de sa capacité à occuper le devant de la scène, alors que la suppléante de mon adversaire du second tour, certes lisboète, brille par son invisibilité.

Mais au-delà de notre présence simultanée aux pointes orientale et occidentale de notre circonscription, à vingt-quatre heures de l'ouverture du vote électronique, je suis préoccupé par ce qui semble être un refus de débattre de la part de mon adversaire. En effet, alors que quelques interviews croisées sur une chaine de radio espagnole ou sur un média en ligne français ont été pactées, je compte bien sur un véritable débat télévisé, qu'Equinox se propose d'organiser, pour mettre définitivement en évidence les contradictions du discours de mon concurrent. Il faut aussi maintenir l'intérêt des électeurs pour cette élection malgré le départ forcé de son candidat le plus médiatique. Malheureusement, tout indique une reculade de mon adversaire. Après s'être engagé puis avoir annulé successivement pour le lundi 11 juin, puis le mardi 12, puis le mercredi 13 juin, il devient évident que Renaud Le Berre ne souhaite pas que ce débat télévisé ait lieu à un moment où il pourrait encore peser sur le résultat de l'élection.

Je suis frustré de voir une des seules opportunités de marquer les esprits m'échapper. Cela dénote une volonté d'évitement qui m'étonne. En effet les apparitions de mon nouvel adversaire dans les médias depuis le premier tour lui ont surtout permis de se lamenter de la surexposition de mon duel avec Valls. Un duel dont l'attrait médiatique aurait selon lui rejeté dans l'ombre sa performance, lui qui est pourtant arrivé en tête au premier tour. Ainsi, le Télégramme de Brest cite Renaud qui explique *« je n'étais pas si confiant car tout le débat a essentiellement porté sur la rivalité Valls-Vojetta et médiatiquement, on n'a que très peu parlé de moi »* ou encore *« Manuel Valls m'a totalement ignoré. Il m'appelait même Monsieur Le Mer car il ne connaissait pas mon nom »*. Equinox titrera son portrait d'entre-deux-tours *« Renaud Le Berre : "je suis le candidat oublié du 1ᵉʳ tour" »*, entretien dans lequel il affirme que *« contrairement à ce que disent les journalistes, c'est moi qui ai éliminé Manuel Valls, je suis arrivé en tête du premier tour »*. Sur France Info, Renaud explique *« rester confiant et appeler à une union de toutes les forces républicaines pour faire barrage à Stéphane Vojetta, qui a obtenu le soutien de Manuel Valls »*. Je note au passage que Renaud n'a pas bien lu le message de Valls qui invitait surtout à… lui faire barrage à lui et à Mélenchon. Dans l'Indépendant enfin, il se dit *« satisfait mais pas surpris par le résultat du premier tour. Je savais que Vojetta gagnerait contre Valls, mais pas avec autant d'écart ! Il y avait du rejet contre Valls et Vojetta a surfé sur ce rejet au lieu de parler de son programme »*. Très bien, mais dans ce cas, pourquoi donc ne pas accepter un véritable débat afin de mettre les choses au clair et de palier à l'injustice de sa sous-exposition médiatique ?

Alors, pour tenter de forcer la main à Renaud afin que s'organise ce débat, ou tout au moins pour mettre une pression qui éviterait qu'il ne succombe à la tentation de renoncer aux autres « débats » déjà pactés (même si leurs formats sont insatisfaisants), je publie en fin de journée sur Twitter et Facebook cette *lettre ouverte* à Renaud Le Berre :

Cher Renaud,

Le moment est venu d'être sincères. En ce qui me concerne cette sincérité et ce courage d'assumer ce que je fais et ce que je vais faire, je les ai amplement démontrés ces dernières semaines.

Alors tu comprendras que je t'observe avec étonnement te cacher derrière ton petit doigt et prendre l'air de rien quand on évoque Jean-Luc Mélenchon. (…)

Aujourd'hui Renaud tu dois assumer le contenu. Car, cher Renaud, tu es investi par la Nupes, ce regroupement forcé des mouvements de gauche sous le joug de Jean-Luc Mélenchon et de la France insoumise.

Certains – dont tes amis – te défendent en me disant que tu n'as pas eu le choix. Et c'est sans doute vrai. Tout comme tu n'auras pas le choix de tes actions et des idées que tu défendras si d'aventure tu étais élu député le 19 juin prochain.

Nombreux parmi nous avons vérifié sur le calendrier que nous n'étions pas le 1er avril quand tu nous as expliqué que, si tu étais élu député, tu allais faire baisser la fiscalité des Français de l'étranger. Alors sérieusement Renaud, lis le programme fiscal de Nupes pour les Français de l'étranger, il est encore temps.

Cependant, pour toi Renaud et pour tous les autres Français qui n'auront pas le temps de lire ce programme, voici un résumé : « Si vous êtes Français de l'étranger, avec Mélenchon à Matignon, ça va chauffer pour votre matricule » ! Notamment grâce à l'impôt sur la nationalité française, alias « l'impôt universel ».

Renaud, sois honnête avec toi-même et avec nous : toi député dans une hypothétique majorité de cohabitation, tu appuieras sur le bouton sur lequel ton Premier ministre Jean-Luc 1er t'ordonnera d'appuyer. Tu n'auras pas le choix, à moins que tu ne prévoies de devenir frondeur parmi les Insoumis et de perdre toute influence dans ton groupe parlementaire. As-tu le caractère pour cela ? Ou bien est-ce ton projet pour notre circonscription que de lui offrir un député isolé, invisible, sans influence ? (…)

Bien à toi,

Stéphane VOJETTA

Candidat aux élections législatives, 5ème circonscription des Français de l'étranger (Espagne, Portugal, Andorre, Monaco)

Renaud Le Berre publiera le lendemain une réponse sur le même format, mais c'est bien mon interpellation initiale qui marque les esprits. Elle est d'ailleurs reprise et diffusée par de nombreux autres candidats de la majorité dans les circonscriptions de l'étranger, qui eux aussi font face à des candidats de la Nupes qui ont du mal à assumer les implications de leur investiture par le nouvel outil politique créé à la gloire de Jean-Luc Mélenchon.

Jour 19 – Chez Jocelyne

Espagne – Valence/Gandía/Denia/Alicante

Après un départ de Madrid en train aux aurores, une matinée de réunions dans la périphérie puis dans le centre-ville de Valence à quelques mètres de l'imposante Cité des Arts et de la Science, nous quittons la ville vers midi, au moment précis auquel s'ouvre la période du vote électronique pour le second tour. Même si je n'ai pu faire campagne qu'à Monaco, Lisbonne et Valence donc, nous entrons déjà dans une période, les prochaines quarante-huit heures, qui sera décisive. Cela signifie notamment que chaque nouvel évènement, chaque nouvelle réunion publique, chaque nouveau débat aura moins d'impact sur le résultat final qu'il ne l'aurait eu s'il avait eu lieu une heure plus tôt.

Il est sans doute absurde que la période de silence électoral, ce moment durant lequel une campagne s'interrompt pour laisser l'électeur libre de ses pensées et de sa réflexion, s'applique uniquement au samedi précèdent le vote à l'urne… alors que nous restons totalement libres de faire campagne comme si de rien n'était pendant que le vote électronique bat son plein. C'est illogique, car la période du vote électronique est celle durant laquelle la grande majorité des électeurs se prononce. Mais c'est pourtant la réalité à laquelle nous devons faire face, et nous y adapter en continuant à faire campagne au moment où les électeurs sont en train de voter.

Chaque heure qui passe réduit donc l'efficacité de notre campagne, et j'ai quand même insisté auprès de mon équipe pour caler dans notre programme un léger détour par Gandia avant de me rendre à un déjeuner prévu avec les Français de la ville côtière d'Altea. Il n'y a pourtant rien de spécial à Gandia, ancien village côtier désormais ville bétonnée symbole du tourisme de *Sol y Playa* de la côte du Levante. Il n'y a pas de communauté française significative. Pas de réunion publique prévue. Mais j'avais promis à une certaine Jocelyne de passer lui rendre visite. Jocelyne de Gandia est le pendant féminin d'Ivo de Cadaques, qui, hurlant en majuscule sur Facebook sous mes *posts* sa haine pour Macron et son dédain pour tous ceux qui le soutenaient, moi compris, se comportait comme un *hater*. Mais là encore j'avais progressivement amadoué Jocelyne, au point que la visite d'aujourd'hui, et la rencontre avec elle et son mari Alain ont là encore été un moment convivial mémorable. C'est ainsi l'occasion pour Alain d'évoquer sa longue carrière à l'usine, et ses soucis de santé récents, compensés par une retraite agréable sous le soleil du Levante. Quant à Jocelyne, elle est intarissable sur son expérience de secrétaire médicale, et elle évoque, avec beaucoup de pudeur, les difficultés, parfois les souffrances qu'elle a connues au moment d'accueillir et de tenter d'accompagner sa fille adoptive vers sa vie d'adulte malgré les difficultés. Encore une fois, j'ai comme l'impression d'avoir retrouvé de vieux amis durant quelques instants. Et en Jocelyne j'ai désormais trouvé une autre fan à la langue bien pendue pour prendre ma défense sur Facebook.

En fin d'après-midi, la réunion publique à Alicante permet à de nombreux électeurs qui n'avaient pas voté pour moi au premier tour de m'expliquer qu'ils le feront sans l'ombre d'un doute au second. C'est ainsi le cas de plusieurs personnes qui revendiquent explicitement être des électeurs des Républicains après des années à militer et voter pour l'UMP, le RPR, etc. Deux autres participants affirment quant à eux avoir respectivement voté Le Pen et Zemmour aux présidentielles, ainsi que pour leurs candidats respectifs au premier tour des législatives. Tous deux prennent la foule à témoin pour affirmer être convaincus de voter pour moi au deuxième tour. Encore une fois, ils invoquent des raisons de valeurs et de caractère, plutôt que des raisons politiques, leur rejet d'Emmanuel Macron ne faisant aucun doute dans leur discours.

Alors que cette réunion approche de sa conclusion, je m'éloigne pour répondre à un appel de Nico Salvado d'Equinox qui a besoin d'une déclaration pour finaliser son article d'ensemble sur le second tour. Sa dernière question :

– Est-ce que vous allez devoir droitiser votre position et votre discours pour séduire les électeurs de droite et notamment les Républicains, voire l'extrême droite, et assurer de bons reports de voix ?

– D'après ce que je comprends de mes nombreuses rencontres sur le terrain avec les électeurs au cours de cette campagne, les électeurs de droite qui décideront de voter pour moi au second tour ne le feront pas pour des raisons idéologiques ou programmatiques : la majorité des sujets qui concernent les Français de l'étranger, comme les bourses ou l'efficacité de la présence consulaire, sont apolitiques. En revanche ceux qui voteront pour moi le feront pour deux raisons principales. En premier lieu, ils voteront par rejet de Mélenchon, de la France Insoumise et de leur projet pour la France. Mais surtout, et c'est ce qui ressort de ces rencontres, ils voteront pour moi car j'ai démontré avoir de la combativité et une certaine force de caractère malgré l'adversité. Force de caractère dont ils espèrent que je saurai faire bon usage pour défendre mes administrés.

Cette rencontre prend fin et je dois repartir au pas de course vers les studios alicantins de Radio Nacional de España, la radio publique espagnole pour quarante-cinq minutes d'émission en direct, une double interview des deux finalistes sous forme de questions croisées. À peine cet exercice fini, j'attends déjà avec impatience nos prochains débats. Le Berre a clairement l'intention de continuer à ne pas assumer son allégeance à la Nupes. Sur les réseaux et dans ma communication, je pilonne donc cet argument qui sera mon atout principal face à un candidat qui, en dépit de son investiture par la Nupes, tente de se distancer de l'image de Mélenchon autant que possible. Cela a été le cas durant cette émission, mais trop peu d'électeurs l'auront écoutée. Il faut augmenter la pression.

Samedi 11 juin – Piratage

Tous les électeurs de la circonscription reçoivent ce matin un courriel envoyé par LREM :

« Chers Français et Françaises d'Espagne, du Portugal, d'Andorre et de Monaco,

Le 19 juin prochain à l'urne, vous aurez un choix crucial à faire. Celui de voter pour le projet d'Emmanuel Macron, que défend le candidat Stéphane Vojetta, ou celui de l'extrême gauche incarnée par Jean-Luc Mélenchon.

Nous devons mettre toute notre énergie pour permettre au Président Emmanuel Macron de mettre en œuvre son ambitieux projet pour l'ensemble des Français et Françaises, sur le territoire français et dans le reste du monde.

C'est pour cela qu'ENSEMBLE! Majorité Présidentielle appelle toutes celles et ceux d'entre vous qui souhaite faire le choix d'une Europe forte et indépendante, d'une planification écologique réaliste, d'une éducation ambitieuse pour vos enfants, d'une politique économique et fiscale viable et enfin celui d'une politique qui souhaite faciliter la vie quotidienne des Français établis hors de France à se rassembler derrière la candidature de Stéphane Vojetta.

Alors convainquez autour de vous à voter pour un programme qui considère l'ensemble des Français d'Espagne, du Portugal, d'Andorre et de Monaco comme Français à part entière et mobilisez à voter pour Stéphane Vojetta sur internet dès aujourd'hui et jusqu'au 15 juin 2022. Puis à l'urne le 19 juin.

Bien à vous,

L'équipe Français de l'étranger de la majorité présidentielle »

Cette expression écrite de soutien est évidemment un développement favorable, même si je suis défini uniquement comme le porteur du projet présidentiel. Cette communication aura malgré tout l'avantage de confirmer aux légitimistes (notamment hors d'Espagne) qu'il est désormais officiellement mis fin à mon excommunication. Par ailleurs les candidats LREM des Français de l'étranger partagent aujourd'hui sur les réseaux sociaux un visuel qui me mentionne explicitement comme faisant partie des candidats de la majorité présents au second tour dans les onze circonscriptions des Français de l'étranger. De nombreux observateurs sont estomaqués par la vitesse avec laquelle Valls est effacé du récit de cette élection, et ce même parmi ceux qui l'avaient investi puis soutenu. Ce monde est sans pitié.

Ce samedi en cours d'après-midi, je retrouve virtuellement mon concurrent Renaud le Berre pour une interview croisée organisée par la French Radio Portugal sur Zoom. Ce format doit permettre aux deux candidats finalistes de développer chacun leur programme respectif sur trois points spécifiques : les démarches administratives, l'enseignement français, puis la fiscalité. Ce format ne permettra donc pas un véritable débat mais simplement une juxtaposition d'exposés de cinq minutes, sans réponse ou échange possible avec l'autre candidat. Je suis logiquement frustré par l'absence d'un vrai échange, arguments contre arguments, et c'est encore plus le cas depuis la performance de Renaud hier soir sur la radio espagnole. Je compte bien saisir cette dernière opportunité de mettre Renaud face à ses contradictions.

Après vingt minutes d'exposés que même moi je trouve plutôt lénifiants – sur l'administration consulaire, puis sur l'enseignement français à l'étranger–, nous passons à la fiscalité. C'est un sujet qui passionne peu de nos compatriotes de l'étranger car seule une minorité est concernée par la fiscalité française. Renaud complète ses cinq minutes d'exposé durant lesquelles il explique que son programme consiste essentiellement à alléger la fiscalité pour les Français de l'étranger. Alors que vient mon tour, je décide de pirater le format de questions croisées pour interpeller mon concurrent :

– Euh… comment dire? Renaud, je ne remets pas en compte ton expérience ou ton expertise en fiscalité mais là, on est au second tour des élections législatives et donc je vais utiliser mon exemple : je suis soutenu par la majorité présidentielle et si je suis élu député et que nous avons une majorité suffisante au lendemain du deuxième tour, eh bien écoute pour ma part je voterai pour le maintien d'Élisabeth Borne ou pour tout candidat alternatif que Emmanuel Macron proposerait pour Matignon. Toi Renaud il me semble que tu es investi par un regroupement, un ensemble, un «machin» qui s'appelle la Nupes, et qui a dit clairement que si d'aventure – mais je ne le souhaite pas – vous réussissez à former une majorité alors vous voterez pour forcer la nomination de Jean-Luc Mélenchon à Matignon. Donc Renaud je te pose la question : si tu es élu député, est ce que tu voteras pour envoyer Jean-Luc Mélenchon à Matignon?

– Euh Stéphane, je crois qu'on parle de fiscalité alors le débat, euh, je ne sais pas ce qu'en pense le journaliste…

Je l'interromps pour ne pas laisser le journaliste reprendre la main.

– Renaud, c'est lié, peux-tu me répondre?

– Eh bien je pense que ton seul argument c'est de me confondre avec Mélenchon comme tu le fais, mais j'ai mes différences donc cela sera discuté, chaque groupe politique on aura une place à l'Assemblée, après cela sera discuté, l'accord se fait avec Mélenchon, mais ça ne veut pas dire qu'on est tous euh… et cela sera discuté. Hein je veux dire ça sera discuté on en rediscutera, je ne suis pas encore député, une fois que je serai député avec mon groupe, hein il y a une discipline de groupe moi c'est Europe Écologie les Verts on prendra une décision mais il n'y a aucun acte écrit où on dit «monsieur Mélenchon sera notre…», euh, ça va dépendre de plein d'autres choses, il peut être aussi un très bon candidat. Moi je ne suis pas au service d'un président de la République mais des Français de l'étranger, et ça il faut bien le comprendre.

Le journaliste interrompt :

– Renaud le Berre on a bien compris que vous n'êtes pas un grand fan de Jean-Luc Mélenchon ou un soutien aveugle…

Je reprends la parole, mes cinq minutes déjà bien entamées :

– Alors certes, mais là – et je garde la parole – Renaud le Berre n'aura pas le choix, il a été investi par la Nupes, il doit assumer, et si la Nupes a la majorité à l'Assemblée nationale elle imposera le choix de Jean-Luc Mélenchon à Matignon et c'est Jean-Luc Mélenchon qui dictera la politique économique de la France. Dans ce cas-là il faut assumer, et c'est intéressant ce que tu penses Renaud sur la fiscalité et ce que tu veux changer pour les Français de l'Étranger mais la réalité c'est que nos idées personnelles à partir d'un certain moment importent peu. Moi je suis « majorité présidentielle » et j'assume que dans une grande mesure j'appliquerai les mesures du programme de Macron, et toi tu seras Nupes et je suis désolé mais si Mélenchon est à Matignon, et bien le programme de Mélenchon c'est pas de réduire la fiscalité des Français de l'étranger, ou de leur permettre de déduire leur résidence secondaire en France : son programme c'est d'aller (je cite) *« les chercher jusqu'en enfer avec la note »* de son Impôt Universel sur la Nationalité Française, avec une vision punitive des Français de l'étranger. Donc ce que tu penses Renaud c'est intéressant mais ça n'a rien à voir avec les implications de ta possible élection. Soyons réalistes et assumons les programmes des mouvements qui nous ont investis ou qui nous soutiennent !

Ces quelques instants sont et resteront hélas le seul vrai moment de débat de cette campagne de second tour. Et même si la French Radio ne le publiera que lundi, alors que la grande majorité des votes qui seront exprimés dans cette élection auront déjà été placés dans l'urne électronique, j'utiliserai cet extrait autant que possible, pour le partager sur tous les supports imaginables. C'est après tout la seule manière pour moi de marteler ce message d'incohérence auprès des électeurs alors que pendant ce temps mon adversaire mène une campagne de courriels quotidien dans lesquels il nous promet un monde meilleur dans lequel grâce à lui nous aurons plus de moyens budgétaires pour régler tous nos problèmes, sans jamais devoir en payer les conséquences, et bien sûr en combinant tout cela avec des baisses d'impôts pour les Français de l'étranger. Le genre de promesse que l'on peut se permettre de faire quand on sait, ou l'on devine, que l'on siégera dans l'opposition.

Quant à ceux qui se demandent pourquoi être contre une imposition universelle des Français à l'étranger, la réponse est évidente pour qui veut bien y réfléchir cinq minutes. Comparer la France avec des pays d'expatriation sous le seul angle des taux d'imposition des revenus du travail est totalement trompeur. Oui, à salaire brut égal on paye sans doute moins d'impôt sur le revenu et cotisations sociales en Angleterre qu'en France, par exemple. Mais résumer une décision d'expatriation à Londres à ce simple différentiel ignore les carences de l'éducation et du système de santé publiques en Angleterre, carences qui obligent beaucoup de Français qui partent vivre et travailler outre-Manche à recourir à des établissements scolaires privés au coût exorbitant, et à des mutuelles santé elles aussi onéreuses. De plus, imposer les taux d'imposition français à des Français qui ont choisi de vivre leur vie professionnelle dans un pays où les taux d'imposition locaux sont moindres qu'en France équivaut à rendre le même salaire brut moins compétitif pour un salarié français que pour tous ses «concurrents» sur le marché du travail dans ce pays. Bref, une imposition universelle par la France mettrait automatiquement hors-jeu tous les Français en rendant inacceptables pour eux et pour eux seuls des salaires bruts pourtant acceptés par le reste du marché, à compétences égales. En d'autres termes, cela condamnerait les travailleurs Français à ne plus pouvoir profiter des opportunités de carrière offertes dans ces pays. Bref, l'imposition universelle est faite pour garder les Français en France. Car le départ d'un Français pour l'étranger est forcément une mauvaise nouvelle pour la France, n'est-ce pas monsieur Mélenchon ? …

Dimanche 12 juin – le tour des collègues

Espagne – Madrid

Voici enfin arrivé ce dimanche de journée électorale en France. Au programme, le premier tour, un tour qui avait donc été anticipé d'une semaine pour les Français de l'étranger, afin de laisser au matériel électoral des candidats qualifiés pour le second tour le temps d'être acheminé aux quatre coins de la planète. Ce qui explique que je puisse assister en spectateur à ce premier tour pour les 566 circonscriptions du territoire national.

Je profite du calme relatif de ce dimanche matin pour travailler sur le fichier Excel dans lequel je consigne mes prévisions de reports de voix afin de prendre en compte mes impressions de cette première semaine de campagne d'entre-deux-tours. Pour cela, je réalise deux hypothèses pour les électeurs qui se sont portés sur chacun des 12 candidats du premier tour La première, quel pourcentage de ces électeurs ira à nouveau voter au second tour. Seconde hypothèse, quel pourcentage de ceux qui parmi eux voteront effectivement au second tour le fera pour moi plutôt que pour Renaud le Berre ? Ces hypothèses, appliquées aux résultats du premier tour pour chacun des douze candidats, et moulinées par mon fidèle tableur Excel, m'amènent au diagnostic suivant : je devrais gagner ce second tour avec plus de 55 % des votes exprimés.

Paradoxalement, c'est un problème. Car je sais que de nombreux observateurs font, sans s'aventurer à entrer dans le même niveau de détail que moi, un calcul similaire et arrivent à une conclusion comparable, à savoir qu'en toute logique, je devrais gagner confortablement ce second tour. Cette supposition généralisée implique le risque d'une possible démobilisation de mon électorat. Ma priorité numéro un consiste donc à convaincre mes électeurs d'aller voter. Pas besoin de rappeler les modalités du vote en ligne, les électeurs sont désormais rodés et les cafouillages techniques du premier tour ne devraient pas se reproduire. Cette mobilisation passe donc plutôt par des rappels des enjeux de l'élection : me permettre de valider au second tour le message politique envoyé par les électeurs lors du premier, et ne pas prendre le risque de voir la circonscription basculer du côté de la Nupes. En ce sens, les derniers sondages publiés en France sont à double tranchant. Inquiétants pour ENSEMBLE du fait de la montée en puissance de la Nupes, mais d'un autre côté, mobilisateurs pour ceux qui veulent que le Président de la République récemment réélu ait les moyens de gouverner, mais qui craignent désormais de voir cette majorité lui échapper.

J'imagine en revanche que dans le camp de mon rival de la Nupes, le calcul est radicalement différent. J'apprendrai plus tard qu'ils étaient convaincus de leur victoire finale, estimant que les électeurs ayant voté Valls au premier tour seraient à la fois fâchés de son élimination, et tentés par un vote de gauche au second tour. Certes, Valls m'a soutenu (du bout des lèvres), mais pourquoi croire en un report de voix garanti sur mon nom quand on sait désormais comment la consigne de vote de Mélenchon au soir du premier tour de la présidentielle («pas une voix pour le RN») s'était traduite dans les urnes du second tour? Parmi les électeurs mélenchonistes de ce premier tour du 10 avril, seuls 38 % seulement avaient effectivement voté pour Macron au $2^{\text{ème}}$, contre 44 % qui avaient fait le choix de l'abstention… et 18 % qui avaient même finalement préféré mettre le bulletin Le Pen dans l'urne malgré la consigne.

Mon modèle Excel le confirme : si, plutôt qu'un vote Vojetta dans 80 % des cas, je faisais l'hypothèse d'un report majoritaire des électeurs ayant voté Valls sur le candidat de la Nupes, alors la projection de résultat du second tour s'inverserait, et Renaud le Berre l'emporterait. Avec une marge étroite, certes, mais il serait élu député. Voilà donc le nerf de la guerre et l'enjeu de la mobilisation des macronistes «légitimistes».

En soirée, le résultat du premier tour des élections législatives en France refroidit mon enthousiasme. La Nupes arrive pratiquement à égalité avec ENSEMBLE en nombre de voix, et des figures importantes de la majorité sont éliminées avant même le second tour. Parmi elles, les anciens ministres Jean-Michel Blanquer ou Emmanuelle Wargon, ainsi que plus de trente députés sortant de la majorité, dont certains avec qui j'avais travaillé de près ou de loin durant le mandat précédent, tels Olivier Damaisin, Rodrigue Kokouendo ou Bruno Questel. Quant aux ténors du macronisme que sont Richard Ferrand, Christophe Castaner, Amélie de Montchalin, Clément Beaune, Laetitia Avia ou Stanislas Guérini, ils feront face à un second tour compliqué, quand ils ne sont pas carrément en situation de ballotage très défavorable. Tous ces résultats indiquent que si ENSEMBLE obtient la majorité absolue le soir du 19 juin, ce sera serré, voire très serré. Pour voir le verre à moitié plein, si je fais l'hypothèse de ma victoire, cela me rendra encore plus utile voire indispensable pour la majorité présidentielle. Mais attention à ce que ce verre ne se vide pas encore plus : comment pourrions-nous avancer si nous étions réduits à une majorité relative plutôt qu'absolue ?

Jour 20 – 43 degrés à l'ombre

Portugal – Tavira & Espagne – Séville

Plus que cinq jours avant le silence électoral du deuxième tour. Au programme aujourd'hui, deux réunions publiques, une à Tavira dans l'Algarve portugaise ce matin, et une autre à Séville en fin de journée. Je prends le train avec mon directeur de campagne Fabrice qui loue une voiture à Santa Justa, la gare de Séville et insiste pour conduire lui-même direction l'ouest et le Portugal, tout comme il l'avait déjà fait vendredi entre Valence et Alicante. J'ai l'impression que mon équipe de campagne s'est mise d'accord dans mon dos sur le fait que je devrais arrêter de conduire en plus de tout le reste. Ils ont sans doute raison. Je profite donc du trajet aux cotés de mon chauffeur-directeur de campagne pour avancer sur plusieurs sujets et notamment pour travailler sur des courriers à certains ministres afin de faire avancer des dossiers en cours, et sur des réponses aux interpellations sur WhatsApp qui, le premier tour désormais derrière nous, commencent à se recentrer à nouveau sur les problèmes classiques de mes administrés. Au programme : renouvellement de passeports, payement de retraites, etc. Pendant ce temps, Fabrice conduit. Il est aux manettes, et je suis en confiance. Depuis ce matin du 11 mai, moment auquel je l'ai appelé en catastrophe pour lui demander d'être mon directeur de campagne, il a été un roc à mes côtés. Il a mis sur la touche son rôle de gérant d'entreprise, il n'appelle plus ses clients ni ses prospects. Désormais, il préfère passer ses soirées et ses weekends à faire mes comptes de campagne, à réserver mes chambres d'hôtel, mes billets de train ou d'avion, à parler à nos experts comptables, aux imprimeurs, au Consulat, à nos délégués dans les bureaux de vote. Il est infatigable, et ne commet jamais la moindre erreur. Un roc. Peu importe que ces élections finissent sur une victoire ou une défaite, Fabrice, lui, a déjà gagné ma reconnaissance éternelle.

À Tavira, ce sont essentiellement des habitués que je retrouve à l'occasion de ma réunion publique dans la boulangerie-salon de thé française *La Baguette*. Une dizaine de personnes et deux caniches ont fait le déplacement. C'est peu, d'autant plus que les caniches ne voteront sans doute pas pour moi. Cependant l'essentiel, dans le cas d'une réunion publique de ce genre, ce n'est pas la poignée de convaincus qui viennent écouter et échanger, ce sont plutôt les 3 000 inconnus que l'on ne verra jamais se déplacer dans une réunion politique mais qui ont reçu un courriel ou qui ont pu lire dans un groupe Facebook que ce candidat vient à leur rencontre pour la deuxième fois en trois semaines.

Lors de cette nouvelle étape en Algarve, la sommité macroniste Claude Posternak s'installe cette fois-ci ostensiblement au milieu de notre petit groupe pour l'intégralité de la réunion. Et même s'il n'intervient pas, je le sens concentré et à l'écoute. Avoir cette figure influente du macronisme en notre sein de manière visible et assumée est un signe supplémentaire de la réalité du rapprochement qui est en train de s'opérer : je redeviens fréquentable. Après la réunion, Claude me propose d'ailleurs, en tant que président de la Commission des Conflits de LREM, de gérer le cas de la réintégration de Nathalie Coggia dans le mouvement. Voilà une autre bonne nouvelle !

Après une seconde réunion au cœur de Séville et de sa fournaise habituelle (43 degrés à l'ombre ce jour-là, une température presque classique pour un début d'été sévillan), le trajet de retour, dans un train lancé à toute allure vers Madrid au milieu des champs d'olivier et de chêne-liège, est l'occasion d'utiliser ces deux heures de répit relatif pour faire le point sur mes réseaux sociaux. Je réalise ainsi que, cette fois-ci, l'un de mes tweets ne fait pas l'unanimité, en particulier chez mes *followers* de gauche, ceux-là qui avaient commencé à me suivre et me soutenir pour la simple raison que j'étais le « candidat anti-Valls ». Aujourd'hui, il semblerait que je les aie déçus en publiant ce message :

– Je découvre ce matin les résultats du 1ᵉʳ tour. Je me réjouis des qualifications de nombreux de mes collègues députés, et je regrette l'élimination de certains autres candidats, notamment celle de Jean-Michel Blanquer : ses combats, notamment sur la laïcité, étaient et restent fondamentaux.

J'avais décidé de poster ce message pour deux raisons. D'abord, parce que j'étais sincèrement déçu de voir Blanquer éliminé de cette manière, assez piteusement, en terminant troisième du premier tour après avoir pourtant réalisé une campagne de terrain méritante. Je l'avais fréquenté ces cinq dernières années dans son rôle de ministre de l'Éducation nationale, il a toujours été à l'écoute, il nous a également soutenus Samantha et moi lors de l'élection partielle de 2018, et je suis convaincu à la fois de sa sincérité et de l'importance de son travail au ministère de l'Éducation nationale, particulièrement durant les périodes de confinement puis de dé-confinement.

Mais je reconnais que la deuxième raison était encore plus importante : je tenais à couper court à un angle d'attaque potentiel de mes «nouveaux ennemis» parisiens. En effet des gens bien renseignés ET bien intentionnés (une combinaison qui ne court pas les rues) m'avaient alerté quant au fait que certains à Paris avaient l'intention de faire courir la rumeur que ma non-investiture et mon «remplacement» par Valls auraient en fait été décidés en conscience car j'aurais «joué contre l'équipe». Ce que l'on me reprocherait? Être supposément la personne qui aurait fait fuiter la présence de Jean-Michel Blanquer à Ibiza le weekend des 8 et 9 janvier 2022, au moment où le ministre de l'Éducation nationale travaillait sur la publication du nouveau protocole Covid pour la rentrée scolaire du lundi 10 janvier. Pure invention évidemment, d'abord parce que je n'avais aucune raison de connaitre sa présence dans ma circonscription ce weekend-là, présence que j'ai appris comme tout le monde quand le «scandale» pointa son nez dans les médias une semaine plus tard. Mais cette fausse rumeur était d'autant plus absurde que j'avais été, parmi les députés de la majorité, le seul à avoir proposé de monter publiquement au créneau pour défendre Blanquer à ce moment-là. Le défendre en expliquant notamment qu'à Ibiza en janvier ni les bars ni les clubs ne sont ouverts. Que l'ambiance sur l'île à cette époque c'est alors plutôt nature, farniente et repos studieux. Et aussi qu'une fois à Ibiza, on est plus proche de Paris si l'on doit rentrer en cas d'urgence que si l'on se trouve, par exemple, à Concarneau, à Cahors ou à Annecy. À l'époque on m'avait pourtant dissuadé de remettre une pièce dans la machine en ripostant publiquement pour soutenir Blanquer. Et aujourd'hui, certains pensent apparemment pouvoir me nuire en inventant une supposée perfidie de ma part envers le ministre, et en créant ainsi une sorte d'axe narratif selon lequel je dégommerais les grandes figures pro-valeurs républicaines et pro-laïcité de la majorité présidentielle les unes (Valls) après les autres (Blanquer). Cela n'avait évidemment ni queue ni tête et j'aurais eu les moyens de démontrer le contraire (en ce qui concerne Blanquer, car dans le cas de Valls je l'avais évidemment bel et bien dégommé, mea culpa). Mais en envoyant ce tweet j'avais choisi de mettre en œuvre l'adage « mieux vaut prévenir que guérir ».

Jour 21 – Dernier départ

Espagne – Ténérife

Après trois heures de vol, j'atterris à Santa Cruz de Tenerife en fin de matinée. Tenerife est la plus grande, la plus peuplée et sans doute la plus connue des sept îles de l'archipel. C'est aussi celle où sont établis le plus grand nombre de Français, officiellement près de 3 000, probablement le double en réalité. Parmi eux de nombreux retraités mais aussi des actifs, venus, souvent en famille, s'installer sur un morceau de roche qui pointe hors de l'océan Atlantique à quatre heures de vols de la France. On avait d'ailleurs beaucoup parlé de La Palma, la plus petite des iles de l'archipel, au moment de l'éruption de l'été 2021 qui a rappelé l'origine volcanique de ces terres situées à une centaine de kilomètres de la côte africaine, à la hauteur de la séparation entre le Maroc et le Sahara Occidental. C'est mon troisième déplacement dans l'archipel depuis mi-mars 2020, moment auquel j'avais remplacé au pied levé Samantha Cazebonne qui avait dû renoncer à son voyage étant cas contact et confinée chez elle au tout début de la crise du Covid. J'avais d'ailleurs vécu depuis les Îles Canaries l'accélération vertigineuse de la situation et des prises de décisions qui allaient aboutir au confinement généralisé de l'Espagne puis de la France et de l'Europe. Parti aux Canaries le dimanche 8 mars en toute quiétude ou presque, j'étais finalement rentré le mercredi 11 mars à Madrid juste à temps pour découvrir une capitale où les écoles venaient d'être fermées à double tour. Le vendredi 13, nous étions confinés.

Deux ans plus tard, la normalité est revenue sur les îles Canaries et en Europe en général, après une longue période de restrictions qui ont eu des effets durables sur la vie dans ces îles. L'activité touristique de Tenerife se rétablit peu à peu, mais les Canaries découvrent aussi un nouveau type d'arrivant : ces nouveaux expatriés du télétravail qui, à la suite de la généralisation du travail à distance durant le confinement, ont réalisé qu'ils pouvaient désormais choisir de vivre à des milliers de kilomètres de leur employeur ou de leurs clients. Nombreux parmi eux ont alors choisi le Portugal ou l'Espagne – en particulier ses îles – pour y construire ce nouveau mode de vie.

La crise du Covid a accéléré la transformation digitale de notre société occidentale, nous le savons. L'avènement de ces nouveaux « expatriés du télétravail » en est un aspect significatif du point de vue d'un élu des Français de l'étranger. Un autre aspect en est le retour pour ces élections législatives du vote en ligne sans lequel de nombreux électeurs, en particulier les plus âgés, auraient sans aucun doute renoncé à se déplacer à l'urne et donc à participer à la vie démocratique de leur pays. Justement, en ce mercredi après-midi tombent les chiffres définitifs de participation pour le vote électronique. La participation finale au second tour s'est établie à 25,4 % des inscrits pour le vote par internet, soit une progression par rapport aux 23,5 % de participation du premier tour. Cette participation en hausse est une bonne nouvelle en général mais encore plus pour moi car, comme il avait été démontré par les résultats du premier tour, le vote électronique me favorise plus que le vote à l'urne.

À ces 25,4 % devraient s'ajouter autour de 5 % de participation supplémentaire au vote à l'urne, ce qui pourrait nous amener à une participation totale de l'ordre de 30 %. Cela parait peu mais c'est presque le double de la participation de 2017, en absence de vote électronique. Et surtout ce serait près de quatre fois plus élevé que la participation de 2018, à l'occasion des élections législatives partielles qui eurent lieu dans notre circonscription. Ce vif rebond de la participation pour ces élections législatives, et son amélioration au second tour, sont deux bonnes nouvelles. Et même deux excellentes nouvelles. Il semble en effet que l'élimination de Valls n'a pas eu d'effet négatif sur la participation au second tour malgré la fin de la « people-isation » et de la surmédiatisation de cette élection. Les électeurs de la circonscription se sont intéressés et même parfois passionnés pour ce scrutin, et le défi sera désormais de maintenir à long-terme leur intérêt pour leur représentation politique.

Jour 22 – La devinette

Espagne – Lanzarote

Je passe par Lanzarote, magnifique morceau de roche volcanique où la végétation est inexistante. Quelques centaines de Français à peine ont choisi d'y vivre, mais ce sont des Français à part entière à qui nous nous devons de donner le même accès à leurs droits qu'à tous les autres Français, et particulièrement l'accès à nos services administratifs, ainsi qu'à notre vie démocratique. Or ces Français de Lanzarote sont un symbole des difficultés de notre administration à leur permettre de matérialiser ces droits. En effet, à l'insularité et à l'éloignement du Consulat Général de France de Madrid s'ajoutent des obstacles supplémentaires : pas de consulat honoraire pour réaliser certaines démarches (au contraire de Tenerife et de Gran Canaria), pas de bureau de vote pour voter à l'urne au moment des élections, pas de Lycée Français où scolariser leur progéniture, pas d'Alliance Française ou d'Institut Français pour pallier cette absence de lycée.

Mon déplacement à Lanzarote, en plus de ceux sur les îles voisines et plus peuplées de Tenerife et Gran Canaria, est aussi voulu dans ce sens, comme un symbole de ma conscience aigüe des difficultés rencontrées par certains Français de l'étranger plus que par d'autres, et de ma volonté de leur apporter des solutions à eux aussi, et pas seulement aux plus nombreux Français qui vivent à Madrid, Lisbonne ou à Barcelone. Je m'exprime dans ce sens lors de plusieurs interventions dans le média local Lancelot ce matin. Puis lors d'une réunion publique qui me donne l'occasion de rencontrer des Français qui n'ont matériellement pas pu voter pour les élections présidentielles, et un autre qui lui a fait l'aller-retour en avion jusqu'à l'île de Gran

Canaria dans la journée du 24 avril, afin de pouvoir aller voter au bureau de vote installé sur cette autre île. Et encore, seulement au second tour.

Sur le chemin de l'aéroport et de mon vol vers Gran Canaria, je constate que les critiques du camp de mon adversaire fusent quant à mon déplacement dans les Îles Canaries. D'après eux, je montrerais un mauvais exemple en termes écologiques en utilisant le transport aérien pour me déplacer jusqu'ici, alors que Renaud le Berre, lui, aurait apparemment agi de manière écoresponsable en se contentant d'organiser une réunion Zoom pour les Français des îles Canaries.

Prenons les choses dans l'ordre. Tout d'abord, c'est une chose de considérer que les îles Canaries sont trop éloignées ou que les Français y sont trop peu nombreux pour justifier le trouble de l'organisation d'un déplacement de campagne… Mais c'en est une autre que de ne pas l'assumer et de dissimuler cette paresse sous des arguments sophistes, notamment celui selon lequel on défendrait mieux l'environnement en laissant une place vide de plus dans un avion qui, de toute manière, va faire le trajet en question pour transporter des voyageurs qui, eux, n'ont souvent pas le luxe de faire des concours d'élégance à l'heure de décider si réaliser ou pas tel ou tel voyage. C'est particulièrement le cas de ceux qui se déplacent pour travailler, de ceux qui rejoignent leur famille, ou encore des Français que l'on oblige à se rendre à Madrid ou sur une autre île de l'archipel pour réaliser des démarches administratives basiques et fondamentales.

Car en effet, un autre aspect de l'hypocrisie des partisans de Renaud le Berre qui critiquent l'aspect supposément écocide de mon déplacement, est celui qui consiste à n'offrir aucune solution à tous ces Français de l'étranger qui, eux, n'ont pas d'autre choix que celui de prendre un avion pour aller renouveler leurs documents d'identité à Madrid, ou pour aller exercer leur droit le plus fondamental dans notre République française, celui qui consiste à participer à nos élections démocratiques. Pour Renaud le Berre, la solution à tous les maux consiste à rajouter des emplois publics et des postes d'agents consulaires dans nos consulats de Madrid et de Barcelone afin de mieux affronter la demande de rendez-vous pour renouvellement de documents d'identité plutôt que, comme je le préconise, d'accélérer la digitalisation qui permettrait aux usagers de réaliser ces démarches sans devoir se déplacer à Madrid ou Barcelone. Car le voilà le sens de mon déplacement à Lanzarote : prendre UN vol pour gagner – à travers l'élection – le droit d'agir pour la mise en place d'une solution qui mettra fin à cette obligation de prendre l'avion à laquelle sont soumis un millier de Français des Canaries chaque année. UN vol utile pour éviter un MILLIER de vols superflus chaque année. Des dizaines de milliers à l'échelle de la planète. L'équation est évidente, mais il n'est pire aveugle que ceux qui ne veulent pas voir.

Au milieu de ces réflexions, me vient l'idée d'un dernier coup de communication pour cette campagne, en utilisant là encore au mieux, comme à l'occasion de mon passage par la ville de Valls il y a quinze jours, les moyens visuels mis à ma disposition par les circonstances. Au moment de l'embarquement, je me filme en mode selfie, en train de traverser la piste de l'aéroport puis de monter les marches du petit avion qui va m'amener de Lanzarote à Gran Canaria, et je propose à mon audience : « *Devinez qui j'imite* ». Une fois à bord, je donne la réponse à la devinette :

– Eh bien j'imite un Français de Lanzarote qui va voter à Gran Canaria pour les élections présidentielles, ou encore j'imite un Français de Minorque qui va refaire son passeport et celui de ses enfants au Consulat Général de Barcelone.

S'ensuit une brève explication de ma démarche à ce sujet, assortie d'une mention de l'hypocrisie de ceux qui me reprochent d'avoir fait ce déplacement… sans oublier bien sûr de mentionner le fait que je sois le seul candidat à m'être déplacé aux îles Canaries, ainsi qu'aux Îles Baléares.

Dès mon arrivée à Gran Canaria, et avant de me diriger vers la rencontre organisée à Maspalomas au sud de l'île avec mes nombreux sympathisants sur place, j'ai le temps de poster cette vidéo sur tous les groupes Facebook des Français des Canaries, des Français de Tenerife, des Français de Gran Canaria, de Lanzarote, de Fuerteventura. À trois jours du vote à l'urne, cette opération de communication fera son effet.

Vendredi 17 – l'ultime escale

Voici donc arrivé le dernier jour de cette campagne inoubliable. Une dernière journée pour réaliser ma soixantième et dernière réunion publique aux côtés de Philippe, mon fidèle référent sur l'île. Soixante réunions, sans compter la multitude de cafés, de déjeuners, de dîners auxquels j'ai participé depuis le 6 mai. J'ai probablement rencontré en personne plus d'un millier de mes concitoyens au cours de ces six semaines sur la route. J'ai parcouru plus de 6 000 kilomètres, parfois seul, mais le plus souvent accompagné, de Nathalie, Fabrice, Bérénice, Yann, Bruno, Marie, Baudouin, ou Charlène. Mais au-delà de cette présence physique à mes côtés, je me suis également senti porté par l'appui moral constant de mes sympathisants et des Marcheurs de la circonscription, ainsi que par les milliers de messages reçus des électeurs, par courriel, sur Facebook, et bien évidemment sur WhatsApp. Sans parler de la twittosphère bien sûr.

Tout cela me remplit de fierté mais surtout de gratitude, au moment où se termine cette soixantième réunion publique, et alors que je me prépare à embarquer sur mon dernier trajet comme candidat. Ce dernier voyage qui me ramènera de Gran Canaria vers mon Ithaque, vers ma ville de Madrid où j'atterrirai juste avant minuit, au moment même où prendra fin cette campagne inoubliable et que s'ouvrira la période de silence électoral, en France comme dans la 5ème circonscription des Français de l'étranger.

Alea Jacta Est !

Dimanche 19 – Second tour

Comme prévu, l'AFP n'a pas émis le souhait de venir filmer mon vote aujourd'hui. C'est dommage, car cette fois il n'auraient probablement connu aucune difficulté pour recevoir l'autorisation en question. De manière générale, l'ambiance au centre de vote de Madrid est moins électrique que quinze jours plus tôt. Cela me permet de voter en famille, puis d'échanger avec ces nombreux électeurs ou amis qui s'approchent de moi sans que personne n'y trouve cette fois rien à redire. Une mère de famille m'arrête pour me présenter sa fille qui vient de célébrer ses dix-huit ans deux jours plus tôt, et qui a voté ce matin pour la première fois. Aux regards échangés je comprends qu'elle a voté pour moi et nous nous quittons tout sourire après ce beau moment.

Je rejoins à nouveau le centre de vote peu avant 19 heures pour assister au dépouillement. Je suis accompagné de mes trois enfants. Passée la tension du premier tour, je tenais absolument à partager ce moment avec eux. Ils sont rares ces instants où des enfants peuvent toucher du doigt la réalité de l'engagement de leurs parents, que cet engagement soit professionnel, associatif ou politique. Il est encore plus rare de pouvoir les associer à un instant aussi décisif que celui de la découverte du résultat de ces élections. Et puis, six semaines après notre conversation à la table du diner, le soir de l'investiture et de ma déclaration de candidature, mes paroles à ce moment-là résonnent encore dans ma tête : « *Écoutez-moi bien : je vais me battre pour gagner ces élections, mais cela va être compliqué. Alors regardez bien comment je vais me comporter pendant les six prochaines semaines. Cela va être compliqué, mais je vais me battre, et je veux que quand dans la vie, si un jour à vous aussi il vous arrive quelque chose d'injuste, je veux que vous aussi vous réagissiez comme moi je vais le faire : avec courage, avec détermination, avec conviction, et avec le sourire.* ». Les avoir à mes côtés ce soir, c'est aussi quelque part compléter cet apprentissage. Ma victoire finale, désormais probable, rajoutera une belle cerise sur le gâteau qu'a constitué la résilience de leur papa, en leur démontrant que l'effort finit par trouver sa récompense dans le succès. En tout cas ce sera une tranche de notre vie familiale dont ils se rappelleront je l'espère bien longtemps.

Alors que nous nous trouvons encore en plein dépouillement tant à Madrid qu'à Barcelone, les remontées des conclusions du vote à l'urne dans le reste de la circonscription s'accumulent rapidement sur mon smartphone. C'est d'un relais à Andorre que nous parvient le premier résultat définitif :

– À l'urne, 1ᵉʳ Vojetta avec 129 votes. 2ᵉᵐᵉ Le Berre 75. Bulletins nuls 1, blancs 6

Puis le Lieutenant-Colonel Zielinger, fidèle au poste, m'annonce les résultats du bureau de vote de Figueres :

– Vojetta 68, Le Berre 37, 9 blancs, 3 nuls

C'est ensuite le tour de Pablo de me révéler les résultats à Malaga :

– Vojetta 98, Le Berre 75, Nuls 1, Blancs 3

Faro et l'Algarve renforcent cette tendance, avec un nombre de bulletins nuls et blancs qui reflètent le ni-ni probablement choisi par de nombreux électeurs d'extrême-droite :

– Vojetta 76, Le Berre 28, Blancs 14, Nuls 6

C'est aussi le cas à Monaco, mais dans une moindre mesure :

– Vojetta 337, Le Berre 138, Blancs 34, Nuls 9

Les messages continuent à affluer, et au fil des remontées je constate que je gagne nettement le vote à l'urne au Portugal, à Andorre et à Monaco. Quant à l'Espagne, où se joue à nouveau la bataille décisive, si le résultat du centre de vote de Barcelone a l'air serré (je suis légèrement devancé par mon concurrent sur les premiers bureaux de vote dépouillés), à Madrid en revanche je suis nettement en tête.

Dans la zone principale du centre de vote du Lycée Français de Madrid, ce sont trois des six bureaux de votes qui procèdent simultanément au dépouillement dans un même espace partagé. Mes jeunes fils, initialement amusés de se retrouver dans une salle qui est habituellement la cantine scolaire dans laquelle ils prennent chaque jour leur déjeuner, se recentrent vite sur le sujet du jour. Ils écoutent, impressionnés, le décompte des bulletins sortis de l'urne. Ils n'ont pas de besoin de prendre de notes ou d'utiliser une calculatrice pour comprendre la tendance en écoutant les trois tables de dépouillement rendre leur verdict simultanément, enveloppe après enveloppe, bulletin après bulletin :

– Vojetta, Vojetta, Le Berre, Vojetta, Vojetta, Vojetta, Le Berre, Le Berre, Vojetta, Vojetta, Vojetta, Le Berre, Vojetta, Vojetta…

– Vojetta, Vojetta, Le Berre, Vojetta, Le Berre, Vojetta, Vojetta, Vojetta…

– Le Berre, Vojetta, Vojetta, Vojetta, Le Berre, Vojetta, Vojetta, Le Berre…

La vision des tas de bulletins à mon nom qui s'élèvent et dépassent clairement ceux de mon adversaire, la sensation d'entendre ces déclamations similaires venir de toutes parts : tout cela est grisant, et pas seulement pour moi. Si Julia se contente d'échanger avec moi des regards complices, Lucas et Tristan me regardent en faisant les gros yeux et en pressant ma main, excités. Lucas me glisse alors :

– Papa, on est en train de gagner !

Un peu trop fort pour ne pas être entendu par quelques personnes présentes autour de nous, particulièrement une responsable du bureau de vote qui me gratifie d'un regard courroucé. Bien vu Lucas, mais chuuut !

À la clôture du dépouillement des six bureaux de vote du centre de vote de Madrid, j'y ai obtenu un peu plus de 60 % des votes à l'urne. Et même si nous devrons attendre les résultats du vote électronique, une victoire nette semble bel et bien se profiler.

À peine ces premiers résultats officiels connus, je rentre rapidement chez moi peu après vingt heures pour suivre la soirée électorale sur les chaines française et préparer la célébration que Nathalie et moi avions prévu – comme au soir du premier tour – avec de nombreux amis et soutiens. Cependant les nouvelles de Paris ne sont pas bonnes : dès vingt heures quinze, il se confirme que la majorité absolue est hors de portée pour ENSEMBLE. Facteur aggravant, la majorité est décapitée : Richard Ferrand, Christophe Castaner, Amélie de Montchalin, ainsi que nombreux ténors du mouvement et députés sortants du groupe parlementaire de la majorité ont perdu aujourd'hui. Pire encore, le Rassemblement National obtient un résultat qui va bien au-delà des diagnostics les plus favorables en leur faveur. Les lepénistes obtiendront finalement une centaine de députés : pour en arriver là, ils ont remporté approximativement la moitié de leurs duels de second tour quand ils étaient opposés à un candidat macroniste. Il apparait donc, et cela se confirmera dans les jours qui viennent, que de nombreux électeurs de la Nupes ont choisi de ne pas appliquer la doctrine du *« pas une voix pour le RN »*. Certains candidats LREM ont à l'évidence perdu face au Rassemblement National grâce aux voix des électeurs Nupes. Il semblerait bien que le front républicain ait rendu son dernier souffle.

À Madrid, j'éteins mon téléviseur afin d'accueillir les participants à la soirée qui commencent à affluer dès 20h30. La plupart des invités sont déjà là lorsque le résultat du vote électronique tombe, à 21h09 exactement :

Renaud le Berre : 8 583 voix

Stéphane Vojetta : 11 691 voix

Plus de 3 000 votes d'écart en ma faveur, à rajouter aux 600 voix de différence déjà accumulées lors du vote à l'urne.

Je remporte donc cette élection, avec un peu plus de 57 % des voix. Exactement le pronostic de mon tableur Excel dimanche dernier.

Quinze jours après ma qualification si attendue et si scrutée de toutes parts, c'est à nouveau l'euphorie, les embrassades, accolades et félicitations qui s'enchainent. Nathalie et moi finissons cette fois-ci jetés dans la piscine par nos sympathisants les plus enthousiastes ! Je reçois beaucoup moins de sollicitations médiatiques qu'il y a quinze jours. C'était prévisible, fini le temps où nous étions LA seule circonscription dont tout le monde parlait, mais cela me permet de mieux profiter de cette soirée de célébration et de remerciements. Le microcosme ainsi que tout l'univers médiatico-politique sont désormais focalisés sur la situation en France et le profil de cette nouvelle Assemblée nationale qui, dans la configuration qui sort des urnes ce dimanche 19 juin 2022, pourrait ne pas être gouvernable.

Au moment de poster le tweet qui annonce urbi et orbi cette victoire à la fois incontestable mais aussi inimaginable pour beaucoup d'observateurs il y a quarante jours à peine, j'ai déjà du mal à faire abstraction de ce contexte national.

Je poursuis :

« Le choix des électeurs de notre circonscription a été d'une grande clarté :

– Au premier tour, ils ont fait le choix d'un député de proximité, fidèle à ses principes, porteur d'un message fort quant à l'écoute nécessaire qui doit précéder les décisions, et la rénovation de nos pratiques politiques.

– Au second tour, ils ont choisi un député qui travaillera au sein de la majorité présidentielle pour être efficace pour ses administrés, et pour permettre au président Emmanuel Macron de continuer dans sa mission de réforme de la France et de l'Europe.

Sur le plan national, ce deuxième tour confirme que la vision décliniste et anti-européenne de la France incarnée par Jean-Luc Mélenchon et la France Insoumise reste minoritaire dans le pays.

Cependant, la majorité devra travailler sur une base étroite, et s'assurer d'un soutien suffisamment large au sein de l'Assemblée nationale. Cela confirme que ce quinquennat devra être le quinquennat d'une écoute et d'un débat renouvelé, au sein du Palais Bourbon et au-delà. En tant que député, je compte bien contribuer à cette nouvelle méthode de gouvernance.

À la fin de cette séquence électorale, le moment est venu des remerciements. Merci à ma suppléante Nathalie Coggia pour m'avoir courageusement accompagné dans cette aventure et la défense de nos principes communs. Merci aux près de de 15 000 électeurs qui nous ont apporté leur voix dans les urnes, à tous ceux qui sont venus à ma rencontre lors de cette campagne, et qui avant cela nous avaient apporté chaque jour leur soutien sans lequel nous ne serions peut-être pas allé au bout de cette démarche. Merci à tous les membres de ma famille politique qui, dans la circonscription et au-delà, ont soutenu ma démarche dès le premier jour, spontanément.

Enfin, merci à ma famille et surtout à mes enfants pour leur soutien et leur patience durant ces deux derniers mois. J'espère que, comme moi, ils retiendront surtout de cette aventure une leçon inoubliable quant à la manière de réagir face à l'adversité, et de se battre pour ses convictions. C'était David contre Goliath, mais un David qui garde le sourire. »

Plus les minutes et les heures passent, et plus il est difficile de rester isolé dans la bulle de ma victoire. Malgré la fête qui continue à Madrid, malgré le discours de victoire prononcé dans mon jardin, devant ma famille, mes amis, nos soutiens, et beaucoup de Marcheurs, mon esprit s'éloigne peu à peu de l'Espagne pour se rapprocher de Paris, là où se joueront les prochains chapitres de cette aventure dissidente. Au moment de tirer le rideau sur cette journée inoubliable, il ne fait désormais plus aucun doute que cette victoire relative d'ENSEMBLE augure de lendemains difficiles, et que, malgré la clarté de mon propre triomphe, je devrai assumer ma part de l'ambiguïté dont nous héritons collectivement à la suite des résultats au niveau national.

Chaque victoire vient avec son lot de sacrifices. Ce soir, au moment de tirer le rideau définitivement sur cette campagne et ces élections, une certaine tristesse vient à nouveau empiéter sur le territoire de la joie. Je ne peux que penser à Pépé, le père de Marie. Et, au passage, je pense aussi à Christophe Castaner et Richard Ferrand, à Renaud Le Berre et à Manuel Valls, et aux 6 288 autres candidats qui s'étaient présentés sur la ligne de départ de ces élections législatives. Parmi eux, 577 gagnants qui avaient forcément raison sur tout. L'Histoire est écrite par les vainqueurs, on le sait. C'est d'ailleurs ce que je fais en ce moment même. Quant aux 5 711 perdants et perdantes, ils avaient forcément tort. Parmi eux, une centaine d'autres députés sortants de la majorité, parmi lesquels je comptais de nombreux amis, et notamment Sereine Mauborgne qui échoue face au RN dans le Var alors qu'elle avait pourtant réussi à éliminer Éric Zemmour au premier tour.

ACTE 5 – OBTENIR LE RETOUR EN GRÂCE

Lundi 20 juin – Retour au Palais Bourbon

Il y a quelques jours, j'avais réservé une place sur le premier vol de Madrid vers Paris ce lundi matin, lendemain du second tour des élections. Il ne faut pourtant pas forcément y lire un nouveau signe de mon optimisme à toute épreuve. En effet, même dans l'hypothèse de ma défaite, ce lundi aurait été le dernier jour de mon mandat de député et je me serais en tout état de cause rendu à Paris pour en finir le plus rapidement possible avec les démarches administratives, pour vider mon bureau du Palais Bourbon, et pour commencer ma nouvelle vie.

La fin de ma carrière de député était effectivement une alternative probable il y a encore quelques heures, une forte possibilité il y a une quinzaine de jours à peine, et même une quasi-certitude au soir du 5 mai, au moment où l'investiture de Manuel Valls avec le soutien de l'Élysée était confirmée urbi et orbi. Mais un scénario qui débouche sur ma victoire possible existait alors malgré tout, sans avoir à verser dans le registre de la science-fiction. Et dans ce scénario-là, j'aurais tout intérêt à être parmi les premiers arrivés à Paris si je voulais finir de remettre à plat ce qui devait l'être, et préciser les conditions de mon retour dans la majorité présidentielle, au-delà du soutien reçu de la part de Castaner et Guérini cet autre lundi, il y a quinze jours. Cet aboutissement est devenu depuis hier une simple étape, mais une étape indispensable et décisive, et les médias ne s'y trompèrent pas.

En cette fin de matinée, à peine descendu du taxi qui me laisse rue de l'Université devant l'entrée principale du Palais Bourbon où je vais prendre possession de mon nouveau mandat et réaliser les formalités administratives nécessaires, je suis immédiatement assailli par une nuée de journalistes télévision et radio. Une forêt de caméras et de micros se tend vers moi alors que j'avance, légèrement débraillé, dans la cour d'honneur du Palais Bourbon. Ils ont immédiatement reconnu *le Tombeur de Manuel Valls*, et leurs questions vont toutes dans le même sens : vais-je me rendre à l'Élysée pour une explication ? Vais-je retourner chez LREM ? Suis-je prêt à rejoindre un parti qui m'a tourné le dos ?

L'attention médiatique sur ce sujet se confirme quelques jours après que *Libération* avait publié un article titré « *Stéphane Vojetta fait monter les enchères à LREM après avoir éliminé Manuel Valls* ».

« Après avoir été lâché, le tombeur de l'ex-Premier ministre est à nouveau soutenu par la majorité dans sa circonscription des Français de l'étranger. S'il est réélu, il se voit en "voix qui porte" de la macronie, envisageant une réintégration officielle via Horizons, le parti d'Édouard Philippe.

Ce jeudi, Stéphane Vojetta est retourné au Portugal, dans sa circonscription des Français de l'étranger après un court passage à Paris. L'ex-dissident LREM, re-soutenu par la majorité présidentielle aussitôt après l'élimination de Manuel Valls, y a déposé en préfecture sa candidature pour le second tour des législatives… et "fait la tournée des popotes" des dirigeants de la macronie, passant "par l'Assemblée et l'Elysée". Le député sortant a aussi échangé par téléphone avec le futur ex-patron du parti, Stanislas Guérini.

Vojetta repart avec, dans ses valises, "le soutien sans ambiguïté" d'Ensemble. Mais s'il répète qu'il soutiendra Macron et sa politique, la question de sa réintégration officielle à la majorité, après son exclusion de LREM pour dissidence, ne sera toutefois réglée qu'après le 19 juin et son éventuelle réélection. En attendant, Vojetta fait doucement monter les enchères.

Vers un rattachement à Horizons ?

"À quel parti me rattacher financièrement et à quel groupe parlementaire appartenir ? C'est encore en discussion, honnêtement je ne sais pas", indique-t-il d'abord, avant de glisser que le Modem ou Horizons, le nouveau parti lancé par Édouard Philippe il y a quelques mois, seraient également des options valides pour, comme il s'y est engagé auprès de ses électeurs, siéger au sein de la Majorité présidentielle. »

Le Monde publiera une photo de cet échange dans son fil d'information, lui adossant la légende « *Stéphane Vojetta, député LRM sortant de la 5e circonscription des Français de l'étranger – parti en dissidence au premier tour face à Manuel Valls investi par la majorité –, répond aux questions des journalistes.* »

Ce comité d'accueil contraste singulièrement avec la désertion de notre campagne par les médias nationaux depuis l'élimination de mon illustre rival. Mais j'avais suffisamment répété ces dernières semaines les réponses à ces questions pour ne pas avoir à improviser excessivement ce matin.

– Effectivement je suis à Paris d'abord pour prendre mes fonctions et me remettre au travail le plus rapidement possible, mais aussi pour parler des conditions de mon retour dans la majorité présidentielle.

– Je vais consulter assez largement les responsables de cette majorité, car la situation est particulière et je veux m'assurer de trouver ma juste place au sein de cette majorité. Ces consultations s'étendront donc au-delà du cercle des dirigeants de LREM. J'ai bien l'intention de parler également aux autres composantes de la majorité que sont Horizons et le Modem.

– On verra bien si le retour se fait aux côtés de LREM ou d'une de ces autres composantes de la majorité. En fin de compte, l'important n'est pas mon sort personnel, mais de pouvoir renforcer la majorité, et que l'on puisse avancer en rang serré. Cependant il est clair pour tout le monde que je ne pourrais pas revenir chez LREM comme si rien ne s'était passé.

– « *Ne pas pouvoir faire comme si rien ne s'était passé* ». Cette affirmation est un aspect fondamental, et devient le fil rouge de mon retour dans la majorité. C'est aussi une constatation que je peux enfin exprimer plus clairement, au public ou à moi-même, maintenant que la campagne est finie, quant au sale coup qui m'avait été fait. Car j'ai désormais le choix des mots et oui, je peux donc parler de ce coup de Trafalgar, de cet abandon en rase campagne, et affirmer que malgré tout cela donc, le retour au sein du groupe parlementaire LREM/Renaissance a ma préférence initiale. Affectivement, cela reste ma seule famille politique. Et je ne peux pas oublier que tous les députés avec lesquels j'ai travaillé cette dernière année, et qui m'ont pour la plupart soutenu – discrètement – au cours de cette aventure dissidente, font partie de cette même famille. Il est donc bien là l'élément déterminant de cette affaire : eux souhaitent me voir revenir, et je penche vers un retour, mais je ne peux pas rentrer à la niche comme si de rien n'était. Car il s'est passé quelque chose. Quelque chose de violent, quelque chose qui aurait pu être humiliant si je n'avais pas pris le taureau par les cornes, quelque chose que le monde entier a pu observer en même temps que moi : malgré mes bons et loyaux services, j'avais été lâché par les miens, par ceux que je considérais comme ma seule et unique famille politique.

De nombreux électeurs en furent révoltés, ils me l'ont assez répété tout au long de cette campagne, et ils l'ont confirmé dans les urnes. Et malgré le baume apporté par le ralliement tardif d'ENSEMBLE et par ma victoire finale, ils restent révoltés. Ils sont d'ailleurs nombreux parmi mes électeurs, mes sympathisants et mes amis qui me recommandent de ne pas rejoindre LREM/Renaissance. Certains vont même jusqu'à me recommander de ne pas retourner dans la majorité, même si la plupart m'enjoint plutôt de rejoindre Édouard Philippe. Notamment pour soi-disant « *faire d'une pierre deux coups et préparer 2027* ». J'ai donc consulté largement depuis quelques jours, et en arrivant à Paris mon cœur balance réellement. Pierre-Yves le Borgn », ancien député des Français de l'étranger que je considère comme un proche et un sage, m'a aidé à réfléchir aux attraits de la vie au sein d'un petit groupe parlementaire. Nathalie Coggia, quant à elle, ne dissimule pas sa volonté de retourner dans le giron de LREM, mais ses arguments en faveur de mon propre retour me sont également utiles. D'autres amis, sans doute plus fans de *House of Cards* que d'Emmanuel Macron, élaborent pour moi des stratégies alambiquées qui me mettraient au centre du jeu en 2027. Mais pour parler franchement, 2027 ne m'intéresse pas. Mon seul critère de décision est ce qui va se passer entre 2022 et 2027. On aura bien le temps de parler de 2027, mais pour l'instant je veux me focaliser sur 2022, puis sur 2023, puis sur 2024, et vous devinez la suite. En d'autres termes il faut « *prendre les matches les uns après les autres* » et je ne compte certainement pas acter des décisions aujourd'hui en fonction d'une échéance électorale lointaine, dans laquelle je ne sais même pas si je serai impliqué, ou si j'aurai envie de l'être.

Je suis donc sincèrement indécis, alors que je sais que la décision dépendra exclusivement de moi. D'un côté la personnalité d'Édouard Philippe me séduit (tout comme elle séduit de nombreux Français) et la tentation d'une aventure politique différente, dans une structure plus concentrée que celle de Renaissance, offre des attraits. De l'autre je suis tenté par la fidélité à ma famille pourtant infidèle, mais si je dois y retourner, ce devra être en étant capable de démontrer publiquement une certaine contrition du mouvement vis-à-vis de moi. Sans attendre de mea culpa public, j'ai donc besoin de recevoir de la part de LREM des signaux qui me permettront deux choses : d'abord, me rassurer personnellement quant au fait qu'il y ait une réelle volonté de me voir revenir malgré ma rébellion face aux décisions de l'Élysée, en d'autres termes me garantir que mon affront, ce rapport de force que j'ai imposé puis gagné, ne me vaudra pas d'être placardisé pendant mon mandat. Ensuite, expliquer à mes électeurs que si je retourne dans le giron de LREM c'est en tant que vainqueur de ce rapport de force, et avec des garanties quant à ma future capacité d'action. Je dois donc mesurer et comparer la volonté de me récupérer aussi bien chez LREM que chez Horizons, et également comprendre quelles seront mes capacités d'être le député actif, efficace et influent que je veux incarner, et ce dans chacune de ces deux configurations.

Le plan d'attaque est donc clair, mais malheureusement, comme c'est souvent le cas avec les meilleures stratégies, l'exécution est plus complexe que prévu. Alors que d'un côté Horizons met les petits plats dans les grands et me propose même de rencontrer Édouard Philippe en tête à tête, de l'autre je commence à mesurer à quel point la décapitation de LREM a complétement déstabilisé l'ensemble de l'édifice. En l'absence de Christophe Castaner et Richard Ferrand qui ont totalement disparu du dispositif d'une minute à l'autre, ou de Stanislas Guérini qui est désormais plus ministre que chef de parti, personne n'a l'air capable de représenter l'opinion du mouvement. C'est également le cas au sein du groupe parlementaire LREM où les cadres survivants errent comme des âmes en peine dans les couloirs de l'Assemblée nationale. Même si mes conversations avec l'Élysée continuent à être fluides, la vacance de pouvoir chez LREM m'y prive d'interlocuteurs crédibles afin de valider ou invalider ces aspects qui sont pourtant indispensables pour moi. Je veux recevoir des assurances quant à la volonté réelle et sincère du groupe – et du mouvement – de me voir revenir en son sein. Et ces assurances, personne n'est actuellement en mesure de me les donner.

Le premier parmi ces éléments qui mesureraient et démontreraient cette sincérité serait un siège au sein de la commission permanente de mon choix, qui se trouve être la plus demandée : la Commission des Affaires Économiques. Ou la présidence du Groupe d'amitié France-Espagne, ou encore l'engagement que me soit confiée une mission interministérielle liée à un sujet que j'ai porté fortement lors du dernier quinquennat et pendant ma campagne, à savoir l'avancée et l'impact de futures dématérialisations sur l'accès des usagers Français de l'étranger à nos services et démarches consulaires.

Malheureusement, rien de tout cela ne peut être tranché dès maintenant. Soit parce que le timing de la décision n'interviendra pas à temps pour pouvoir rentrer en ligne de compte dans ma réflexion à court terme, soit parce que la vacance de pouvoir au sein de la galaxie LREM m'empêche d'obtenir la réponse dont j'ai besoin pour peser sur mon choix. C'est notamment pour l'instant le cas quant au seul sujet qui pourrait être déterminé à temps pour influer sur ma décision, celui de la commission permanente que je rejoindrai.

Mardi 21 juin – Édouard Philippe

Ce matin je prends le petit-déjeuner en tête à tête avec un ancien Premier ministre. Mais celui-là est la personnalité politique préférée des Français : Édouard Philippe, 52 ans, locataire de Matignon entre 2017 et 2020, et que j'avais croisé au cours de la campagne d'Alain Juppé en 2016. Cette rencontre matinale fait suite à plusieurs échanges avec des personnalités haut placées au sein de Horizons, le parti fondé par Édouard Philippe en octobre dernier, création largement interprétée comme la volonté de disposer d'une plateforme présidentielle pour 2027. En cette matinée ensoleillée, je retrouve l'ancien Premier ministre dans une brasserie du VIIIème arrondissement, non loin du siège de son parti. Pantalon de costume sombre, chemise blanche rayée bleu marine largement ouverte, il est charismatique, élégant, bronzé, parfois souriant, et toujours enthousiaste. Le tour d'horizon est passionnant, tout comme le caractère d'un homme qui, hors-caméra, laisse transparaitre une forte détermination à jouer un rôle dans le futur de notre pays, ainsi qu'une exigence d'indépendance vis-à-vis du macronisme que je ne soupçonnais pas d'être à ce point marquée.

De mon côté, je joue cartes sur table. Je décris mon dilemme aussi sincèrement que possible et j'explique à Édouard Philippe que ma décision n'est pas faite. Je le sens se raidir légèrement. Lui avait-on anticipé à tort que je souhaitais le voir pour lui annoncer mon ralliement en personne ? Si c'est le cas, c'est un malentendu car voilà ce député largement anonyme qui lui explique simplement sa volonté de peser le pour et le contre des deux options, sans vouloir faire monter les enchères.

– Tu fais bien, me dit-il, car je n'ai absolument rien à te proposer ou à te garantir. Dans la configuration de la majorité, nous autres chez Horizons serons trop marginaux pour prétendre préempter quoi que ce soit.

– Je comprends, et effectivement ce n'était pas ma démarche donc tout va bien.

– Cela dit, en ce qui me concerne il y a une chose que je peux te promettre, même si je ne peux t'en promettre qu'une : je ne me fouterai jamais de ta gueule.

Même si nous savons tous ce que valent les paroles dans ce *monde sans pitié*, ce principe de base est effectivement un point en sa faveur. Un point qui remet également une couche de sel sur la plaie encore béante de mon lâchage par ma propre famille politique.

Mercredi 22 juin – Aurore Bergé

Ce matin je participe aux réunions de mise en place du groupe parlementaire Renaissance. Je le fais en tant qu'observateur invité puisque mon retour n'est pas acté, mais je me dois d'être présent pour ne pas risquer de manquer la fenêtre de décision quant aux choix qui me concernent. Je ne prends donc part à aucun des votes même si mon nom est sur la liste électorale : les collègues avec qui j'échange ce matin comprennent ma décision de dissidence et m'encouragent à rejoindre le groupe, mais je ne veux pas entériner mon retour par une participation à ces élections internes avant d'avoir pris une décision définitive en ayant pesé le pour et le contre une fois que j'aurai tous les éléments en main. Je reste aussi en retrait de la traditionnelle « photo de famille » sur les marches de la Cour d'Honneur du Palais Bourbon.

En fin de matinée, Aurore Bergé est très largement élue présidente du Groupe Parlementaire Renaissance. Elle qui avait été battue de peu en 2020 par Christophe Castaner lors de la dernière mouture de ces élections lui succède ainsi à ce poste clef et éminemment politique : elle sera chargée des principaux aspects d'organisation du groupe – et notamment des attributions de postes, rôles et mandats divers – et sera bien sûr la porte-parole prééminente de l'émanation parlementaire du mouvement. Une fois Aurore confirmée en tant que nouvelle présidente du groupe, je profite du déjeuner organisé sur une péniche ancrée sur la Seine à quelques encablures du Palais Bourbon pour évoquer quelques instants avec elle ma situation particulière. Star du jour, elle est sollicitée de toutes parts et a seulement quelques instants à m'accorder. Elle m'indique souhaiter me « garantir » en principe ces aspects de mon accord avec Desforges qui dépendent du groupe parlementaire, et notamment ceux relatifs à la commission des Affaires Économiques. C'est bien, mais à l'évidence elle aura oublié cette conversation d'ici quelques minutes. Rien n'est gravé dans le marbre, loin de là.

Pourtant, en prenant acte qu'à ce stade il est difficile de confirmer quoi que ce soit de plus concret, j'annonce dans la foulée à Paul Desforges que sur cette base pourtant fragile j'ai décidé de mettre en mouvement mon retour dans le groupe – en tant qu'apparenté – en signe de bonne foi de ma part. Je lui demande cependant de confirmer aux divers interlocuteurs concernés le fait que l'Elysée est en soutien de ces dispositions, afin d'éviter de mauvaises surprises. Tout cela me permettra d'expliquer avec la conviction nécessaire à mes électeurs et aux observateurs mon retour dans l'orbite de Renaissance en dépit de notre petite mésaventure.

Jeudi 23 juin – Le bateau ivre

L'attention des observateurs et des commentateurs se concentre désormais sur la gouvernabilité de l'Assemblée nationale. En réalité, personne ne sait comment les choses vont finir par s'ordonner, et le consensus brille par son absence. La gouvernabilité en question dépendra en premier lieu de l'équilibre des forces, et donc essentiellement des tailles des groupes parlementaires respectifs. Parmi ceux qui souhaitent cette instabilité ou s'en délectent, un des jeux à la mode consiste donc à démontrer à quel point la « majorité présidentielle » n'en est pas une, notamment du fait de la distance qui sépare la somme des sièges d'ENSEMBLE (la somme des groupes Renaissance, Horizons et MODEM) du seuil de la majorité absolue, à savoir 289 sièges. Cependant, face à la diversité des 577 candidats, et à une semaine du dépôt officiel des listes complètes des groupes parlementaires, il n'est parfois pas aisé de chiffrer avec exactitude ce « grand écart » avec la majorité absolue, le seul type de majorité qui compterait apparemment dans notre Cinquième République. La couleur politique précise de chaque siège, de chaque circonscription, devient donc un enjeu majeur, et toute indication de ralliement ou tout signe d'éloignement sont immédiatement interprétés et commentés. Et ce d'autant plus que les Français, consultés sur le sujet, se positionnent majoritairement en faveur de futurs « votes de compromis » avec la « majorité présidentielle » de la part des députés indépendants, ou des oppositions.

Face à ces polémiques, il est temps de réaffirmer publiquement mon engagement de campagne… et de rappeler à tous l'importance de mon futur choix de groupe parlementaire en twittant ce matin : *« De mon côté, j'ai toujours été clair : dissident ou pas, une fois réélu, je réintégrerais la majorité présidentielle. Face aux difficultés qui attendent ceux qui veulent réformer la France avec Emmanuel Macron, il convient désormais de serrer les rangs. »*

Un message repris dans les médias, et notamment *Le Parisien* qui publie un article intitulé « *Stéphane Vojetta, le tombeur de Manuel Valls, rejoint la Majorité présidentielle* ».

Sous le tweet, les commentaires fusent, et notamment les commentaires négatifs de ceux qui ont clairement intérêt à voir la majorité aussi affaiblie que possible. Dans un océan de couverture médiatique moqueuse qui amplifie et exagère la perception négative de la victoire en demi-teinte du 19 juin, la confirmation de mon retour est alors un des rares signaux qui vont dans l'autre sens, un de ceux qui indiquent la possibilité de constituer une majorité qui fonctionne, qu'elle soit de granit, de bric et de broc, ou de circonstance.

Cela me donne l'occasion de répondre à tous ceux qui m'interpellent : n'est-il pas quelque part rassurant de voir que les choix politiques de certains ne varient pas nécessairement en fonction de leur sentiment d'être plus ou moins bien traité personnellement ? Mes idées politiques, mes vues sur les changements à mettre en œuvre, mes opinions quant au type de gouvernement et de dirigeants dont la France a besoin, tout cela devrait-il changer en fonction d'une décision d'investiture qui n'a été in fine rien d'autre qu'une (mauvaise) décision de ressources humaines ? Le fait d'avoir été banni momentanément aurait-il dû me convaincre d'oublier toutes ces convictions et me faire rejoindre les Républicains, les Socialistes, ou le groupe des députés « non-inscrits » ? Prendre une revanche en allant siéger dans un camp politique qui prône l'opposition à Macron plutôt que le soutien à son action réformatrice serait pour moi une hérésie. Devenir un député non-inscrit et ainsi graver dans le marbre un splendide isolement et une incapacité à exercer la moindre influence durant ces cinq ans d'un mandat durement gagné ? Une absurdité. Très peu pour moi.

Ce serait un symbole de cette vieille politique où ce sont trop souvent les considérations personnelles, de carrière ou de reconnaissance, qui forgent les convictions politiques… alors que ce devrait être l'inverse. On caricature souvent ces politiciens qui sont prêts à renier les engagements et idées de toute une vie pour un proverbial « plat de lentilles », pour un séjour prolongé sous les ors de la République. Et pourtant on me reproche ici de ne pas avoir tiré les conséquences de ce plat de lentilles qui m'avait été refusé.

Eh bien non, au contraire, mon retour dans la majorité racontera une toute autre histoire, absolument cohérente avec ma trajectoire politique et avec mon discours affiché publiquement durant la campagne : je ne suis pas rentré en politique pour accumuler les plats de lentilles mais bien pour faire bouger les choses. Si je n'ai pas les moyens d'agir, j'arrête et je pars faire autre chose de ma vie, ce qui aurait été le cas si j'avais accepté l'investiture de mon rival, ou si j'avais perdu cette élection.

Mais en l'occurrence je ne me suis pas cassé le c** à gagner ces élections pour devenir un député marginalisé et inefficace. Je serai donc membre de la majorité présidentielle et je compte bien utiliser cette appartenance, ainsi qu'y peser de tout mon poids, et notamment y apporter le butin que j'ai constitué durant cette aventure pirate : une certaine popularité, une image d'indépendance… et la garantie que je ne garderai pas nécessairement le doigt sur la couture du pantalon.

Dimanche 26 juin – En Marche arrière

J'échange brièvement avec Aurore Bergé sur Telegram.

– Aurore, je reviens vers toi car l'Élysée me demande de te transmettre la teneur de nos conversations et de mes attentes qu'ils soutiennent (Commission des Affaires Économiques, Groupes d'Amitié, mission ministérielle). Comme tu dois le savoir j'ai décidé en principe et sur la base de cet accord préalable de revenir dans le giron du groupe Renaissance. Auquel cas je le ferais en tant qu'apparenté.

– La commission des affaires économiques est celle qui est la plus demandée avec 42 demandes pour 21 places… donc c'est très loin d'être simple et comme tu l'imagines, j'ai 172 fois le même type de message. Ce qui me semble essentiel c'est de te garantir surtout que tu puisses être rapporteur sur un texte qui te tient à cœur. C'est ce rôle qui donne de la visibilité et du sens. J'ai pu le mesurer moi-même. Et ça je peux en prendre l'engagement. Pour les groupes d'amitié, la répartition n'est pas encore réalisée entre les différents groupes de l'AN… et nous allons en perdre. Sur la mission : si c'est une mission interministérielle, ça dépend de la PM. Si c'est une mission d'information de l'AN (et idem j'ai expérimenté leur utilité et la capacité à les mettre en valeur), alors ça dépend de la commission mais dans ces cas-là c'est dans la commission affaires étrangères qu'il faudrait être en début de mandat pour la réaliser.

Rien ne va plus. Aurore a une tâche difficile, mais elle botte en touche sur tous les sujets qui comptent pour moi. Être rapporteur d'une proposition de loi est un rôle noble (et encore, cela dépend des circonstances, et du texte), mais je n'ai pas en tête LE texte ou le sujet qui me tienne suffisamment à cœur et qui viendrait définir mon mandat. On verra bien, mais ce qui est certain c'est que cet engagement-là ne peut pas être suffisant. Mais le problème fondamental est que si Aurore n'est même pas en mesure de me garantir la commission permanente que je réclame eu égard à mon parcours professionnel et à ma campagne électorale, c'est qu'il y a peut-être un loup : il est possible que l'on veuille de moi… parce qu'on ne refuse pas un siège de plus dans les circonstances actuelles, mais aussi peut être pour mieux me neutraliser voire me brimer.

J'ai besoin de clarté, et on ne peut m'offrir que du brouillard. Nous nous mettons d'accord pour nous reparler lundi matin.

Lundi 27 juin – Décision finale

Aurore m'appelle à l'heure prévue et m'explique la difficulté de la situation de son point de vue :

– Tout le monde a des attentes, toutes très légitimes. La commission des Affaires économiques est la plus demandée avec une quarantaine de requêtes pour seulement 21 sièges disponibles pour notre groupe. Il y a notamment de nombreux sortants, et il faut bien sûr s'assurer que nos députés de circonscriptions agricoles y soient représentés.

Le temps presse et je n'ai pas d'autre choix que de parler franchement.

– Aurore, je comprends, ta tâche est difficile mais effectivement c'est ton rôle de choisir. Alors pour t'aider dans ce processus et afin que les choses soient le plus claires possibles, je vais te résumer la situation de mon point de vue. Évidemment, je sais que vous préféreriez que je sois avec vous plutôt qu'ailleurs : en situation de majorité relative, chaque siège supplémentaire aidera à raffermir votre capacité à imposer le tempo et démontrer votre capacité à avancer sur vos textes. Mais il y a pour moi une différence fondamentale entre le fait de savoir que vous avez besoin de moi, et celui de savoir que vous voulez que je sois parmi vous. Après ce qui s'est passé – j'ai d'abord été lâché en rase campagne, puis exclu par LREM, puis j'ai battu votre candidat officiel – j'ai besoin d'un signal fort qui me montre que vous valorisez ma présence potentielle dans vos rangs au-delà du simple intérêt numérique qui consiste à avoir un député de plus à l'heure des votes. Étant donné le timing des décisions à prendre, et l'obligation pour chaque député de communiquer demain mardi son groupe de rattachement, ce siège au sein de la Commission des Affaires Économiques est devenu LE SEUL critère qui me permettra de juger si vous VOULEZ réellement de moi parmi vous. C'est pourquoi il faut que je sache ce soir dernier délai si je serai dans cette commission ou pas. Si je ne le suis pas, rien de dramatique, il n'y aura pas d'animosité en ce qui me concerne, mais ce sera une question de principe évidente, on oubliera toute bonne volonté de ma part et je rejoindrai plutôt le groupe Horizons qui m'accueillerait les bras ouverts. C'est donc un choix binaire, pour vous et pour moi, mais il s'impose étant donné le contexte. J'espère que tu le comprends.

Pour faciliter les choses, je tente d'être aussi franc et transparent que possible. Aurore soupire. Je la mets dans une situation compliquée. Une de plus pour elle ces jours-ci. Je compatis, mais c'est un choix fondateur.

– Je comprends. C'est difficile mais je m'engage à faire le maximum. Et je te promets une réponse d'ici 20 heures ce soir.

Vers 20h15, Aurore tient parole, dans tous les sens du terme :

> Hello Stéphane. J'ai été (et suis encore) dans un tunnel. Mais j'ai fait le job: donc oui, tu seras bien en commission des affaires économiques !
> Je compte sur toi pour valoriser ton retour parmi nous, dont je me réjouis.

Voilà.

J'officialiserai donc demain mon retour dans la majorité présidentielle, et je formaliserai mon inscription en tant qu'apparenté au groupe Renaissance.

Cependant, élu député sans appartenir à ou être soutenu par aucun parti politique, j'exercerai ce mandat de député sans être affilié à aucun parti. Voilà qui renforcera mon indépendance.

Dans ce voyage de retour vers l'orbite de la Macronie, il ne me reste plus désormais qu'une étape à franchir. Je dois maintenant m'approcher de son astre le plus brillant : direction Jupiter.

Jeudi 30 juin – Lisbonne, terminus, tout le monde descend

Après son séjour à Schloss Elmau dans les Alpes bavaroises à l'occasion du sommet du G7, puis son passage de deux jours par Madrid pour le sommet de l'OTAN, Emmanuel Macron passera aujourd'hui quelques heures à Lisbonne afin de participer au One Ocean Summit aux côtés du Président de la République portugais, l'affable Marcelo Rebelo de Sousa.

Ce jeudi matin à l'Assemblée nationale c'est la réunion inaugurale de la nouvelle Commission des Affaires Économiques : au programme, l'élection du président, puis la mise en place du bureau complet de la Commission. Ma présence à Paris est nécessaire pour assurer la majorité qui permettra d'installer un collègue macroniste à la présidence, alors que mon équipe préférerait me voir à Lisbonne en train d'accompagner le Président de la République comme j'ai été invité à le faire à l'occasion de son déplacement dans ma circonscription.

L'Élysée m'a effectivement proposé de participer à la séquence de la visite de Macron à l'Océanoarium de Lisbonne, où il participera à un échange sur les océans. J'ai ainsi l'occasion d'être le premier des 577 députés élus ou réélus 10 jours plus tôt auprès duquel il s'afficherait depuis la date de notre élection. Cela serait en soi un signal porteur, indiquant avec clarté sa bienveillance face à mon retour dans le camp macroniste. C'est une occasion unique de clore en beauté ce chapitre. Il n'y a pas photo, il faut que je le rejoigne au Portugal. Mon équipe a raison.

J'ai donc réservé une place sur le vol Air France qui relie Paris Charles de Gaulle à Lisbonne et qui décolle à 13h10, ce qui me permettra d'atterrir au Portugal à 16h et me laissera ainsi une bonne heure pour me rendre à l'Océanoarium avant l'arrivée théorique du Président de la République à 17h. J'abandonne donc la réunion de commission en cours de route, juste après l'élection de son nouveau président, le député Renaissance Guillaume Kasbarian, pour filer vers l'aéroport du nord parisien. Arrivé sur place, j'apprends que mon vol est légèrement retardé et partira vers 14h. Je perds presque intégralement l'heure de marge que j'avais, et je risque de manquer l'arrivée de Macron, et donc de perdre ma place au protocole. Je me rassure en me disant que – c'est de notoriété publique – Emmanuel Macron n'est jamais à l'heure. Assis dans mon avion toujours scotché sur le tarmac de Roissy, je me connecte sur la conférence de presse du G7 à Madrid à 14h et je peux vérifier que notre président est encore en plein discours. Un calcul rapide m'indique que, effectivement, il est en retard d'une demi-heure au bas mot sur le programme prévu. Mais la loi de Murphy, inéluctable dans ce genre de moments, fait qu'un bagage doit être déchargé de la soute, ce qui retarde notre décollage d'une autre demi-heure. Les roues de mon avion quittent finalement l'asphalte parisien à 14h52. Ce sera un miracle si je parviens à rejoindre le cortège présidentiel à temps. À ce moment-là, perdu pour perdu, j'aurais préféré débarquer de cet avion pour prendre plutôt un vol vers Madrid et retrouver ma famille. Mais il serait trop tard pour ne pas provoquer un cirque considérable. Que je le veuille ou pas, je dois partir pour le Portugal.

Immédiatement après que les roues de l'avion aient touché le tarmac de l'aéroport Humberto Delgado vers 17h, je reconnecte mon téléphone et découvre, un tantinet anxieux, les messages de Yann, mon collaborateur lisboète qui, sur place, m'a tenu au courant en direct de la progression de Macron.

> Je viens de prévenir à l'entrée que tu arriveras en retard pour qu'ils te laissent rentrer. L'entrée est juste à droite de la statue que tu vois sur cette photo.
>
> 16:32

> Il est en train de faire son 1er speech à l'Arena de Lisbonne. Un pote de l'ONU vient de m'envoyer la photo.
>
> 16:59

> Speech terminé donc pas trop de retard :(. J'espère qu'il va bien faire le parcours à pied pour prendre un peu de temps...
>
> 17:03

> J'aterris maintenant. J'en ai au moins pour 20 minutes pour arriver.
>
> 17:04

Je suis le premier à sortir de l'avion, je démarre au pas de course, et j'accélère pour traverser l'aéroport au sprint. À la sortie du terminal, je retrouve l'air libre et face à la longue file d'attente pour les taxis traditionnels je bifurque immédiatement à droite – toujours en courant – vers le parking des VTC tout en commandant un Über sur mon téléphone. J'entends vaguement une voix féminine appeler « *Stéphane !* ». Mais personne au Portugal n'est au courant de ma venue donc c'est soit un autre Stéphane qu'on interpelle, soit il s'agit d'une coïncidence sur laquelle je n'ai pas le temps de m'appesantir. En une fraction de seconde je prends la décision de ne pas ralentir. Cinq minutes plus tard je suis à bord de mon Über, en route vers le rivage de l'estuaire du Tage. J'en profite pour vérifier mon téléphone. Je viens de recevoir un message d'Alicia.

– Je suis à l'aéroport je t'ai vu courir comme une flèche !

J'étais donc bien le Stéphane en question. Les réconciliations avec Alicia, qui avait dû lâcher mon équipe de campagne pour passer chez les Vallseurs, attendront donc une autre occasion. Aujourd'hui la seule réconciliation qui compte est la mienne avec un certain Président de la République.

Je reprends mon dialogue avec Yann.

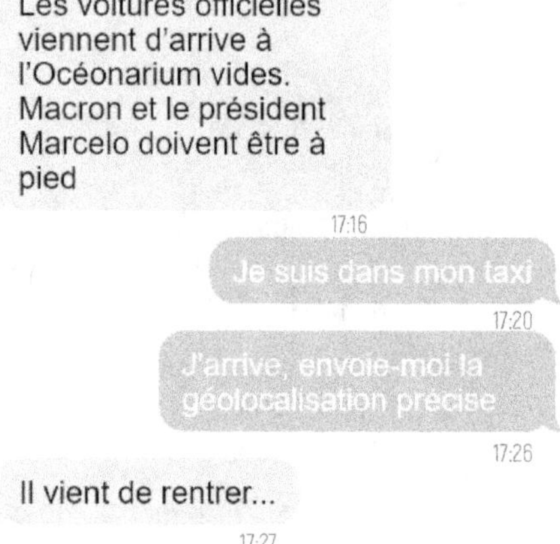

Et merde…

Je descends du taxi et reprends ma course. Je retrouve immédiatement Yann et nous ne pouvons que constater que les portes officielles viennent de se refermer derrière le cortège présidentiel. Voilà littéralement six heures que je poursuis Macron par monts et par vaux sur la façade ouest du continent européen, et j'arrive deux minutes en retard ! Encore mieux, les agents de sécurité portugais – pour qui mon badge officiel de député de la République Française semble avoir la même valeur qu'une carte Pokémon en double dans l'album de leur petit dernier – paraissent bien décidés à ne plus laisser entrer personne ! La loi de Murphy est en pleine forme.

Foutu pour foutu, autant continuer la course-poursuite. Après avoir enfin trouvé une entrée de service à l'arrière du bâtiment où l'on daigne nous laisser passer, je monte les escaliers au pas de course, ma valise à la main, puis je rejoins l'auditoire dans lequel l'intervention d'Emmanuel Macron vient à peine de commencer. Même si j'arrivais à me faufiler jusque-là, je vois depuis la périphérie de la salle que mon siège réservé au premier rang est déjà occupé. La nature humaine a horreur du vide. Je reste alors quelques instants debout entre deux gardes du corps, à contempler un spectacle surréaliste. Emmanuel

Macron, assis devant la vitre d'un aquarium géant, échange sur le sujet de la protection des océans et des grands fonds marins avec des experts du sujet, puis avec le président du Costa Rica qui se connecte via un lien Zoom. Des requins surgissent régulièrement de l'obscurité en arrière-plan et les flashs des photographes crépitent alors à chaque fois qu'une de ces créatures se rapproche du Président. Il est vrai que l'impression visuelle créée est superbe… à moins que ce ne soit le symbole qui intéresse les chasseurs d'images. De mon côté, au contraire des requins, je choisis de m'éloigner afin de sortir de cette salle obscure quelques instants, afin de tenter de reprendre l'air et mes esprits après ce long sprint qui venait en quelque sorte de ponctuer mon marathon de ces dernières semaines. Personne ne m'avait prévenu que la politique m'imposerait ce genre d'intensité physique…

En émergeant du hall de sortie de cette salle, je croise un type en costume qui me salue.

– Bonjour, comment vas-tu ?

– Très bien et toi ?

Sur le moment je ne m'étonne pas de ne pas reconnaitre mon interlocuteur même s'il me dit bien quelque chose, car après deux mois de campagne et sans doute près de mille cinq cents personnes croisées durant mon *Road Trip*, c'est quelque chose qui m'arrive assez régulièrement. J'abrège donc volontairement la conversation après les formules de politesse pour rejoindre Yann qui m'interpelle alors :

– Je ne savais pas que tu connaissais Lecornu.

– Qui ça ?

Clic. Je viens donc de snober en beauté Sébastien Lecornu, le tout nouveau ministre de la Défense et l'un des hommes de confiance de Macron. Qu'à cela ne tienne, je briefe Yann sur mes intentions : retourner dans l'arène, et à la fin de l'intervention du Président tenter de m'approcher de lui, essayer de capter son attention quelques instants, puis d'arracher une photo au milieu de ce qui seront sans doute les multiples sollicitations auxquelles Macron sera soumis à ce moment-là. Le genre de petits jeux pour lequel je n'ai jamais été très doué. Il faut dire ce qui est, ce plan n'est pas prometteur, surtout en cette journée où les étoiles ne semblent pas s'aligner spontanément.

Une heure plus tard, alors que la séquence de table ronde vient de s'achever, et que le public s'est regroupé autour des intervenants, je fends la foule comme prévu, mais j'échoue à un bon mètre du Président. Impossible d'approcher davantage, il est entouré d'une horde de gardes du corps, de notables et d'influents qui veulent tous échanger quelques mots avec lui, sans doute pour lui parler d'eux-mêmes, ou de cette action, de cette association, de cette œuvre qui bénéficierait tellement de son soutien. Je patiente tant bien que mal quand soudain il croise mon regard. Et me reconnait. Quelques instants plus tard il met un terme à sa conversation et, miracle, c'est lui qui se tourne vers moi. Je lui tends la main droite.

– Bonjour monsieur le Président.

Il la prend, fait pivoter sa main droite dans la mienne et augmente la pression. Nos mains remontent à hauteur de visage, paume contre paume, puis il pose sa main gauche sur mon avant-bras droit. Nous voilà debout, face à face, en position de bras de fer, mais un bras de fer chaleureux, presque affectueux. Je suis un peu décontenancé par la familiarité d'un mouvement qui affiche ostensiblement une réelle proximité. Un mouvement qui nous fait nous retrouver face à face, séparés par quelques décimètres à peine. Ses gardes du corps interprètent tout cela comme le signal de ne pas se préoccuper de moi malgré la distance réduite au minimum. Le Président enchaine, tout sourire.

– Comment vas-tu ?

– Bien, merci.

– Oui ? Ça va ?

– Vraiment, très bien.

– En tout cas bravo, vraiment, bravo. Tu as fait quelque chose de fort. Tu as pu récupérer un peu ? Ce n'était pas trop dur ?

Je suis légèrement désarçonné par un accueil si ouvertement chaleureux. Et comme souvent quand je ne suis pas complètement dans mon élément, je joue la carte de l'humour.

– Non, bien franchement, ça s'est plutôt bien passé même si j'avoue que ça a été intense. Mais tout ça a aussi permis aux électeurs de se mobiliser comme jamais pour cette élection. D'ailleurs je ne sais pas vraiment qui a pris cette décision mais merci à lui car sinon on se serait un peu emmerdés pendant cette campagne…!

Il ne se départ pas de son sourire et reste focalisé sur moi alors que les curieux et les envieux s'approchent pour déjà réclamer leur tour, ou tout au moins comprendre ce qui se dit.

– Bon et comment ça se passe à l'Assemblée? Ça va être tendu…

On passe donc aux choses sérieuses.

– Écoutez, bien franchement je nous vois fragiles pour l'instant. Collectivement on est sous l'ascendant psychologique des extrêmes qui se comportent comme s'ils avaient gagné ces élections. Et nous, nous sommes encore un peu en dedans. Notamment car nous avons perdu une bonne partie des sortants et que le groupe s'est retrouvé décapité.

– Comment vois-tu les choses à l'avenir?

– Il faut qu'on reprenne du poil de la bête. Qu'on soit combatif, et qu'on serre les rangs. On doit absolument reprendre le dessus psychologiquement, qu'on oublie rapidement ceux d'entre nous qui ont perdu. Et je suis certain que si on est mobilisés, on arrivera à avancer, à faire passer nos textes.

Il écoute mes dernières syllabes d'une seule oreille, embarqué à ce moment précis vers une autre conversation par Olivier Poivre d'Arvor, l'Ambassadeur des Pôles et grand chambellan de cette conférence lisboète, qui tient ab-so-lu-ment à présenter au Président une autre invitée. Je cède volontiers la place. Macron me rend finalement mon bras et se détourne après un dernier clin d'œil.

Je me tourne vers Yann qui était resté à la périphérie de la scène.

– Dingue ce moment ! Tu as pu faire une vidéo et enregistrer notre échange ?

– Euh, Stéphane tu ne vas pas être content mais mon téléphone a mal fonctionné dans l'obscurité de cette pièce-aquarium. J'ai finalement réussi à prendre deux photos potables mais tu es de dos et c'est plutôt trouble.

Je jette un œil aux photos. Effectivement, on dirait qu'un paparazzi a volé des images de deux types en costard qui se croisent dans une boite de nuit, dont un de dos et l'autre qui ressemble vaguement au Président de la République. Fantastique… Bien malin qui devinerait qu'il s'agit de Macron et moi. Je fais de mon mieux pour rester serein. Même si l'essentiel sont les retrouvailles avec le Président, se retrouver sans la moindre image exploitable serait un gros raté !

Yann se confond en excuses mais cela ne change pas grand-chose. Dernière chance : je lui indique de se diriger avec moi vers l'extérieur de la salle, pour tenter d'intercepter Macron quand il se mettra à nouveau en mouvement. Ce moment d'attente est l'occasion de rattraper le coup avec Sébastien Lecornu avec qui nous échangeons sur ma campagne, et à qui je promets une copie de mes boutons de manchette en forme de cocarde. Dix nouvelles minutes passent avant que le cortège ne se remette effectivement en branle. Comme prévu, j'intercepte le Président juste au moment où il retrouve la lumière du jour, une lumière teintée des reflets du soleil du soir sur les eaux du Tage. Il se prête de bonne grâce à l'exercice de la photo posée cette fois. Côte à côte, sourires, clic. Puis il part vaquer à sa déambulation pendant que je vais vérifier l'appareil photo : cette fois-ci c'est bel et bien dans la boite.

Une image, qui partira bientôt sur les réseaux sociaux, assortie du commentaire suivant :

Post Facebook, le 1er juillet à 09h40

« Malgré une semaine intense à Paris, j'ai pu accompagner le président de la République sur la dernière étape de son passage par notre

circonscription. *En effet après son séjour à Madrid dans le cadre du sommet de l'OTAN, il s'est rendu hier à Lisbonne dans le cadre de la conférence sur les Océans organisée par les Nations Unies.*

Je l'ai notamment accompagné à l'Océanoarium de Lisbonne où a eu lieu un dialogue avec des personnalités du monde de l'océan. Ce fut pour lui l'occasion de parler du positionnement de la France dans la protection des océans, mais aussi de revenir, en ce dernier jour de la présidence française de l'Union Européenne, sur les principales avancées obtenues ces six derniers mois dans ce cadre.

Nous avons aussi eu l'occasion d'échanger, cordialement et sereinement, notamment sur les dernières élections législatives, et sur la mise en place complexe de la nouvelle législature à l'Assemblée nationale. »

Le monde entier (ou en tout cas mes quelques milliers d'*amis* Facebook et de *followers* Twitter) peut donc admirer une confirmation visuelle de la réconciliation sur laquelle on a tant spéculé. Une image qui vaut cent discours. La photo-finish de mon odyssée.

5 juillet 2022 – Le dernier saut du parachutiste

Je suis de retour ce matin à Paris pour une semaine complète à l'Assemblée. Cinq jours essentiellement centrés autour des travaux de la Commission des Affaires Économiques et notamment la préparation du projet de Loi Pouvoir d'Achat, puis pour la déclaration de politique générale d'Élisabeth Borne et du gouvernement au Palais Bourbon, et enfin pour la réception des députés de la nouvelle majorité présidentielle au Palais de l'Élysée.

Mais, une fois mon retour dans le giron de cette majorité désormais acté, à la fois publiquement du fait de mes retrouvailles avec Macron et en privé à travers mon accession à la Commission permanente de mon choix, c'est pour une autre raison que cette semaine prend sa place dans ce récit pour le conclure : on m'appelle en effet ce matin pour m'annoncer le décès d'Alain Zielinger au cours de la nuit. Après une vie de combats, marquée par sa multitude d'engagements au côté de nos forces armées, une existence passée à mettre son corps et sa vie en jeu pour défendre les intérêts et les valeurs de la France, c'est finalement un arrêt cardiaque qui a emporté mon cher soutien barcelonais pendant son sommeil. Une bien triste nouvelle, la dernière d'une séquence sans doute trop chargée en émotions.

Je garderai au fonds de moi la satisfaction d'avoir offert à celui qui restera mon parachutiste barcelonais préféré sa dernière médaille. Une dernière victoire.

ÉPILOGUE

Alors que j'écris ces lignes, six mois ont passé depuis le 5 mai 2022, date de l'investiture de Manuel Valls, et moment auquel ma vie, bien remplie mais plutôt rangée jusque-là, a basculé dans le baroque pour se transformer en un véritable sketch durant quelques semaines. Des mois ont passé depuis le 5 juin 2022, date qui reste et restera la seule qui compte. J'en suis désolé pour Renaud Le Berre, mon adversaire du second tour, mais cette élection, c'est bien au premier tour que je l'ai gagnée, en arrivant devant mon illustre rival macroniste au soir du 5 juin. Dès ce moment-là, le reste était écrit, et notamment mon élection claire et définitive du 19 juin. Puis ma réintégration dans les rangs de la majorité présidentielle. Six mois plus tard je ne suis d'ailleurs toujours pas le *député réélu* ou le *représentant des Français de la 5*^ème *circonscription des Français de l'Étranger*. Je reste le plus souvent et aux yeux de tous *le Tombeur de Valls*. Que cela me plaise ou pas.

Depuis, les passions ont reflué, j'ai repris ma place dans la majorité, et le recul me permet désormais de revisiter certaines notions que j'avais développées durant ma campagne, à ce moment-là en appui à ma candidature. J'avais parfois fait à cette époque-là, par la force des choses, l'économie de cette dose excessive de sincérité qui aurait pu nuire à la stratégie que j'estimais nécessaire. Voici donc le moment ou jamais d'enlever les filtres que j'utilisais durant cette bataille décisive.

Une fois n'est pas coutume, évoquons d'abord mes sentiments. En fin de compte, on me le demande, ou on le suppose sans vérifier, avec une certaine fréquence : n'avais-je finalement pas réagi et maintenu ma candidature avant tout par orgueil ?

La réponse reste « *non* », même si je dois reconnaitre que l'orgueil a fait partie des carburants qui ont nourri mon moteur à un moment ou à un autre de cette aventure. Cependant, je ne me réfère pas à un orgueil lié à ma personne et à mon image publique, ou même à mon image auprès de mes proches. Et pourtant, le fait d'être écarté d'un revers de la main de cette manière indéniable et très publique comportait des aspects humiliants. La colère contenue que cela a généré en moi ne m'a pas aidé à aborder tous les choix avec la sérénité totale et absolue dont ma réflexion aurait bénéficié.

Cependant, cette décision d'investiture m'offrait aussi sur un plateau une porte de sortie face au questionnement qui m'avait trotté derrière la tête durant l'hiver 2021/22 : voulais-je réellement y retourner sachant les sacrifices que cela impliquerait, et l'absence de garantie que ma présence à l'Assemblée nationale serait réellement utile ?

En évoquant des sacrifices, je ne parle évidemment pas que des aspects financiers liés au renoncement au potentiel économique qu'offrait la poursuite de ma trajectoire dans le privé, mais bien sûr aussi des aspects familiaux : être député implique surtout son lot quotidien de déplacements loin de chez soi, et d'engagements divers et variés. Cela s'aggrave quand on tient à faire le travail à fond… et être un député engagé, c'est notamment être présent sur tous les textes dans l'hémicycle, c'est participer systématiquement aux travaux de notre commission permanente à Paris, prendre sa part aux commissions extra-parlementaires, aux groupes d'études, aux groupes de travail, aux missions flash, aux commissions d'enquête, aux groupes d'amitiés. Être député c'est aussi répondre aux sollicitations ministérielles et à certaines frivolités représentatives, qu'elles soient parisiennes ou en circonscription. Être député en circonscription, c'est également être présent pour auditionner sur tous les textes, à minima de ceux de ma commission, rencontrer les acteurs de terrain, participer aux organes de gouvernance ou de représentation de notre communauté, et aller à la rencontre des électeurs dès qu'une occasion se présente.

Sachant que la journée d'un député ne comporte que 24 heures, cet engagement se traduit nécessairement en un renoncement à une grande partie de ma vie privée, et notamment à une tranche de ma vie de famille, particulièrement à ce temps passé au côté de mes enfants. Et ce temps-là ne peut ni se capitaliser, ni se rattraper. Soit on le vit sur le moment, soit il disparait pour toujours. Et elle était là ma plus grande crainte, celle de me réveiller cinq ans plus tard et d'avoir manqué une partie importante des meilleures années de notre vie de famille, ces années où chaque instant est un moment où l'on peut choisir de regarder nos enfants grandir et apprendre, et de leur donner la main pendant ces processus. Je ne pourrais pas envisager ma vie sans eux. Sans vouloir verser dans les clichés, ils sont ce pourquoi je me lève le matin, ils sont la raison première de mes combats d'homo habilis : des combats à court terme – mettre un toit sur leurs têtes, remplir leur frigidaire –, mais aussi mes combats à long terme : ceux qui visent à leur laisser une France, une Europe et une planète meilleures que celles dont j'ai hérité.

L'hésitation était donc bien présente, en sourdine, depuis que j'avais compris que je reprendrais le siège de Samantha avec à l'horizon une élection moins d'un an après ma prise de mandat. J'hésitais, tout en ayant pourtant sincèrement envie de rester député. Afin d'être au cœur du réacteur, de côtoyer le vrai pouvoir, d'avoir accès au Gouvernement, d'imprimer ma marque sur des réformes nécessaires. Bref, afin d'exercer une influence réelle et directe sur le cours des choses. Mais cette envie était également contrebalancée par cette petite voix intérieure qui me suggérait – comme souvent au cours de ma vie – que j'étais un imposteur, que je n'avais pas les qualités ou les capacités pour tenir ce rôle que par ailleurs je ne méritais pas, que tôt ou tard je serais démasqué, rabaissé voire humilié par l'affichage public de mes limites et de mes défauts. Et puis donc, bien sûr, il y avait ma famille, mes enfants, et le peu d'envie de m'éloigner d'eux durablement.

J'ai donc traversé des moments de doute. J'aurais même parfois souhaité avoir sous la main un bouton magique grâce auquel, d'une simple pression du doigt, j'aurais pu choisir de renoncer à concourir à ma propre succession, renoncer à mon ambition, sans devoir donner d'explication à quiconque ni décevoir personne, et notamment moi-même. Et ce bouton magique, voilà qu'on me l'offrait soudain sur un plateau. Un bouton magique qui avait donc un nom, et un prénom : Valls, Manuel.

Or c'est précisément l'apparition de ce bouton magique qui a agi comme détonateur de cette réaction d'orgueil, décisive dans ma décision de me dresser contre cette investiture. Mais ce n'est pas un orgueil individuel qui m'a fait franchir le pas, plutôt un orgueil de classe. La fierté la plus intense que j'ai ressentie au moment de devenir député en septembre 2021 était liée à mes origines, c'était une fierté à titre collectif, qui me ramenait à mes années touloises, et à l'orgueil de voir « *un mec du quartier de la Croix-de-Metz* » débarquer au Palais Bourbon. Car quand on vient de la Croix-de-Metz, ou d'un de ces territoires marginalisés de la République, si on en a les moyens, réussir devient un devoir. Car la réussite individuelle devient collective. Et c'est bien comme cela qu'il faut comprendre que la réflexion suivante s'imposa à moi de manière quasi immédiate à la suite du coup de Trafalgar que constituait l'investiture de Manuel Valls : pour une fois qu'un *mec de la Croix-de-Metz* arrive jusqu'ici, je ne vais pas les laisser le dégommer si facilement.

Si réaction d'orgueil il y a eu, c'était donc bien dans ce sens collectif. Manuel Valls pensait sans doute faire face à un petit bourgeois principalement soutenu par son cercle de copains expatriés. Peutêtre croyait-il aussi trouver sur son chemin un candidat qui n'était guère plus qu'une caricature de ces nomades mondialisés pour qui tout va bien de père en fils, de ces surfeurs bronzés qui zigzaguent avec le sourire sur les vagues de la mondialisation. Mais paradoxalement, sans en avoir conscience, Valls affrontait surtout un candidat éminemment « de gauche », dans le sens qu'avaient ces mots avant le dévoiement que leur font désormais subir ceux qui ont pris notre « gauche » en otage. Ce candidat de gauche auquel Valls se frottait sans le comprendre, c'était en fait l'expression d'une vie en forme d'expédition à travers les strates sociales de notre pays, et leurs incarnations géographiques : la Croix de Metz, Toul, Nancy, Paris, Londres, l'Espagne, le Palais Bourbon. Ce candidat c'était l'émanation de cette France qui refuse l'assignation à résidence, de cette France qui croit encore en l'ascenseur social, en l'effort récompensé, en l'élitisme républicain, de cette France qui refuse l'ordre établi et préfère croire en l'accomplissement possible de chacun à travers la volonté, le travail, l'effort et la méritocratie, quelles que soient nos origines sociales, ethniques ou géographiques. De cette France pour qui « *l'ambition* » n'est pas un gros mot, et « *le succès* » est un objectif à atteindre plutôt qu'une cible à abattre. De cette France où l'on croit en sa capacité à prendre des décisions et former des opinions sans que le système ne nous dise quoi faire, comment penser, et comment dire ce que l'on pense.

Malheureusement, nous le savons tous, cette France-là reste bien trop souvent une vue de l'esprit, et la sclérose sociale, l'assignation à résidence, la brimade généralisée des ambitions émancipatrices restent trop souvent des règles de base dans notre pays et dans notre société.

Et c'est bien pour cela que je n'allais pas laisser passer cette occasion de taper du poing sur la table. Même si nous n'avions pas grand-chose à l'époque, ni moi ni aucun autre *mec de la Croix-de-Metz* ne se serait laissé dépouiller en public et sans réagir du peu que nous avions. À plus forte raison si nous avions cravaché pour obtenir ce « peu de chose ». J'allais donc faire honneur à tous ces durs-à-cuire du quotidien en menant ce combat, et en le gagnant de leur part. En marquant les esprits, pour eux… et leurs enfants après eux.

Sans avoir jamais nécessité d'exprimer tout cela explicitement, les électeurs ont ressenti cette contestation, ce « NON » viscéral qui sous-tendait ma démarche. Ils ont compris que, quand je me rebellais officiellement contre « Paris », je le faisais aussi contre une hiérarchie sociale à laquelle notre société nous rappelle trop régulièrement que nous devons nous conformer. Peu importe que j'aie une apparence de petit bourgeois bien coiffé, ou comme on me l'a parfois dit, une tête de gendre idéal. Peu importe que je transmette l'image du succès professionnel et d'un certain conformisme. Car ces a-priori ont été démentis par la sincérité qui transpirait de ma démarche, de ma posture de refus et de combat. En retrouvant dans ma démarche une affirmation énergique, viscérale, presque primitive, des principes de justice, de combativité, de rébellion face à l'autorité injuste et face aux absurdités de nos hiérarchies et conventions sociales, beaucoup d'électeurs ont reconnu des combats qui ne sont habituellement pas associés à ma famille politique d'adoption.

En chemin vers les urnes, ces électeurs qui pensaient être confrontés à la proposition peu enthousiasmante de devoir choisir entre le macronisme et le mélenchonisme, se trouvaient soudain placés face à la possibilité réelle d'être plutôt représentés par un combattant, un *outsider*, un *underdog*, un énervé, un type *un poco loco*. Je me mets à leur place : c'était difficile de refuser.

L'élection est passée, mais chaque nouvelle rencontre, chaque nouvelle conversation, chaque nouveau message reçu me le confirme : en votant pour moi au premier tour, ces électeurs ont voté pour le rebelle avant de voter pour le macroniste. En ce sens, Manuel Valls se fourvoyait quand au soir de son élimination il expliquait que « *la dissidence et la division avaient semé la confusion* ». Parler de *confusion*, c'était insinuer que de nombreux électeurs se seraient trompé, auraient été trompés, et auraient choisi le bulletin Vojetta par erreur, en pensant choisir le bulletin officiel du macronisme. Même si cela a été écrit sous le coup de la déception, cette affirmation constitue une lecture erronée du terrain.

Notre histoire a été suffisamment médiatisée, mon rival était suffisamment connu pour que nous puissions conclure que les 25 % d'électeurs qui ont voté Vojetta plutôt que Valls au premier tour l'ont tous ou presque fait en connaissance de cause. C'est sciemment qu'ils ont choisi ce bulletin de vote et pas l'autre. C'est en conscience qu'ils ont choisi d'exprimer cette forme de rébellion. L'immense majorité de ces 25 % – disons un bloc de 20 % au bas mot – avait sans doute voté pour Emmanuel Macron au premier tour de l'élection présidentielle (et bien sûr au second tour face à Le Pen). Les autres 5 % avaient alors probablement porté leur suffrage sur Valérie Pécresse, sur Anne Hidalgo, sur Yannick Jadot, et peut-être même sur Jean-Luc Mélenchon. Ceux-ci ont probablement choisi le bulletin qui portait mon nom au premier tour par rejet de Manuel Valls, et parce que le bulletin Vojetta était l'outil le plus efficace pour éliminer l'ancien premier ministre le plus rapidement possible. Ou bien car choisir mon bulletin de vote était une manière de faire un petit bras d'honneur au macronisme et au système... tout en admettant ne pas pouvoir éviter la victoire d'un de ses représentants. Voire même tout simplement car ils me connaissaient et appréciaient mon action et mon style, au-delà des étiquettes politiques. Quant aux autres 20 %, ceux parmi mes 25 % d'électeurs qui avaient voté Macron au premier tour de la présidentielle, ils appartenaient sans doute à deux catégories : d'une part ceux qui me connaissaient de près ou de loin et appréciaient mon travail. Et d'autre part, tous les autres qui, tout en ayant voté Macron à défaut d'une alternative acceptable, émettaient toutefois des réserves quant au macronisme en général, à sa vision, à ses têtes d'affiche, à ses méthodes. Bref, des macronistes qui l'étaient partiellement devenu ou resté par résignation, et pour qui mon bulletin de vote permettait d'exprimer cette distance sans pour autant condamner la France à l'ingouvernabilité au sortir de ces élections législatives.

25 % de rebelles, donc, vis-à-vis de ces choix qui semblent nous être constamment imposés sans que l'on n'ait jamais notre mot à dire. Mais pas 25 % de confusion. Ce premier tour avait bel et bien débouché sur le résultat limpide que j'espérais et le verdict de la primaire que j'avais su imposer fut sans équivoque : plus de 60 % des votes Macron-compatibles se sont portés sur Vojetta, contre 40 % pour Valls. Je l'avais notamment devancé de 700 voix à Barcelone où strictement personne ne pouvait ignorer les circonstances de notre affrontement.

Clair, net, sans bavure.

Dans de nombreuses circonscriptions en France, cette indiscipline face aux choix imposés – et à cette supposée règle non-écrite de la Cinquième République qui veut que le corps électoral donne la majorité parlementaire au Président fraichement élu – s'est aussi manifestée dans les urnes. Elle s'est souvent traduite en l'élection inattendue de candidats RN ou Nupes face aux candidats macronistes. Mais heureusement pour le macronisme, il se trouve que dans notre circonscription, ce vote de rébellion a été canalisé par un macroniste, rebelle certes, mais un macroniste en fin de compte.

Les semaines et les mois ont passé mais je continue à recevoir les marques de respect de mes interlocuteurs. Respect pour cette image qui restera, celle d'une décision souvent qualifiée de « *courageuse* ». Plus rarement, on me suggère que la décision de rentrer en dissidence face à mon puissant rival était digne d'un « *grand malade* ». Je pense pourtant que ni la folie ni le courage n'ont fait partie de l'équation à plusieurs inconnues dont la résolution avait abouti sur ma décision de maintenir cette candidature. Le facteur réellement décisif de mon maintien dans la course avait été la foi profondément ancrée en moi depuis le premier jour, cette conviction que la mission n'était pas si impossible que tout le monde le pensait, que je pouvais gagner face à Valls. J'ai finalement toujours su, et exprimé publiquement, que je savais que je terminerais au moins une voix devant lui et que je me qualifierais donc pour le second tour. Non seulement j'y croyais profondément, mais en réalité j'espérais même initialement un score écrasant en ma faveur. Dans mes rêves les plus fous, je visais les 35 % au premier tour, un score qui, selon mes calculs, aurait même pu me permettre d'arriver en tête devant le candidat de la Nupes. Mais cela c'était avant le début de la campagne d'un Manuel Valls qui réalisa en fin de compte aux côtés de son équipe un travail honorable, et qui sut notamment mobiliser les macronistes légitimistes, en particulier hors d'Espagne.

Si j'avais estimé au moment de l'annonce de l'investiture que mes probabilités de victoire finale ne seraient que de 10 ou 20 %, plutôt que les 60 % ou 70 % que j'avais en tête, je n'y serais pas allé. Alors que cela aurait sans doute été ça le courage : être ce Rocky Balboa qui, un genou à terre, refuse l'abandon et la défaite honorable, et ose se relever face à un adversaire qu'il sait plus fort, pour risquer un KO douloureux et traumatisant. Être cette équipe de France de football en finale de la dernière Coupe du monde qui, même dans un mauvais jour, s'accroche malgré tout pour continuer à avoir le droit d'y croire, puis remonte deux buts alors que le match paraissait plié en faveur de l'équipe d'Argentine. S'accrocher, encaisser sans renoncer, pour maintenir en vie aussi longtemps que possible le rêve d'une victoire, mais surtout pour démontrer à la face du monde de quel bois on se chauffe, en tant qu'individus, en tant qu'équipe, et en tant que symboles.

Là encore, on en revient à l'orgueil. Et ce n'est pas la folie ou le courage qui me motivaient chaque matin puis chaque heure de chaque jour de cette campagne : c'est bien plutôt la conscience d'être devenu, à mon modeste niveau, un symbole. Symbole du rejet des vieilles pratiques politiciennes. Symbole de la volonté du « terrain », ou de la « base » d'imposer sa propre vision de la légitimité face aux choix «parisiens». Symbole d'un certain retour aux fondamentaux du macronisme, notamment à cette volonté d'amener aux responsabilités des représentants de la société civile plutôt que des professionnels de la politique. Symbole aussi et enfin de la rage rentrée – ou pas – que de nombreux Français ressentent désormais face à des décisions ou à un ordonnancement du monde qu'ils ne comprennent plus, avec lesquels ils ne se sentent plus en phase, qu'ils ne veulent plus cautionner. Cette rage, il est normal qu'ils la reconnaissent puisqu'elle existe aussi en moi, même si la vie m'a appris à la canaliser pour en faire un moteur plutôt qu'un frein.

Plusieurs fois durant cette campagne, j'ai exprimé le fait que, en maintenant ma candidature, je m'opposais sciemment à une décision imputée au Président de la République. Quotidien l'a d'ailleurs entériné en me donnant la parole et en soulignant cet extrait spécifique de mon discours : «*Je dis NON à Emmanuel Macron, mais je le fais pour la bonne cause*». C'était ma vérité intime, mais j'avais aussi alors l'intuition que mon personnage, ce reflet de moi en tant qu'homme et en tant que candidat, ne devait pas se contenter d'assumer le rôle de victime malheureuse de petits jeux parisiens. Même si j'assumais et continuerais à assumer mon soutien à Emmanuel Macron et ma volonté de rejoindre sa future majorité présidentielle, cette contradiction apparente (soutenir le Président, tout en lui disant «*NON*») était nécessaire pour éviter la tentation de la victimisation, tentation à laquelle notre société succombe trop souvent. Contradiction nécessaire aussi car elle correspondait par ailleurs parfaitement à ma volonté de maintien d'une certaine indépendance de pensée et d'expression tout en me projetant au sein de cette majorité. Ce rôle de pirate voué à devenir corsaire, je devais surtout l'assumer dans sa plénitude pour en recueillir les fruits en termes d'image, et donc en termes électoraux, puis en termes de capacité d'action une fois que je serais élu. Je réalise avec le recul que c'est un peu la même logique qui m'avait amené, durant les dernières heures précédant l'investiture, à souhaiter la confirmation du choix de Manuel Valls. Désirer l'erreur pour avoir l'opportunité d'être celui qui va la corriger.

Avec le recul apporté par le temps passé depuis cet épisode, je n'en veux pas à Emmanuel Macron, car je comprends pourquoi il avait finalement cédé, ou pourquoi il avait laissé le système céder face aux ambitions de mon rival. Il avait mieux à faire à l'époque, et notamment des négociations 24 heures sur 24 avec Vladimir Poutine et les grands de ce monde pour tenter de mettre fin à l'agression russe en Ukraine. Je n'en veux pas non plus à Manuel Valls, qui a joué sa carte et son va-tout face à ce qu'il voyait peut-être comme une de ses dernières chances de remonter dans le train de la politique de premier rang d'ici 2027. Bien sûr, il aurait sans aucun doute dû accepter les autres circonscriptions qui lui ont été proposées, en particulier celles où son investiture n'aurait pas provoqué l'évincement du ou de la député(e) sortant(e), et où il n'aurait pas eu à faire campagne au milieu de l'odeur de soufre et de terre brûlée qui persistait depuis son dernier passage. Mais il s'est sans doute braqué, obstiné, et du fait de son talent, de son influence, et de sa campagne médiatique, il est finalement parvenu, d'une certaine manière, à s'auto-investir. S'auto-investir, c'était pousser le bouchon tellement loin que plus personne n'aurait le temps ni l'énergie de défaire ce qui était présenté publiquement comme un fait acté, comme une décision personnelle d'Emmanuel Macron. Soutenir Macron, et devenir «son» candidat, mais malgré lui. En forçant tout cela, Manuel Valls a commis une erreur, il en a payé et continuera à en payer le prix pendant un certain temps. Et même si j'estime que ses qualités compensent souvent ses défauts, et qu'il a encore un rôle à jouer dans notre vie politique, sera-t-il un jour en mesure d'affronter à nouveau le suffrage universel direct?

Quant à moi, enfin, je crois que ces élections et cette campagne auront notamment permis à chacun, au-delà de ma circonscription, de découvrir celui qui se dissimule derrière la façade lisse du «député de la majorité». Électeurs et observateurs ont notamment entrevu quelqu'un de combatif, de sincère, parfois impulsif, quelqu'un qui sait dire non quand c'est nécessaire, mais aussi quelqu'un qui aime parfois utiliser l'humour, notamment pour dédramatiser les situations. Cette révélation a provoqué une vague de sympathie qui s'est traduite dans les urnes.

Une fois ces élections remportées, et mon retour dans la majorité acté, j'ai donc pris une décision : je ne vais pas remettre le masque. Au contraire, je vais plutôt continuer sur la lancée de ma campagne, en assumant ma véritable personnalité. À dire ce que je pense quand je le pense. J'irai peut-être même jusqu'à dire ce que je suis, une volonté de transparence que la publication de ce récit exaucerait. En tentant donc de rester sincère, en maintenant ma propension à casser les codes, en restant à hauteur des gens, à l'écoute, et en mettant ma combativité au service de ce en quoi je crois. En continuant à profiter du fait de ne pas avoir grand-chose à perdre. Pirate un jour, pirate toujours.

Cette partition d'indépendance combative jouée durant la campagne, je continuerai à la jouer au sein de la majorité, qui en sortira grandie j'en suis convaincu. Car être dans cette majorité pas très majoritaire, au-delà d'obtenir la capacité d'action, c'est aussi cela : partager une volonté collective d'avancer, en refusant parfois l'ordre établi mais sans verser dans la démagogie ou les slogans simplificateurs. Je continuerai donc à jouer ce rôle, à désacraliser mon incarnation du rôle de député, en mettant sur la table la méfiance que, comme beaucoup de Français, je ressens vis-à-vis de ceux qui nous gouvernent ou nous administrent. Mais en agissant de l'intérieur, pour devenir une sorte de garant que les choses se fassent le mieux possible.

Cela continuera sans doute à détonner dans notre paysage politique. Est-ce que cela pourrait me desservir ? Achever de convaincre la macronie que je ne suis pas un élément fiable de son univers ? Finir par m'écarter du cœur du réacteur ?

Pas que je sache…